全国教育科学"十三五"规划 2019 年度立项课题 – 教育部青年专项课题"新时代乡村教师精准培训体系构建研究"（课题编号：EKA190518）成果

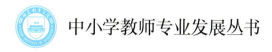

中小学教师专业发展丛书

化学学科教师
精准培训的实践研究

张贤金 著

厦门大学出版社 国家一级出版社
XIAMEN UNIVERSITY PRESS 全国百佳图书出版单位

图书在版编目（CIP）数据

化学学科教师精准培训的实践研究／张贤金著. --
厦门：厦门大学出版社，2023.8
　　ISBN 978-7-5615-9084-3

　　Ⅰ．①化… Ⅱ．①张… Ⅲ．①中学化学课-师资培养
－研究 Ⅳ．①G633.82

　　中国版本图书馆CIP数据核字(2023)第146152号

出 版 人　郑文礼
责任编辑　郑　丹
美术编辑　李嘉彬
技术编辑　许克华

出版发行　厦门大学出版社
社　　址　厦门市软件园二期望海路39号
邮政编码　361008
总　　机　0592-2181111　0592-2181406(传真)
营销中心　0592-2184458　0592-2181365
网　　址　http://www.xmupress.com
邮　　箱　xmup@xmupress.com
印　　刷　厦门市明亮彩印有限公司

开本　720 mm×1 020 mm　1/16
印张　12
插页　2
字数　262千字
版次　2023 年 8 月第 1 版
印次　2023 年 8 月第 1 次印刷
定价　58.00 元

厦门大学出版社　　厦门大学出版社
微信二维码　　　　微博二维码

总　序

　　2008年，福建省人民政府颁发了《关于进一步加强中小学教师队伍建设的意见》，明确提出大力加强福建教育学院建设，进一步强化学院的培训、教研功能以及在全省中小学教师继续教育工作中的引领带动作用，将福建教育学院建设成为全省中小学教师省级培训的主要基地和中小学教师继续教育的政策研究咨询和业务指导中心。根据省政府的指示精神，福建教育学院确立了"为基础教育改革发展服务，为提升中小学教师队伍素质服务，为海峡西岸经济区建设服务"的办学宗旨，明确了进一步发挥"五个作用"（省级基础教育培训"主基地"作用、基础教育科研"主阵地"作用、基础教育资源"主渠道"作用、基础教育服务"主力军"作用、中小学教师继续教育咨询指导"主功能"作用），着力培育和打造"六个支柱品牌"（培训品牌、基础教育智库品牌、网上福建教育学院品牌、基础教育专项服务品牌、校园文化品牌、函授教育品牌），建设让政府放心、学员满意、教职员工幸福的一流省级教育学院的奋斗目标。

　　几年来，福建教育学院紧紧围绕发展目标，着力加强内涵建设，以提升培训质量为着力点，以凝练培训特色为突破口，以培训模式改革创新为动力，深入贯彻落实教育部《关于深化中小学教师培训模式改革全面提升培训质量的指导意见》精神，大力推进培训工作规范化、科学化和培训内容主题化、系统化，大力推进培训质量工程建设，培训质量稳步提升，服务基础教育改革发展和中小学教师专业成长的能力进一步增强。

　　一是加强培训制度建设，推进培训的规范化。围绕"办学员满意的培训"这一目标，福建教育学院不断加强培训制度建设，先后建立健全了培训需求调研分析制度、培训方案论证审核制度、培训质量评价分析制度、培训项目监控评估制度、培训工作年度报告制度和培训教师下校实践制度等，有效提高了培训的针对性、实效性，推进培训工作规范化、培训管理精细化，以制度规范确保高质量培训的有序开展。

　　二是优化培训课程设置，提高培训的实效性。培训课程是确保培训质量的重要基础。福建教育学院围绕"满足需求、解决问题、引领发展、与时俱进"的课程设置基本要求，按照"注重实践取向、针对问题解决、突出能力提升、服务专业发展"原则，通过政策学习、专家咨询、基层访谈、问卷调查等多种形式深度开展培训课程设置的调研分析，正确处理学员需求和发展需求的关系、共性需求和个性需求的关系，做好培训主题的凝练,推进培训课程主题化、培训内容系统化,确保培训课程设置的系统性和科学性,使培训内容更加突出项目特色和学科特色,更加符合学员发展的要求。

三是推进培训模式改革创新,激发教师参训动力。本着"全新的教学方式从教师培训开始"的理念,以福建教育学院承担的3个教育部教师队伍建设示范项目、2个福建省培训改革示范项目和本院确定的15个中小学教师培训模式改革示范项目为抓手,大力推进培训模式改革创新。在培训实践中积极探索基于"教学现场"的课例模式、问题导入研讨析疑模式、小组合作学习模式、工作坊式教师培训模式、基于自主网络平台的培训模式和训后混合式跟踪模式等培训模式;以现场诊断和案例教学的方式解决实际问题,以跟岗培训和情境体验的方式改进教学行为,以行动研究和反思实践的方式提升教育经验,强化培训过程学员的互动参与,增强培训的吸引力、感染力和实效性,有效提升了培训质量。

四是推进研训一体,以高水平研究支撑高质量培训。福建教育学院以服务基础教育改革发展为目标,以基础教育领域的应用研究为重点,根据新时期基础教育改革发展的重点任务和教师培训工作的新情况、新问题,注重引导教师深入开展基础教育改革政策研究、中小学学科教学方法和教学模式研究、培训模式改革研究、基础教育专题研究、培训课程体系建设研究等,将问题课题化、课题成果化、成果课程化。学院鼓励广大教师把基础教育科研论文写进中小学课堂,把科研成果体现在促进福建省基础教育改革发展上,体现在培训课堂上。学院积极推进研训一体、以研促训,真正做到了研究工作与培训工作的融合、培训工作与服务中小学教师专业发展的融合、培训课堂与中小学课堂的融合,既提升了培训专业化水平,也使培训更接地气,更符合中小学教师的发展需求,促进了培训质量的提升。

五是加强培训管理,促进培训质量的提升。福建教育学院大力推进培训质量工程建设,从需求分析、项目遴选、主题确定、课程优化、团队组建、过程监控、评估反馈等各个环节制定了全面提升培训质量的实施意见,进一步加强对培训工作的组织管理。学院制定了《中小学教师集中培训质量标准》和《中小学教师远程培训质量标准》,对集中培训和远程培训设定了比较系统科学的质量检测指标体系,为培训组织者提供了质量目标,为培训管理者提供了评估的依据。学院建立了培训项目负责人、学科研修部、培训管理处三道质量管理防线,加大对培训过程的巡查和视导力度,形成层层把关的质量监控格局。学院研制开发了"福建省中小学教师继续教育管理系统",将其应用于培训项目的管理和监测,用信息化手段推进培训管理的科学化,实现了中小学教师继续教育的数据化管理。学院加强对培训项目的监测与评估,以查摆问题为导向,以案例分析为主要形式,定期召开培训质量分析会,及时进行培训质量总结分析,研究改进培训工作,不断提高培训科学化水平,提升培训质量。根据教育部的监测评估结果,学院承担的"国培计划"所有培训项目的质量和"国培计划"项目的管理绩效连续几年都稳居全国前列。

六是创新培训手段,以先进的平台支持培训。为适应信息技术条件下教师专业发展和培训手段创新的新形势,学院积极打造先进的技术平台支持培训工作的创新发展,按照"操作简便、功能完善、资源丰富、运行安全"的要求,建成了福建基础教育网、福建省中小学教师远程研修平台、福建省名师网上授课(教研)活动平台;按照"平台的先进性、资源的优质性、机制的创新性和影响的广泛性"和"平台统一、标准统一、资源规划统一"的要求,建设了福建省中小学教师优质资源中心,实现了优质资源的共建共享;以为广大教师学习和开展教研活动提供空间和学习资源为初衷,建成了福建省中小学教师网络研修社区。这些平台的建成和使用,突破了培训的时空限制,实现了集中培训与网络研修的"两翼齐飞",为信息化背景下的培训模式创新提供了无限可能、注入了新鲜的活力,也推动了培训工作的科学发展。

几年来,学院始终把教师队伍建设作为提升办学内涵、满足学员培训需求的关键来抓,推动教师队伍素质整体提升,为学院培训主业的健康发展提供了人才保障。广大学院教师按照"努力做智慧型的培训师,做筑梦人的铺路石,做学员满意的好培训"的要求,克服转型过程中的种种困难,潜心研究培训工作、研究中小学教师专业发展、研究基础教育改革发展、研究中小学教育教学,积极探索从专门到专业、从专业到专家的成长道路,形成了一批高质量的研究成果。这些研究成果立足于服务基础教育、服务中小学教师、服务培训工作,重点关注了基础教育改革发展的热点问题、中小学教育教学的难点问题和培训工作的关键问题。这些研究成果,体现了理念的先进性、内容的科学性和方法的创新性,是教师们对培训教学成果的总结提升,是教师们系统思考、深入研究的智慧结晶,也是福建教育学院在教师培训事业发展过程中取得的重要成果。

推广、宣传教师们的研究成果,目的在于更好地服务基础教育的改革发展、服务中小学教师的专业成长、服务培训主业的科学发展,同时也是强化福建教育学院"在全省中小学教师继续教育工作中的引领带动作用"功能的一个重要方面。为此,我们决定组织出版中小学教师专业发展丛书,将学院教师关于基础教育改革发展、中小学教师专业成长、中小学教育教学以及培训教学与管理等方面的研究成果整理汇集,力争使丛书成为中小学教师专业发展和教师培训专业领域的学术思想库和研究资源库,以供省内外同行和广大教育工作者研讨交流。

郭春芳

福建教育学院党委书记,教授

2022 年 12 月

3

序　一

化学学科教师精准培训的"福建经验"

2022 年岁末，本人有幸成为《化学学科教师精准培训的实践研究》一书的第一个读者。论著的作者是福建教育学院理科研修部副主任张贤金副教授，12 年来他一直致力于中学化学教师培训的实践与研究工作。

2010 年硕士毕业的张贤金，入职福建教育学院，在理科研修部吴新建教授领导下的化学教研室参加了基础教育教师培训工作。这一年正是教育部、财政部启动实施"2009 年中小学教师国家级培训计划""2009 年中西部农村义务教育学校教师远程培训计划"的第 2 个年头，我国基础教育的教师培训工作正如火如荼地开展。在学院领导、理科研修部领导的直接指导下，张贤金老师一走上工作岗位，就勇敢地接受了吴新建教授交给他的任务，参与面向全省的化学学科教师培训工作。12 年来，他团结化学教研室仅有的两三位教师，依靠全省各地市的化学教研员、骨干教师、学科带头人、名师组建了省级化学教师培训团队，轰轰烈烈地开展了线上线下化学教师培训工作。张贤金老师用辛勤的工作、不倦的探索，为全省中学化学教师培训工作的质量提升和内涵发展做出了令人瞩目的贡献。他撰写了数十篇论文，逐渐成长为深受一线中小学教师信赖的培训者和研究者。难能可贵的是，在即将跨入 2023 年之际，张贤金老师用自己的论著总结了过往的工作成果，对全省化学教师培训工作做了充满激情的展望。

一位入职仅仅 12 年的青年教师，能在教师培训工作中做出不一般的成绩，除了张贤金老师本人的努力外，还有其他因素：一是得益于基础教育课程改革所提供的难得机遇；二是有教育部、省教育厅有关政策、文件的指导；三是得力于福建教育学院各级领导的直接指导和支持；四是整个培训团队在张贤金老师的带领下团结一心，辛勤工作，不倦探索。天时、地利、人和兼具，不成功也难。张贤金老师的成长经历，必将激励更多的青年教师奋勇拼搏，茁壮成长。

张贤金老师的论著，记录了十余年来福建教育学院化学教研室化学教师培训工作的进程和经验，展现了福建省化学教师在培训中获得的成长。

从论著中，我们可以看到张贤金老师带领的化学教师培训团队的工作特色。他们身在教师职后培训的高等学府，却要求自己下沉到地市、县、乡镇、村的中学。他们面向一线化学教师，了解化学教师专业成长的需求，在尊重教师成长需求的同时,依据基础教育改革的方向,以先进的教育学理念引领、组织教师结合自身的教育教学实践,多角度、多层次地参与教师培训活动。培训团队制定的培训课程、培训活动形态多样而生动,注重创新,重视实效。他们在培训工作中,做到让参训教师全员、全过程主动参与,追求培训实效,让培训内容落实到一线教师教学能力的提升上。他们设计的培训活动,除了常见的专家讲座、听评课活动外,更多的是同课二次异构活动、课题研究活动、学员论坛活动、成果展示活动、实验探究活动等等。无论哪种培训形态,培训团队都力争做到最好,收到最佳效果。以听评课活动为例,听课前要组织每个参训教师先自己备课、做教学设计,而后随机选出几位教师执教;听课后,小组评课,大组汇报,交流讨论,再由专家点评。化学实验教学设计与教学技能的培训研修,不仅邀请省内外在实验教学上造诣很深的专家型教师开讲座,做实验教学讲演,还安排了较多的课时由全体学员开展实验教学设计与教学组织研讨活动,开展实验教学的反思性研讨活动,有效地提高了教师实验教学的能力。为了帮助高中化学骨干教师提升学科教学知识水平和教科研能力,培训团队组织了以"高中化学骨干教师学科教学知识提升与研究"为主题的培训活动,采用"课题研究"培训模式,以元素化合物知识(高一化学主要内容)作为研究载体,设计了包括以下模块内容的培训项目:课题研究和论文写作一般方法课程,元素化合物理论专题讲座,元素化合物教学实践经验介绍,元素化合物名师教学观摩,元素化合物教学的集体备课、同课异构、听评课,元素化合物论文选题、撰写与修改等。

在张贤金老师的论著中,我们还可以学习到他所带领的培训团队的许多宝贵工作经验。张贤金老师带领的培训团队高度重视领会和执行教育部、省教育厅有关中小学教师培训工作的政策和各项文件的精神,用先进的教师培训理念和政策指导培训课程的设计、培训活动的规划和组织,创造性地开展工作。本书总结的许多工作经验,大都是实践证明行之有效的,能引领参训教师跨越自身的"最近发展区",实现参训教师教学能力等级水平的实质性提升和发展。例如,培训团队十分重视教师培训的全环节精准化实施。无论是培训课程的设计、培训模块的设立、培训方式和培训模式的选择运用,还是培训的跟踪指导、培训成果的总结凝练,他们都十分注重提高针对性和实效性,强化培训质量监控和评估。培训团队十分注重从培训对象、培训主题、培训目标、培训内容等各方面努力实现"精准培训"。又如,基于乡村教师学习特点,培训团队总结了将理论性课程转化为实践性课程的活动组织经验。按照"能力为重""实践导向"的基本理念和要求,注意引导参训乡村教师将个人教学经验的总结反思与理论学习相结合,帮助参训教师形成实践智慧、教学特色和教学风格,将理论性课程尽可能转化为实践性课程。一是,将理论性课程转化成问题引领的课程,要求主讲教师将讲授内容总结成一系列的具有研讨价值的问题,在课前提供相关的理论性资料供参训初中化学乡村教师自学,并在培训课堂中展开研讨,而后总结点评,引领参训教师形成共识。二是,将理论性课程转化成案例或课例分析型课程,通过对典型案例或课例的分析与研讨,作进一步优化。三是,请名师与参训教师开展同课异构或同课二次异构,通过课前磨课、课前说课、课后反思、课后评课,课后再磨课、再说课、再上课、再评课等环节,提升参训教师的教学认知和教学理念,使其转化为教学行为。四是,采取"学员论坛"形式,把研究的课程专题在培训前布置给参训教师,要求查阅文献,收集与课程专题相关的资料,结合自身教学经验,用论坛形式组织研讨。五是,由专家引领,指导参训教师以《中小学幼儿园教师培训课程指导标准(义务教育化学学科教学)》培训目标与内容一级主题的教学能力等级水平二级指标、三级指标作为深度评课的指标,开展深度评课。

从本书的论述中,我们还可以看到张贤金老师带领的培训团队对今后中学化学教师培训工作、教学研究工作所做的思考和展望。例如,他们提出,为了进一步做好乡村教师培训工作,要做到"问题·实践·成果"三重导向;要处理好教师培训的两个关键问题——进一步激发中小学教师参与培训的动力、帮助更多的中小学一线优秀教师作为培训者参与到教师培训工作中;要以制度保障教师培训质量,改进名师培养人选的遴选工作;搭建学术平台助推教师教研发展,改进和加强新时代教研工作;等等。这些建议和设想,反映了张贤金老师和培训团队在教师培训工作中的深入思考,值得大家一起来进一步研究。

王云生

教育部化学课程标准研制组核心成员,
教育部"国培计划"专家库首批专家,
苏教版高中化学教科书副主编,
福建教育学院化学教育研究所名誉所长,特级教师
2022 年 12 月 25 日

序 二

走好教师精准培训的"最后一公里"

中小学教师培训对促进教育高质量发展、实现人民群众对美好教育的期盼，意义不言而喻。从教育部、财政部 2009 年启动实施"中小学教师国家级培训计划"至今已十多年。其间，国家和各级地方政府不遗余力地加大中小学教师培训的经费投入，取得的成效有目共睹。但是，教师培训项目实施中存在的培训内容针对性不强、培训方式单一和培训质量监管薄弱等重点难点问题，仍未得到根本解决。

福建教育学院作为全国为数不多的几所专门从事中小学教师培训业务的成人高等院校之一，理应承担起为解决上述问题而进行的探索与实践工作，并发挥好引领和示范作用。我们欣喜地看到，年轻的张贤金副教授和福建教育学院的许多教师正在做着这件有意义的事！张贤金师从国家中学化学课程标准研制组组长、华东师范大学王祖浩教授，攻读硕士学位期间参与了导师主持的基础教育课程教材教法改革相关课题工作，对基础教育课程教材教法改革问题既有先期的理论探索，也有实践的体验。2010 年入职福建教育学院后，他亲历了福建教育学院转型中小学教师培训工作的全过程，也在中学化学教师培训工作中不断探索教师培训的道与术，在如何推动中学化学教师培训的质量提升和内涵发展这一问题上积累了更深的实践认识和思考。

《化学学科教师精准培训的实践研究》一书有着鲜明的主题，它立足新时代背景，基于中学化学教师这一群体，聚焦教师精准培训的理论与实践的探索及反思。当前有关"精准培训"的价值和策略思辨的文献颇丰，对"精准培训"也形成了要"以需定学、以学定培、以用定评"，要"起点精准、过程精准、结果精准"，应采用"靶向式""滴灌式""开放式""开发式"的方式等基本认识，但如何界定与评价"精准"，鲜有深入探讨，而这恰恰是"精准培训"的逻辑原点，也是当前中小学教师培训在针对性、实效性上难有实质性突破的症结所在。作者恰恰抓住此突破点，基于长期教师培训的一线实践认识，对教师培训各环节进行逐项解构、逐项实践、系统思考。例如，什么是"精准的培训需求调研"？作者对这"最后一公里"进行了实践总结：应"多维立体"开展调研，要尊重需求但更要引领需求，要按需施训但更要有价值引领。又如，针对一线中小学教师的培训课程设计，"精准"是什么？要做什么？怎么做？作者提出了远程研修课程的"四化"理念、课程设计"转轨"和"同课二次异构"

1

等具有鲜明问题解决导向的实践策略,为从事教师培训工作的同人提供了可操作、可借鉴的实践良方。

唯有如此深入内涵地对"精准培训"加以思考和实践探索,才是对教育部《关于深化中小学教师培训模式改革全面提升培训质量的指导意见》提出的"增强培训针对性,确保按需施训""改进培训内容,贴近一线教师教育教学实际""转变培训方式,提升教师参训实效""强化培训自主性,激发教师参训动力""营造网络学习环境,推动教师终身学习""加强培训者队伍建设,增强为教师提供优质培训的能力""建设培训公共服务平台,为教师提供多样化服务""规范培训管理,为教师获得高质量培训提供有力保障"等八条指导意见的正确回应和具体落实,才能真正在中小学教师精准培训的理论和实践研究上走好"最后一公里"。

吴新建

福建教育学院理科研修部主任,
福建教育学院化学教育研究所所长,教授

2022 年 12 月 30 日

前　言

百年大计,教育为本。教育大计,教师为本。为进一步加大中小学教师培训力度,重点加强农村教师培训,提高教师队伍的整体素质和教育教学能力,促进基础教育改革发展,教育部、财政部启动实施了"2009 年中小学教师国家级培训计划",同时启动了"2009 年中西部农村义务教育学校教师远程培训计划"。2010 年,教育部、财政部中小学教师国家级培训计划(简称"国培计划")全面实施。2022 年,教育部召开"教育这十年"系列发布会。教育部教师工作司司长任友群介绍,十年来,中国特色高水平教师教育体系建立建强。其中,实施"国培计划",中央投入 200 亿元,培训校长教师 1800 多万人次。十余年来,"国培计划"项目的实施对于各地的中小学教师培训起着良好的引领和示范作用。2010 年以来,教育部办公厅、财政部办公厅每年都印发关于做好该年度"国培计划"实施工作的通知。对通知文件进行梳理,可以大致地还原我国中小学教师培训这十余年来不断发展前进的道路。

教育部印发的《2010 年中小学教师国家级培训计划——示范性项目实施方案》要求做好培训教学与组织管理工作,以确保培训的专业性和实效性。

教育部办公厅、财政部办公厅印发的《关于做好 2012 年"国培计划"实施工作的通知》中首次提到"优化培训课程内容,提高培训的针对性和实效性",并 9 次提到"针对性",4 次提到"实效性"。

《关于做好 2013 年"国培计划"实施工作的通知》提出"积极推动培训模式创新,不断增强培训实效性"。2013 年 5 月,为主动适应深化基础教育课程改革,全面实施素质教育的现实需求,着力解决教师培训存在的突出问题,教育部印发了《关于深化中小学教师培训模式改革全面提升培训质量的指导意见》,明确提出"增强培训针对性,确保按需施训""改进培训内容,贴近一线教师教育教学实际""转变培训方式,提升教师参训实效""强化培训自主性,激发教师参训动力""营造网络学习环境,推动教师终身学习""加强培训者队伍建设,增强为教师提供优质培训的能力""建设培训公共服务平台,为教师提供多样化服务""规范培训管理,为教师获得高质量培训提供有力保障"等八条有针对性的指导意见。

《关于做好 2014 年中小学幼儿园教师国家级培训计划实施工作的通知》提出,"各地要针对项目实施中存在的培训内容针对性不强、培训方式单一和培训质量监管薄弱等重点难点问题,切实改进培训课程,创新培训模式,优化项目管理体制,推进'国培计划'综合改革"。

《关于做好 2015 年中小学幼儿园教师国家级培训计划实施工作的通知》提出"择优遴选培训机构,提升培训实效""加强监管评估,确保培训质量"。为了解决乡村教师培训针对性和实效性问题,2016 年 1 月,教育部印发了《乡村教师培训指南》。

《关于做好 2018 年中小学幼儿园教师国家级培训计划组织实施工作的通知》提出"模块化设置培训内容,按需开展针对性培训""改革创新培训方式,增强教师培训实效性"。

《关于做好 2020 年中小学幼儿园教师国家级培训计划组织实施工作的通知》首次提出"切实提高精准培训的组织能力""精准实施乡村教师培训扶贫攻坚行动""精准学员选派和严格过程管理"等,共 7 次提到"精准"。

《关于实施中小学幼儿园教师国家级培训计划(2021—2025 年)的通知》两处强调要"精准培训",一处是在目标任务上强调"实行分层分类的精准培训",另一处是在重点改革方面提出"完善高质量精准化的培训机制"。

通过对十余年来"国培计划"通知文件的梳理,可以发现教育部、财政部高度重视中小学教师培训工作,关注教师培训的质量提升与内涵发展,从最开始的按需施训出发,在整个过程中不断强调目标定位、培训主题、培训内容、培训模块、培训方式、培训模式、培训专家团队、培训成果、跟踪指导、学员遴选、机构遴选等方面的改革创新,要求加强培训质量监管和评估。在 2020 年的通知文件中明确提出"精准培训",并将"精准培训"的提法进一步融入针对 2021—2025 年"国培计划"的通知文件中。2022 年 4 月,教育部等八部门印发了《新时代基础教育强师计划》,在具体措施中也明确提出"深化精准培训改革"。那么,什么样的培训是"精准培训"呢?北京教育学院余新教授从七个方面对"精准培训"进行了画像:一是,培训对象精准,强化分层分类;二是,培训主题精准,聚焦核心问题;三是,培训目标精准,细化需求靶向;四是,培训内容精准,突显重点领域;五是,培训方式精准,体现示范引领;六是,培训成果精准,体现提质增效;七是,培训机制精准,推进重点改革。

将视角转向福建省。2008 年,福建省人民政府颁发了《关于进一步加强中小学教师队伍建设的意见》,明确提出大力加强福建教育学院建设,进一步强化学院的培训、教研功能以及在全省中小学教师继续教育工作中的引领带动作用,将福建教育学院建设成为全省中小学教师省级培训的主要基地和中小学教师继续教育的政策研究咨询和业务指导中心。从那时候起,福建教育学院就从学历教育全面转向专门专业从事中小学教师培训工作。福建教育学院转型后的发展刚好遇上了国家大力推进"国培计划"的进程,福建教育学院的领导和教师们深入学习贯彻"国培计划"相关文件精神,在参与教育部"国培计划"和福建省教育厅"省培计划"的工作中,对中小学教师培训进行了大量的理论和实践探索,培训质量不断提升,培训成果不断生成,培训品牌不断彰显,培训的美誉度和实效性不断提升。作为福建教育学院一名从事中学化学教师培训工作的教师,2010 年我从华东师范大学硕士毕业后,有幸进入福建教育学院工作,亲历了学院转型后的中小学教师培训工作发展过程,也在中学化学教师培训工作中不断探索教师培训的道与术,对如何推动中学化学教师培训的质量提升和内涵发展进行了长时间的实践和研究。在开展中学化学教师培训过程中,我一直坚持开展中小学教师培训方面的课题研究,通过教育科研提升自己对教师培训的理解和认识。2019 年,我申请的全国教育科学"十三五"规划 2019 年度立项课题-教育部青年课题"新时代乡村教师精准培训体系构建研究"和福建省教育科学"十三五"规划 2019 年度重点课题"支持新时代乡村教师队伍建设的精准培训体系构建研究"获得立项。我以这两个课题为抓手,立足于新时代背景,基于乡村教师这一重要群体,对乡村教师精准培训问题进行了理论和实践探索,并对工作以来开展的教师培训实践进行了反思,形成了自己对化学学科教师精准培训的一些看法和思考。通过一段时间的整理,我完成了本书的编撰工作,呈现给各位同行批评指正,希望能为中小学教师精准培训的理论和实践研究贡献自己的绵薄之力。

本书共分为八章。

第一章主要探讨培训需求的调研和把握问题,明确提出要改变过去方式单一、缺乏佐证的培训需求调研,开展"多维立体"的培训需求调研。同时,在培训需求调研过程中,除了要尊重需求,更要引领和挖掘需求,并利用教育部《中小学幼儿园教师培训课程指导标准》进行"按需施训"实践的探索。

第二章主要探讨培训课程的设计和形态问题。培训课程是培训目标和培训主题落地的重要载体。课程设计的理念在很大程度上决定了培训项目设计者可以设计出什么样的培训课程。本章提出远程研修课程设计的"四化"理念,强调课程设计应该从横向设计转向纵向设计;阐述了"同课二次异构"这一颇具特色的实践性课程形态,强调进一步利用教育部《中小学幼儿园教师培训课程指导标准》开展乡村教师培训课程的精准化设计。

第三章主要探讨"课题研究"培训模式改革问题。为了提升培训质量,培训模式的改革至关重要。基于学习动机理论和学科教学知识理论,我们在中学化学教师培训实践中引入了高校硕士生、博士生培养的"导师制＋课题研究"模式,并基于"课题研究"培训模式促进参训高中化学骨干教师的学科教学知识发展和核心素养理解。

第四章主要探讨化学教师实验培训模式创新问题。化学是一门以实验为基础的学科,但基础教育课程改革并没有让化学实验教学得到强化,反而有所弱化。为改变这一现状,有必要对化学教师和化学实验员进行实验专项培训。基于实验研究素养提升的视角,我们进行了多年的探索,并取得了良好成效。

第五章主要探讨乡村教师培训问题与突破,着重从乡村教师培训问题与乡村教师培训研究现状、"国培计划"乡村教师培训优化与突破乡村教师培训的瓶颈三个大方面,分八节进行详细论述。

第六章主要探讨培训质量提升问题,讨论了教师参与培训的动力激发问题、中小学一线优秀教师成为培训者问题、培训院校培训质量保障制度建设问题以及培训质量提升的福建经验。

第七章主要探讨名师培养的关键问题,对国内典型省市中小学名师培养人选遴选的做法进行评析,提出有针对性的建议。在此基础上,对中小学名师培养的一些关键性问题进行辨析,为中小学名师培养工程的顺利实施与开展提供参考。

第八章主要探讨新时代教研工作改进方向。研训一体,教研和培训从来都是不分家的,某种意义上来讲,教研工作其实也属于教师培训的范畴。本章从听评课这一教研活动的最常见形式入手,从调查研究中总结出一些关于改善听评课活动效果的思考和观点,提出高校和培训院校应该为教师教研发展搭建学术平台,新时代教研员应该具备五个核心素养。最后,结合教育部《关于加强和改进新时代基础教育教研工作的意见》,提出了新时代我国基础教育教研工作再出发的方向。

本书的出版得到了福建教育学院领导的大力支持和帮助。福建教育学院党委书记郭春芳教授,党委副书记、院长赵崇铁研究员,学院党委委员、副院长官明辉研究员,张志刚研究员,杨文新教授,纪委书记陈进寿副研究员,培训管理处处长黄丽萍教授,国家化学课程标准研制组核心成员、国培专家王云生特级教师,福建教育学院理科研修部主任、化学教育研究所所长吴新建教授,福建教育学院邹开煌教授,林蕃教授,陈光明教授,范光基研究员,张平忠教授,于文安教授,周大明教授,陈柳娟教授,吴金华教授,石修银教授,林颖韬特级教师,陈曦正高级教师,徐小敏编审,赖一郎编审,陈秀鸿副教授,蔡银环副教授,简占东副教授,曾广林副教授,蔡丽红副研究员,叶永谦正高级教师等领导和专家给予了诸多指导,培训管理处副处长叶燕珠教授和科长柳碧莲副研究员做了许多具体的联络和指导工作,多位审稿专家们给予了无私的专业指导,还有许多关心和支持本书出版的朋友提出了诸多宝贵的意见与建议,在此一并致谢!十余年的教师培训过程中,有幸遇到了许许多多的培训专家和学员朋友,他们给了我很多的指导和启发,帮助我不断成长,在此深表感谢。

由于水平所限,书中难免存在错漏之处,恳请广大同行不吝赐教。

张贤金

2023 年 8 月于福州

目　录

第一章
培训需求的调研和把握

第一章 培训需求的调研和把握

毛泽东同志说:"没有调查,没有发言权。"江泽民同志说:"没有调查就没有决策权。"胡锦涛同志说:"调查研究是我们的谋事之基、成事之道。""调查研究是我们党的传家宝,是做好各项工作的基本功。"[①]习近平同志在多个重要场合强调,要求广大党员干部掌握好调查研究这一基本功。他曾形象地比喻道:"调查研究就像'十月怀胎',决策就像'一朝分娩'。调查研究的过程就是科学决策的过程,千万省略不得、马虎不得。"[②]重视调查研究是我们党的优良传统。调查研究是为了得到什么? 调查研究所花费的一切人力、物力等,都是为了更好地接近真相、发现真相、解析真相。近十年来,我国各级政府越来越重视教师培训工作,投入了大量的人力、物力和财力。要做好教师培训工作,一个重要的前提就是要深入一线教师中,全面了解一线教师的生活、学习和工作状况,坚持做好正确的培训需求调研工作,通过"多维立体"的调研方式,全面调研培训需求,分析培训需求,把握培训需求,用好培训需求。同时,在培训需求把握上既要尊重培训需求,更要用专业的视角引领和挖掘培训需求。2017年教育部出台了《中小学幼儿园教师培训课程指导标准(义务教育语文、数学、化学学科教学)》,如何用好指导标准,精准把握教师的教学能力水平现状,落实"按需施训"的理念,是需要进一步加以实践和探索的重要话题。

第一节 "多维立体"开展需求调研

中小学教师培训已进入从规模发展向质量提升的重要转型期,教师培训需求调研是提升教师培训质量和内涵的着力点,培训需求调研结果的使用也是一个值得关注的问题。

对中小学教师培训需求的准确把握是保证培训质量和培训实效性的关键所在。狭义地讲,培训需求主要是指参训教师的个体需求。广义地讲,培训需求包括国家需求、地区需求和个体需求三个维度。作为教师培训院校,很多时候可能更关注的是参训教师的个体需求,而对国家需求和地区需求有所忽视或弱化。这不利于对培训需求的全面把握,不利于培训质量的提升。

---

① 中共中央政治局召开民主生活会 习近平主持并发表重要讲话[N].人民日报,2017-12-27(1).
② 习近平.之江新语[M].杭州:浙江人民出版社,2007:154.

一、方式单一、缺乏佐证的培训需求调研

与很多同行交流,发现培训需求调研常用的方式是问卷调查。培训院校教师按照自己的认知和理解,通过编制问卷来了解参训教师的需求,并对回收的问卷进行统计和分析,了解参训教师最需要的课程内容、最喜欢的培训方式、对培训有哪些期望,并据此设定、设计培训目标和课程。这样的培训需求调研方式存在三个不足:一是需求调研只关注到参训教师的个体需求,没有关注到国家和地区的需求。二是需求调研问卷的编制水平直接决定着调研的有效性,而其编制水平受编制者的认知和理解能力影响,这导致编制的问题随意性较大,缺乏依据。同时,培训院校编制的许多问卷都是封闭式调查问卷,参训教师只能按照问卷编制者设计的选项作答,不能充分表达和反映参训教师的个体需求。三是调研方式单一,调研结果无法得到佐证。因此,方式单一、缺乏佐证的培训需求调研方式显然已经不能满足培训质量提升的要求。

二、多维立体的培训需求调研

经过长期的教师培训实践,并在实践中不断与其他兄弟院校同行交流,我们认为,为了满足培训质量和内涵提升的需要,培训需求调研方式应该是多维立体的,对培训需求的认识和理解应该是广义的,在培训需求调研的时候应该全面关注国家需求、地区需求和个体需求三个方面,并努力寻找三种需求之间的平衡点。进行培训需求调研的方式主要有以下几种:

一是文献分析。要及时深入地学习教育部、省教育厅、地市等教育行政主管部门的文件精神,了解国家需求。阅读本专业领域的期刊,掌握本学科教育研究的热点和难点问题。这些问题是国家层面本学科教师比较困惑和急需解决的问题,是作为国家需求存在的。

二是专家咨询。在进行培训需求调研的时候,可以通过电话、邮箱和 QQ 软件等方式进行专家咨询,专家可以是国家课程标准研制组课程专家、教材编写组专家、大学学科教学研究者,也可以是各地市水平较高的学科教研员和一线学科教学名师。通过专家咨询,可以在很大程度上把握住国家需求和地区需求。

三是在培训办班过程中与参训教师进行座谈。省级教师培训院校每年每个学科都有数量不等的培训任务,在每一期的培训班办班过程中,都可以组织参训教师进行座谈,或者邀请参训教师进行一对一的个别访谈,收集参训教师的个体需求。

四是进行网络培训需求调研。通过学科教师 QQ 群的形式发放培训需求开放式调查问卷。这些问卷可以从专业知识,课程功能,学科教学中的热点和难点,具体教学问题如教学设计、教学实施、教学评价、所期望的成果、培训资源、希望在哪些研究方面有所提高等维度进行设计。通过网络培训需求调研,可以更全面地了解本地区学科教师的培训需求,有助于较好地把握培训的地区需求和个体需求。

最后,在综合应用以上各种调研方式的基础上,编制有针对性的调查问卷,对即将参训的教师进行调查。调查问卷的编制应该既有封闭式题目,也有开放式题目,为参训教师表达个体需求提供机会。

三、培训需求调研结果的使用

得出培训需求的调研结果后,很重要的一点就是调研结果的使用问题。毋庸置疑,培训需求调研结果最大的功能在于确定培训主题、设定培训目标和设计培训内容。然而,培训需求调研结果的功能如何得到更大程度的发挥是一个值得深入思考的问题。在通过系统分析得出培训需求调研结果以后,应该将培训需求结果和培训需求调研的一些具有价值的原始资料和数据提供给培训项目团队成员和参与授课的专家,以便培训团队成员能够更好地把握相关项目的培训需求情况,授课专家也能够更有针对性地设计课程内容,带领参训教师解决教育教学中的问题,满足参训教师的需求,实现培训的目标。

总之,教师培训需求的调研应该关注国家需求、地区需求和个体需求;调研方式应该多种多样,不能局限于封闭式的问卷调查。不同的调研方式在对于国家需求、地区需求和个体需求的把握上具有不同的效果。同时,为了使培训需求调研结果发挥更大功能,还应将这些结果及时与培训项目团队成员和授课教师共享,以便提升教师培训质量。

第二节　尊重需求更要引领需求

作为专门从事中小学教师培训的教师,我们经常在思考如何提升培训质量,办中小学教师满意的培训。近几年,国家各级教育行政部门、财政部门投入了大量的人力、物力和财力,期望通过大规模的教师培训,提升中小学教师的教育教学能力,提高中小学课堂教学质量,这些努力取得了很大的成效[①]。然而,和中小学教师交流后,我们发现教师培训在一定程度上已经成为"占用中小学教师假期"的一项不得不完成的工作。究其原因,除了中小学教师工作比较累以外,就是当前的很多中小学教师培训项目没有真正地去调研和了解中小学教师的需求,还是沿用过去的培训理念,采取"拼盘式"的、目标指向不够明确的培训方式。将我们从事中小学教师培训的经验进行总结,我们认为教师培训要取得较好的成效,要尊重需求,更要引领需求。

一、培训目标的需求

从大的方面来讲,教师培训的目标主要在于促进中小学教师专业发展。从小

---

① 本刊记者．教育部教师工作司负责人就《教育部财政部关于改革实施中小学幼儿园教师国家级培训计划的通知》答记者问[J]．中小学教师培训,2016(1):1-3.

的方面来讲,教师培训的目标在于促进中小学教师更好地完成课堂教学和管理工作。在培训前,我们通常会对参训学员进行调查。我们发现大部分中小学教师并没有明确的、清晰的目标需求①,更多的中小学教师期待中小学教师培训院校帮助自己制订培训目标。这个时候,中小学教师培训院校就要在充分调查本地区中小学学科教学现状和中小学教师培训目标需求的基础上,依据教育部颁布的《小学教师专业标准》《中学教师专业标准》,以及教育部制定的各学科课程标准,全面规划五年里本地区本学科教师培训的总目标,并细化为每一年度要落实的具体的、可操作的、可评估的培训目标。

二、培训主题的需求

鉴于国内中小学教师培训时间短的特点,近年来,国内中小学教师培训已经进入"主题式"培训阶段②。即使采取"拼盘式"培训的中小学教师培训组织者,也总是试图给自己组织的培训项目冠以"主题式"培训的头衔。在进行每一年年终总结、新一年度培训规划的时候,我们通常会通过培训班 QQ 群、各地市教师 QQ 群等,面向全省征集新一年度的培训主题。针对中学化学教师,我们征集到的主题主要有:中高考化学试题分析、中高考化学复习策略、高一化学重难点突破、高二化学重难点突破、初三化学重难点突破等等。这说明,我们的一线中学化学教师高度重视中考、高考以及具体的化学知识点的教学。这些确实是很多一线中学化学教师的需求,但是作为中小学教师培训院校,应该站得更高一点,站在学科发展的全局来看待这些主题,并深化提升这些主题。其实这些主题,都指向了一个共同的主题:化学课堂教学质量提升。

三、培训课程内容的需求

确定了培训目标和培训主题以后,要实现培训目标和聚焦培训主题,就需要具体的培训课程内容作为支撑。培训内容涉及的是具体的教师培训课程内容设置的问题。关于这个问题,首先要尊重中小学教师们的呼声和需求。我们在每一次培训结束前,都会进行教师培训学员满意度座谈和测评。在座谈会和测评中,关于培训课程内容,中小学教师经常提的一个要求就是理论性的课程少一点,课程内容更"接地气"一点。这并不表示教育教学理论不重要,而是需要找到教育教学理论与学科实际教学的"连接点"。寻找这个连接点的责任应该在于培训课程主讲教师,而不在于中小学教师。作为培训课程主讲教师,应该在设计课程的时候,将相关的教育教学理论应用于具体学科教学中,大量采取案例、课例、故事等生动活泼的形式,化教育教学理论于具体内容分析中,让参训学员感受到教育教学理论的力量,

① 张贤金,吴新建.教师培训需求调研应"多维立体"[N].中国教育报,2013-10-16(9).
② 吴新建,郭春芳,张贤金.高中高级职称教师培训实践的认识与反思[J].中小学教师培训,2015(2):17-19.

了解教育教学理论的原理、价值以及适用条件。另外,对于培训课程内容的设计,作为专业的中小学教师培训组织者和研究者,我们要引领中小学教师的需求,要改变过去横向设计培训课程的理念,转而采取纵向设计培训课程的理念[①]。要围绕某一培训主题,设计单元化、系列化、纵向深入的培训课程,让参训学员感受到培训课程与培训主题、培训目标之间的逻辑联系。

四、培训方式的需求

中小学教师培训的对象是中小学教师,培训方式的改变很重要。首先,中小学教师是有一定的教学经验的,"传经布道"式的专家讲座是无法吸引参训学员也无法满足参训学员对于培训方式的需求的。其次,我们一直认为中小学教师培训是课程改革的"试验场"。在中小学教师培训过程中,我们一直强调要改变中小学课堂教学方式和组织形式,而中小学教师培训课堂的教学方式和组织形式如果没有改变,没有给予中小学教师一种引领和示范,那么从这一点上来讲,培训本身就是失败的,或者说培训对于中小学教师来说就是没有说服力的。在培训方式的需求方面,中小学教师更多地希望培训形式要灵活多样。除了专家讲座以外,很多中小学教师建议多组织一线公开课观摩,多请一些一线名师分享教学经验,多让参训学员互相交流、共享教学资源。无疑,这些建议都是很好的,都是需要中小学教师培训者和组织者予以重视和考虑的。除此以外,中小学教师培训者更要引领需求,进行培训模式的改革和创新,并在中小学教师培训过程中进行实践。福建教育学院近几年来狠抓培训模式改革创新,提出了很多值得推广应用的各个学科培训模式或培训方式。比如,"课题研究"培训模式[②]、"课堂诊断"培训模式、"课例分析"培训模式、"案例研讨"培训模式、"世界咖啡"培训模式、"学术论坛"培训模式等等。

五、培训组织管理的需求

参加培训的中小学教师都是成年人,不同于未成年人或大学生、研究生。面对这样的培训对象,我们在培训组织管理上就要注意方式方法。在长期的中小学教师培训实践中,我们形成了转"培训管理"为"培训服务"的理念,主动对接中小学教师对于培训组织管理的需求,用人性化的、有温度的培训服务为参训学员营造良好的参训氛围和情感体验。在培训前,我们开通班级 QQ 群、微信群,并通过短信或电话的形式和参训学员进行培训前的沟通和联系,让他们更清楚地知道本次培训的目标、主题、内容和预期成果。培训过程中,我们成立班委会,由班委会进行班级的组织、管理和服务。培训结束后,我们和参训学员结下友谊;中小学教师有任何

---

① 张贤金,吴新建.促进教师深度学习:教师培训课程设计转轨[J].福建教育学院学报,2016(8):69-71,128.
② 张贤金,吴新建,叶燕珠,等.基于"课题研究"模式的化学教师培训改革[J].中小学教师培训,2015(10):15-18.

问题,我们都尽己所能回答或解决。在培训组织、管理和服务过程中,我们坚持"严格要求"和"人性服务"相结合。

六、培训跟踪指导的需求

在培训结束前的教师培训学员满意度座谈和测评中,很多参训学员都提出了一个明确的要求,即希望培训结束后,培训班学员之间可以保持联系,互相交流,共同进步,同时也希望培训项目团队可以在培训结束后进一步跟踪指导参训教师。通过对参训学员进行进一步的访谈,我们发现大部分中小学教师所说的跟踪指导主要是指项目团队在培训结束后,通过网络或电话等形式进一步指导参训学员,解答他们在教学过程中遇到的教学问题或班主任工作中遇到的难题。这无疑是重要的,也是必要的。然而,作为中小学教师培训者,除了进行网络或电话指导以外,为了进一步提升培训质量,推动参训学员将培训期间的所思、所想、所获有效应用于自身的在岗实践中,改进参训学员培训结束后的教学方式,提升参训学员课堂教学质量,项目团队还需要不定期地下到参训中小学教师所在学校,围绕具体的教学问题,和参训学员共同研讨,观摩参训学员课堂教学,并提出有针对性的改进意见或建议。另外,针对当前中小学教师教学成果积累、生成和发表意识与能力较为薄弱的问题,还要督促、帮助参训学员通过撰写教学反思、教学课例、教学随笔、教学论文等多种形式积累和提升自己的教学研究成果,帮助他们生成更多可以看得到的"成长",提升他们的自我效能感,激发他们开展教学研究的自信心和积极性,促进中小学教师参训后的可持续发展。

第三节　如何落实"按需施训"

党的十八大以来,以习近平同志为核心的党中央高度重视中小学教师队伍建设。教师培训是提升中小学教师队伍素质的关键途径,但针对性不强、内容泛化、方式单一、质量监控薄弱等突出问题一直制约着教师培训质量的提升。为进一步规范和指导各地分类、分科、分层实施教师培训,2017 年教育部出台了《中小学幼儿园教师培训课程指导标准(义务教育语文、数学、化学学科教学)》(以下简称《指导标准》)。《指导标准》要求对照教师教学能力标准,开展教师教学能力诊断,基于实践导向制订培训目标,提升培训课程内容的针对性和实效性,努力做到"按需施训"。[①] 福建教育学院通过公开竞标承担了 2019 年"国培计划"——示范性综合改革项目培训课标(初中化学)班的举办工作。该培训项目以初中化学《指导标准》为依据,进行"按需施训"的改革探索,取得了良好的成效,获得了参训学员的高度好

---

① 教育部办公厅.教育部办公厅关于印发《中小学幼儿园教师培训课程指导标准(义务教育语文学科教学)》等 3 个文件的通知[EB/OL].(2017-11-16)[2022-11-30].http://www.moe.gov.cn/srcsite/A10/s7034/201712/t20171228_323255.html.

评和认可。以下将项目团队第一阶段的实践探索进行总结、凝练。

一、精准选择培训主题

《指导标准》的实质是将针对学生的课程目标,转换为针对教师的教学能力标准。它建立了分学科的教师教学能力标准体系,有助于精准确定教师的能力发展需求以及"最近发展区",确保"按需施训"。《指导标准》初中化学学科包括前言、培训目标与内容、实施建议等 3 个主要部分。其中培训目标和内容部分由学科整体理解、科学探究主题、身边的化学物质主题、物质构成的奥秘主题、物质的化学变化主题、化学与社会发展主题等 6 个方面组成。这 6 个方面中的后 5 个方面,实际上与《义务教育化学课程标准(2011 年版)》的 5 个一级主题一一对应[①]。在此基础上,增设了"学科整体理解"这一具有统摄性、引领性的重要一级主题。郑长龙认为,化学学科整体理解是指教师对化学学科知识及其思维方式和方法的一种本原性、结构化的认识[②]。初中化学指导标准将"学科整体理解"一级主题进一步细化为 5 个二级指标和 14 个三级指标。二级指标 1:化学学科特征、内容体系及价值理解(细化为三级指标:① 学科特征与内容体系理解;② 化学学科的价值认识)。二级指标 2:初中化学课程的理解(细化为三级指标:① 课程性质和目标的理解;② 课程内容的认识;③ 学生学习进阶的把握)。二级指标 3:初中化学教学设计与实施(细化为三级指标:① 教学基本理念和教学方式;② 教学设计系统;③ 教学实施技能)。二级指标 4:初中化学教学评价与反馈(细化为三级指标:① 评价理念和基本方式;② 评价内容及工具设计;③ 评价结果分析及反馈)。二级指标 5:初中化学教学研究与改进(细化为三级指标:① 教学反思;② 教学研究方法;③ 促进教学改进的行动研究)。王云生认为,明确"学科整体理解"的内涵是提高教师课程理解与实施能力的关键,提高"学科整体理解"能力是提升教师教学能力的基础,应该采用多样、灵活的培训研修方式,提高教师的"学科整体理解"能力[③]。通过对初中化学指导标准的深入研读,我们认为"学科整体理解"能力对于提升参训教师教学能力具有全局性、统摄性的作用和价值,故将第一次集中培训研修的主题确定为:基于"学科整体理解"的初中化学教师教学能力提升。

二、教师"学科整体理解"教学能力的诊断与分析

（一）教师"学科整体理解"教学能力诊断工具的说明

初中化学指导标准为教师培训组织者和初中化学教师提供了初中化学教师"教学能力水平表现级差表",并提供了四级能力水平描述的"教学能力水平表现级

① 教育部 . 义务教育化学课程标准:2011 年版[M]. 北京:北京师范大学出版社,2012.
② 郑长龙 . 化学学科理解与"素养为本"的化学课堂教学[J]. 课程·教材·教法,2019(9):120-125.
③ 王云生 . 教师的"学科理解"能力及其提升[J]. 基础教育课程,2019(24):72-77.

差点",为初中化学教师进行自我诊断提供了依据,帮助初中化学教师真实地了解个人教学能力的实际水平,从而清晰地认识到个人教学能力与发展目标之间的差距,有效地激发初中化学教师主动参加培训的内在动机和积极性①。初中化学教师"学科整体理解"教学能力水平表现级差表由上述的"学科整体理解"5个二级指标和14个三级指标构建,每一个三级指标的教学能力水平被划分为4个等级,并结合初中化学课程内容及教学要求进行描述,方便初中化学教师进行自我对照和诊断。

（二）问卷的发放和回收

在问卷星网站设计由14道能力诊断题组成的"化学学科整体理解"教师问卷,并通过QQ群和手机短信群发邀请2019年"国培计划"——示范性综合改革项目培训课标(初中化学)班的50位学员参加问卷调查。经过1个月左右的调查,共回收50位学员的调查问卷,全部为有效问卷。

（三）调查数据的统计

在进行问卷结果分析时,我们将教学能力等级水平转化为分数,四级、三级、二级和一级分别对应4分、3分、2分和1分。通过统计,得到参训初中化学教师"学科整体理解"教学能力自我诊断平均得分,见表1-1。

表1-1 初中化学教师"学科整体理解"教学能力自我诊断平均得分

单位:分

化学学科整体理解	1. 化学学科特征、内容体系及价值理解		2. 初中化学课程的理解			3. 初中化学教学设计与实施			4. 初中化学教学评价与反馈			5. 初中化学教学研究与改进		
	1.1 学科特征与内容体系理解	1.2 化学学科的价值认识	2.1 课程性质和目标的理解	2.2 课程内容的认识	2.3 学生学习进阶的把握	3.1 教学基本理念和教学方式	3.2 教学设计系统	3.3 教学实施技能	4.1 评价理念和基本方式	4.2 评价内容及工具设计	4.3 评价结果分析及反馈	5.1 教学反思	5.2 教学研究方法	5.3 促进教学改进的行动研究
平均得分	2.66	2.46	1.92	2.24	2.54	2.54	2.28	2.48	2.50	2.78	2.54	2.30	2.36	2.42
	2.56		2.23			2.43			2.61			2.36		

通过表1-1,可以发现"化学学科整体理解"5个二级指标中,第4个指标"初中化学教学评价与反馈"的平均得分最高,为2.61分,其次为第1个指标"化学学科

---

① 张贤金,郭春芳,吴新建,等.提升教师培训质量的两个关键问题[J].教学与管理,2015(15):55-57.

特征、内容体系及价值理解"(2.56分),再次为"初中化学教学设计与实施"(2.43分),紧接着是"初中化学教学研究与改进"(2.36分),最后为"初中化学课程的理解"(2.23分)。

通过对表1-1的14个三级指标平均得分进行分析,可以发现平均得分最高的是"4.2 评价内容及工具设计"(2.78分)。平均得分在2.50分及以上的三级指标还有"1.1 学科特征与内容体系理解"(2.66分)、"2.3 学生学习进阶的把握"(2.54分)、"3.1 教学基本理念和教学方式"(2.54分)、"4.3 评价结果分析及反馈"(2.54分)和"4.1 评价理念和基本方式"(2.50分)。平均得分在2.50分及以上的三级指标共有6个。14个三级指标中,平均得分最低的为"2.1 课程性质和目标的理解"(1.92分),低于2分。平均得分低于2.30分的还有"2.2 课程内容的认识"(2.24分)和"3.2 教学设计系统"(2.28分)。

对14个三级指标平均得分进一步取平均值,得到2.44分,可以认为50位参训学员的"化学学科整体理解"教学能力自我诊断平均得分为2.44分。

(四)调查得到的结论

通过对以上调查数据的统计,我们可以得到以下结论:(1)50位参训学员的"化学学科整体理解"教学能力平均水平处于水平二到水平三之间,平均得分为2.44分。(2)"化学学科整体理解"5个二级指标中,第4个二级指标"初中化学教学评价与反馈"的平均得分最高,为2.61分,第2个二级指标"初中化学课程的理解"平均得分最低,为2.23分。(3)"化学学科整体理解"14个三级指标中,平均得分在2.50分及以上的有6个,平均得分最高为"4.2 评价内容及工具设计"(2.78分),平均得分最低为"2.1 课程性质和目标的理解"(1.92分)。平均得分低于2.30分的共有3个三级指标。

三、精准定位培训目标

基于参训初中化学教师"学科整体理解"教学能力自我诊断平均得分情况的分析,我们可以发现50位参训初中化学教师的"学科整体理解"教学能力水平并不高,处于水平二到水平三之间,并且距离水平三还有较大的差距。"学科整体理解"教学能力水平三与参训初中化学教师现有的"学科整体理解"教学能力水平之间的差距即可视为参训初中化学教师的"最近发展区"。基于此,我们将培训目标确定为:在参训初中化学教师现有"学科整体理解"教学能力水平的基础上,通过专家引领、名师示范、同伴互助、自我能力诊断、教学实践反思等灵活多样的培训方式,使参训初中化学教师的"学科整体理解"教学能力等级可以达到或超过水平三。

四、精准设计与实施培训课程

通过对初中化学指导标准的分析,我们确定了"基于'学科整体理解'的初中化学教师教学能力提升"培训主题;通过对初中化学教师"学科整体理解"教学能力自我诊断的分析,我们确定了参训初中化学教师"学科整体理解"教学能力的水平和"最近发展区",精准定位了培训目标。为实现培训主题和培训目标,需要设计一系列针对性、实效性、可操作性、可借鉴性、可模仿性强的培训课程作为支撑。按照《指导标准》提出的"师德为先、能力为重、学生为本、实践导向、分层培训"理念,我们采用有利于促进初中化学教师深度学习的"纵向课程设计"理念[①],采取结构化、单元化的方式来设计培训课程。

培训课程内容由师德与专业理念、化学学科整体理解和教学设计、教学实施与教学评价等3个模块构成。其中,师德与专业理念模块课程包括"名师专业成长的规律与路径""责任与担当——谈新时代师德师风建设";化学学科整体理解模块课程包括"化学教师学科理解能力的内涵""增加学科理解,落实素养培育""关注素养新导向,聚焦教学新思考""初中化学教学关键问题的实践与思考";教学设计、教学实施与教学评价模块课程包括"教材文本知识背后的教育价值""初中化学教学任务分析与实施""指向关键能力的初中化学教学结构化教学设计""基于学科理解的'辨别物质的元素组成''燃烧条件与灭火原理'同课二次异构"[②]等。

在培训课程设计过程中,我们充分考虑到了参训初中化学教师"学科整体理解"5个二级指标14个三级指标自我诊断平均得分情况,按照"补短板""精准帮扶"的思路,对"学科整体理解"5个二级指标14个三级指标平均得分较低的项目给予更多的关注。为确保培训课程能够契合培训主题、培训目标,确定培训课程以后,我们尽可能多地邀请"学科整体理解"教学能力表现水平为四级的高校教授、一线名师和教研员作为课程主讲或主持专家。同时,把参训初中化学教师"学科整体理解"教学能力自我诊断平均得分统计与分析报告提供给授课专家或主持专家,以便他们更加全面地了解本次培训的主题、目标和参训初中化学教师"学科整体理解"教学能力现有水平和"最近发展区",力争做到"精准设计、精准实施"。

五、培训效果的评价与反思

我们主要通过两种方式对培训效果进行评价:一是在第一次集中培训结束一个月后,通过群发QQ信息和手机短信邀请学员到问卷星网站进行满意度测评(测

① 张贤金,吴新建. 促进教师深度学习:教师培训课程设计转轨[J]. 福建教育学院学报,2016(8):69-71,128.
② 张贤金,吴新建,叶燕珠,等. 教师培训实践性课程形态探索:同课二次异构[J]. 中小学教师培训,2015(12):24-27.

评结果见表1-2）；二是在第一次集中培训结束后,要求每一位学员结合培训所思、所学、所获撰写一份不少于1000字的"化学学科整体理解"主题文章,并提交给项目团队。有49位参训初中化学教师按照项目团队的要求完成以上两项任务（有1位教师由于客观原因,未能在规定时间内完成）,为培训效果的评价提供了数据和证据。

表1-2　参训初中化学教师培训满意度测评结果

测评项目	非常满意	满意	一般	不满意
培训需求	95.92%	4.08%	0.00%	0.00%
培训目标	93.88%	6.12%	0.00%	0.00%
培训主题	93.88%	6.12%	0.00%	0.00%
培训设计	97.96%	2.04%	0.00%	0.00%
教师教学与指导	93.88%	6.12%	0.00%	0.00%
实践性课程效果	95.92%	4.08%	0.00%	0.00%
教学中的主持点评	97.96%	2.04%	0.00%	0.00%
对学员的专业引领	93.88%	6.12%	0.00%	0.00%
培训方式方法	95.92%	4.08%	0.00%	0.00%
培训中学员交流研讨	93.88%	6.12%	0.00%	0.00%
为学员提供培训资源	100.00%	0.00%	0.00%	0.00%
班级文化和学习氛围	97.96%	2.04%	0.00%	0.00%
住宿条件与服务水平	93.88%	6.12%	0.00%	0.00%
用餐与服务水平	91.84%	8.16%	0.00%	0.00%
培训团队服务管理水平	95.92%	4.08%	0.00%	0.00%
培训的总体满意情况	95.92%	4.08%	0.00%	0.00%

通过表1-2,可见参训初中化学教师对本次培训持高度肯定的态度。培训的总体满意情况,"非常满意"率达到95.92%,"满意"率达到4.08%,两者之和达到了100.00%。测评各项"非常满意"率均达到了91.84%及以上,其中"为学员提供培训资源"的"非常满意"率达到了100%。"培训设计""教学中的主持点评""班级文化和学习氛围"三者"非常满意"率均达到97.96%,"培训需求""实践性课程效果""培训方式方法""培训团队服务管理水平"四者"非常满意"率均达到95.92%,"培训目标""培训主题""教师教学与指导""对学员的专业引领""培训中学员交流研讨"的"非常满意"率均为93.88%,"用餐与服务水平"和"住宿条件与服务水平"的"非常满意"率分别为91.84%和93.88%。

在学员满意度测评问卷中,我们还设置了"您认为本次培训最突出的优点或给您留下的最深刻印象是什么?"等开放性问题。对调查结果进行分析,我们发现学员们普遍认为:自己对"学科整体理解"内涵的理解和认识得到了加深;高校专家、一线名师和教研员的"学科整体理解"能力水平很高,对学员们起到了很好的专业指导和引领作用;本次培训的需求分析、主题选择、目标定位和课程内容设计相当精准;本次培训针对性、实效性和指导性强;通过对一线优秀教师精彩课例的深度观摩、评析和磨课,专家组织指导学员从教学设计的理念和思想上做分析,帮助学员们找到了自己在学科整体理解、课程性质和目标认识上存在的不足,在课程内容理解和把握上的问题,以及对学生学习进阶认识上的盲点;诊断自身与"学科整体理解"5个二级指标14个三级指标的差距,明确改进的方向,有助于提升"学科整体理解"教学能力。

通过对参训学员提交的49份"学科整体理解"主题文章进行全面的文本分析,我们发现学员们从培训设计、培训内容、培训方式、培训师资、培训资源、培训组织、培训成效等各个视角,结合自身教学实践和培训的收获体会,对为什么要提升"学科整体理解",什么是"学科整体理解",如何提升"学科整体理解",以及"学科整体理解"如何应用于教学实践等问题进行多角度论述。第一次集中培训研修中,大部分学员通过专家引领、名师示范、同伴互助、自我能力诊断、教学实践反思等灵活多样的培训方式,较大地提升了对化学学科的整体理解和认识能力。学员们纷纷表示,第一次集中培训研修让自己对"学科整体理解"的重要性有了更清晰的认识,也找到了提升自身教学能力的关键点和突破口。很多学员都提到,通过培训,自身的教学知识得到了拓展,教学认知和教学观念得到了转变,回到工作岗位以后,将用"学科整体理解"来统摄和指导自身的教学行为,实现自身教学行为的改进。

第二章
培训课程的设计和形态

第二章 培训课程的设计和形态

培训课程是培训目标和培训主题落地的重要载体。当前,关于培训课程的探讨主要涉及培训课程的设计和培训课程形态的选择两个核心议题。设计什么样的培训课程,培训课程以什么样的形态来呈现,是培训项目设计者需要思考的问题。理念先于行动,理念会转化为行动。培训项目设计者的培训课程设计理念直接决定着参训教师对培训课程的学习兴趣和积极性,培训课程形态决定着培训课程呈现的方式和教师深度学习的意愿。精准化的课程设计使课程能够准确地反映和体现培训需求。

第一节 远程研修课程设计的"四化"理念

2010年暑假,福建教育学院开展了首次全省高中化学教师远程研修,2011年和2012年又分别开展了两次全省大规模远程研修。我们对2010年开展的远程研修进行反思,并将反思的成果应用于2011年的远程研修中,同时在研修后又对2011年的远程研修进行反思,再将反思的成果应用于2012年的远程研修中。我们的远程研修培训改革是在"实践→反思→实践→反思→实践"中进行的,现将我们对远程研修课程方案设计理念的探索与实践整理、归纳、总结如下。

自从我院主业转型(从学历教育转向师干训工作)以来,师训课程方案的设计成为我院师训工作的重中之重,学员对于我院师训质量的评价很大程度上取决于课程设计的质量。如何设计出对学员有吸引力、有价值的课程?这一问题一直困扰着学院各个学科教师。学院提出了"模块化"和"主题化"的课程设计理念,这为我们创新课程设计指明了方向。事实上,培训质量的高低主要在于两个因素,一是课程的内容,二是培训的方式(包括内容的组织、教学方式等)。只有让参训的教师感觉到培训的内容是有价值的,才能吸引学员的兴趣;同时,只有通过某种合适的形式开展培训,才能让参训教师自觉主动地接受所要学习的内容。因此,我们在学院提出的"模块化""主题化"理念的基础上,进一步提出"问题化""微型化"的课程设计理念,并将"模块化""主题化""问题化""微型化"共同作为远程研修课程设计的理念,见图2-1。

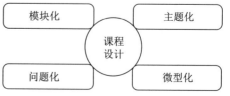

图2-1 远程研修"四化"课程设计理念

一、坚持"模块化"的理念,构建远程研修清晰的课程结构

2010 年,我院开始开展全省高中化学教师远程研修,当时的课程设计"模块化"理念并不明确,都是以任务的形式进行。2010 年福建省高中化学教师远程研修课程结构如图 2-2 所示。当时国内开展的远程研修,都是采取这样的课程组织方式,参训教师在研修过程中对课程结构很难形成清晰的认识。因此,2011 年和2012 年,我院开展的福建省高中化学教师远程研修在这个方面作了改革,引入了"模块化"的理念,将所有研修课程分为公共类课程、学科教研类课程、学科提升类课程(包括学科理论提升和学科知识拓展子模块)。这样的划分很好地区分了各类课程,使参训教师在培训过程中可以很好地了解自己所要研修的内容。结合 2011年和 2012 年远程研修课程设计的经验,我们发现学科教研类课程和学科理论提升类课程在设计上存在区分度不大的问题。很多时候,参训教师都会问我们这两类课程到底有什么区别。这就需要我们在进行课程设计的时候更加注意课程内容的选择。学科教研类课程,我们主要是从名师网上授课(教研)活动平台选择,而学科理论提升类课程,我们注重选择一些站位较高、视野较宽的大学专家进行授课,以起到理论引领的作用。

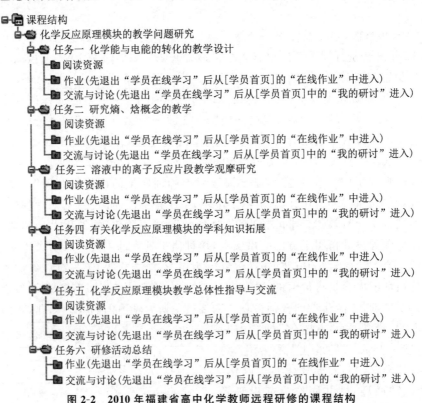

图 2-2 2010 年福建省高中化学教师远程研修的课程结构

二、坚持"主题化"的理念,使远程研修的内容更加集中

为了提高培训质量,每一次培训都应该有明确的主题,形成"主题化"的课程设计风格。每一个模块应该对应一到两个主题,主题不宜过多,以免杂乱无章。2010 年的福建省高中化学教师远程研修,我们确定了"化学反应原理模块的教学问题研究"的主题,然后设置了六个任务来突出主题,可以说"主题化"理念得到了很好的体现。为了更好地体现"主题化"的思路,在 2012 年的福建省高中化学教师远程研修中我们作了进一步的努力,在学科教研类课程中作了新的尝试。我们认为,当时全省各地中学化学教研活动主要以听评课为主,听评课作为教师专业成长的重要手段却因种种原因不能引起教师们的兴趣,教师们普遍对如何进行听评课不得要领。为了引起广大中学化学教师和教研员对此问题的重视,我们将学科教研类课程设计为课堂观察专题,具体情况可见表 2-1。以高一年级为例(其他两个年级课程设计类似,以保证各个年级课程内容的同质性),我们总共设计了三个专题:专题一我们邀请了龙岩普教室化学教研员杨梓生高级教师对龙岩地区的一节高一化学课堂实录从"教师教学行为改进"的角度进行课堂分析与点评,并提出建议,以引领学员们掌握课堂观察(听评课)的方法。专题二我们选择了福清的一节高一化学课堂实录(我们将其定位为新的教学模式下的课堂教学)。专题三我们选择了厦门的一节高一化学课堂实录(我们将其定位为传统的教学模式下的课堂教学)。任务要求是让学员们观看三个视频,按照杨梓生老师的讲座视频自选观察角度设计一个课堂观察量表,对两节课进行观察,对两节课的教学目标达成情况进行评价,对其教学模式进行比较。我们期望通过本模块引起广大教师对听评课的反思。同时,我们还在培训准备课程中就学员对听评课的态度和认识进行了调查,以引领广大教师从不同的视角来反思听评课的有关问题。

表 2-1　学科教研类课程设置情况

模块	年级	培训内容	培训形式
学科教研类课程	高一	基于教学行为改进的课堂观察	专题讲座
		氨及铵态氮肥	课堂实录
		乙醇	课堂实录
	高二	基于教学行为改进的课堂观察	专题讲座
		原电池	课堂实录
		乙醛	课堂实录
	高三	基于教学行为改进的课堂观察	专题讲座
		铁及其化合物	课堂实录
		高三化学第二轮复习解题指导	课堂实录

三、把握"问题化"的理念,解决教学过程中的最新问题

新课程改革以后,在课堂教学实践过程中出现了很多问题,现有问题逐渐得到解决的同时新问题也层出不穷。我们把解决课堂教学过程中出现的各种问题作为出发点和落脚点,将课堂教学过程中出现的各种问题转化为培训的内容,使培训内容"问题化",这样我们的培训可以更有针对性,培训的实效性也会得以彰显。2012年福建省高中化学教师远程研修学科提升类课程的设计十分注重"问题化"的思路(见表2-2)。我们认为,当前高中化学教师专业理论不够扎实带来的课程实践问题逐渐显现出来,加强教师专业理论知识的学习已成为当前广大化学教学专家学者的共识,也成为很多高中化学教师的急迫需求,因此我们将学科理论提升模块定位于化学学科理论知识的拓展,让广大教师通过案例,感受真实的化学世界;课程改革以后,课程标准和教科书中介绍了很多研究物质的新技术和手段,这些技术和手段在近几年的高考中也频繁出现,很多高中化学教师对于这些内容遗忘较多,很有必要进行回顾和学习,因此我们将学科知识拓展模块定位于化学研究前沿技术和手段的介绍,并结合高考考题进行分析。同时,在这两个子模块的授课过程中,授课教师很注重通过"问题"的形式,引领广大学员进行思考,以使学员感受到这些问题真实存在于自己的教学过程中。因此,"问题化"的思路事实上涉及两个方面的内容:一是培训的内容应该来源于课堂教学中出现的最新问题;二是培训教师应该多以"问题"的方式来引领授课的内容,使学员们在"问题"的引领下进行反思,产生共鸣,以提升培训的效果。

表 2-2　学科提升类课程设置的情况

模块	专题	培训内容	培训形式
学科提升类课程	学科知识拓展	认识物质微观世界的现代仪器检测技术	专题讲座
	学科理论提升	感受真实的化学世界	专题讲座

四、尝试"微型化"的理念,使培训的形式更加灵活

"微型化"的课程设计理念主要是指,通过视频短片讲解(不多于45分钟)和参考资料阅读,让参训教师在最短的时间里学有所得。"微型化"的理念可以和"问题化"的理念结合起来操作,使授课内容全部转化为一个个的问题;每个问题请专家用5~10分钟进行讲解,尽量在最短的时间内解决一个问题,并提供给学员一些参考资料。我们认为,"微型化"的理念有其优越性,可以使培训的形式更加灵活。鉴于当时条件所限,"微型化"的理念只在化学学科做了一些尝试,没有在福建教育学院的所有学科远程研修中得到应用。我们认为,如果不能在课程内容上采取"微型化"的理念,至少在当时可以做这样的尝试:将学员在研修平台上提出的学科教学问题进行整理,然后邀请专家对这些问

题进行逐条回答,并拍摄成短片,然后将这些短片上传到"专家在线指导"课程模块(在研修过程中另行开设)中。这样短小精悍的视频讲解不但可以解决专家打字、输入学科特殊符号的困难,而且更加生动,效率更高。当然,如果要将整个远程研修的课程内容都"微型化",必然会对授课教师提出很高的要求。我们认为,可以在某个模块先进行尝试,也可以在"专家在线指导"模块进行尝试,待条件成熟,再拓展到全部模块中。

五、结语

远程研修课程方案的设计是一个系统工程,通过近几年来对"模块化""主题化""问题化""微型化"四维一体课程设计理念的探索、实践与改进,我们认为在该课程方案设计理念指导下设计出的课程对学员具有较大的吸引力和价值,得到了学员的高度好评,取得了较好的成效。

第二节　课程设计转轨促进教师深度学习

教育部印发的《关于深化中小学教师培训模式改革全面提升培训质量的指导意见》明确指出当前中小学教师培训存在针对性不强、内容泛化、方式单一、质量监控薄弱等突出问题[①]。其中,针对性不强和内容泛化涉及的是同一个问题,即中小学教师培训课程设计的问题。中小学教师培训属于教师职后继续教育学习,与学历教育不同,没有固定的培训课程[②]。中小学教师培训院校通常会根据培训需求,确立培训目标和培训主题,并设计相应的培训课程。一般来说,不同的培训项目设计的培训课程是不完全相同的。设计什么样的培训课程很大程度上取决于课程设计者持有的课程设计理念。在长期的中小学教师培训实践中,我们认为比较有代表性的教师培训课程主要分为横向课程和纵向课程。

2008年福建教育学院开始全面转向全省中小学教师培训工作。在学院开始从事中小学教师培训时,由于缺乏中小学教师培训经验和中小学教师培训课程设计理论支撑,我们在进行中小学教师培训课程的设计时通常采取的是横向课程设计理念。随着教师培训从规模发展向质量提升和内涵发展转轨[③],加之我们在中小学教师培训工作中积累了经验,进行了反思,在教育部中小学教师培训相关文件精神的引领下,我们认为要全面提升中小学教师培训的质量和内涵,就要聚焦教师培训课程的深度,使教师培训课程从横向课程向纵向

①　教育部.关于深化中小学教师培训模式改革全面提升培训质量的指导意见[EB/OL].(2013-05-08)
[2022-11-30].http://www.moe.gov.cn/srcsite/A10/s7034/201305/t20130508_151910.html.
②　吴新建,郭春芳,张贤金.对高师院校开展中小学教师培训的若干思考[J].中小学教师培训,2015(1):
27-29.
③　顾明远,程红兵,张晓明,等.教师培训:从规模发展向质量提升转型[N].中国教育报,2013-05-15(10).

课程转轨,最终实现促进教师深度学习,提升教师培训质量和内涵的目标。

一、教师培训规模发展阶段:教师培训横向课程的方案

横向课程主要指通过培训需求调研,确立了培训目标和培训主题以后,为了实现培训目标和突出培训主题,并列式地、罗列式地、横向式地设计出来的一系列培训课程。比如,2006 年秋,福建省首次实施高中新课程。高中新课程刚实施的前几年,许多高中化学教师对高中化学新课程不太了解,处于新课程理念、新课标、新教材普及阶段。这一时期我们开展高中化学新课程省级培训班,目标在于提升教师对高中化学新课程理念的认同,促进教师对高中化学课程标准的理解,帮助教师更好地使用新教材。培训的主题我们确立为高中化学新课程实施能力提升。基于以上的培训目标和培训主题,我们设计了如表 2-3 所示的培训课程。

表 2-3　高中化学新课程培训班课程安排

培训内容	培训形式	专家身份
全面实施高中化学新课程 培养学生科学素养	专题讲座	大学教授
《普通高中化学课程标准(实验)》解读	专题讲座	大学教授
必修模块教科书编写思路与特色分析	专题讲座	一线名师
选修模块教科书编写思路与特色分析	专题讲座	一线名师

从表 2-3 中我们可以发现该培训班四门培训课程是并列的,是同一个层面的,是横向展开的、罗列式的,而不是纵向深入的;培训形式也比较单一,基本上以专家讲授为主。因此,我们把这样的培训课程称为横向课程。2010 年,为了帮助高中化学教师提升教科研能力,我们开展了高中化学教师教科研能力提升培训班,设计了如表 2-4 所示的课程。

表 2-4　高中化学教师教科研能力提升培训班课程安排

培训内容	培训形式	专家身份
中学化学教师如何进行课题研究	专题讲座	大学教授
中学化学教师教科研论文的写作思路与方法	专题讲座	编辑部主编
中学化学教师课题研究的案例分析	专题讲座	一线名师
中学化学教师教科研论文写作的经验	专题讲座	一线名师

同样地,该培训班的这些课程也是并列式的,是同一个层面的,属于横向课程。

二、教师培训质量提升和内涵发展阶段:教师培训纵向课程的价值

在培训经验的积累中,在"办教师满意的培训"的时代呼唤下,我们不断地总结如何进一步提升培训的质量和内涵。培训课程是教师培训的内容载体,是教师培

训质量的关键。因此,近几年来,我们一直在研究如何设计出高质量的教师培训课程。经过实践探索,我们认为设计纵向课程有助于将教师培训课程推向深入,促进教师深度学习。纵向课程主要指基于培训目标和培训主题,为了微观深入地解决某一核心问题,递进式地设计出来的一系列培训课程。在几年的培训实践和研究中,我们发现要提升参训教师的教科研能力,不能脱离具体的学科内容,空洞地让参训教师学习课题研究和教科研论文写作的一般方法,而是应该将课题研究作为培训模式,将具体的教学内容作为研究的载体,让参训教师对具体的教学内容进行研究,以提升教科研能力,提升对教学内容的理解和把握,也提升教育教学水平。比如,在2014年福建省高中化学骨干教师省级培训班中,通过训前需求调研,我们确立培训目标为提升参训教师的学科教学知识水平和教科研能力,将培训主题确定为高中化学骨干教师学科教学知识提升与研究。基于以上的培训目标和培训主题,我们采用课题研究培训模式,以元素化合物知识(高一化学主要内容)作为研究载体,设计了如表2-5所示的培训课程。

表 2-5　2014 年福建省高中化学骨干教师省级培训班课程安排

模块	培训内容构成	培训形式	专家身份
课题研究和论文写作一般方法课程	中学化学教师开展课题研究的案例分析	专题讲座、案例分析	大学教授
	中学化学教科研论文撰写的思路和方法	专家讲座、案例分析	编辑部主编
	文献检索与应用等专题讲座	上机操作、实践演练	项目团队
元素化合物理论专题讲座	元素化合物教学价值与功能分析	专题讲座	大学教授
元素化合物实践经验介绍	元素化合物教学实践研究	交流研讨	一线名师
元素化合物名师教学观摩	元素化合物名师实景教学	名师示范	一线名师
元素化合物评课、集体备课	全体学员深度评课与分组磨课	深度研讨	课程专家
元素化合物同课异构	学员代表同课异构	同课异构	学员代表
元素化合物文献检索与阅读	学员查阅文献	文献检索	学员
元素化合物论文选题	学员选题	选题指导	项目团队
元素化合物论文撰写	学员撰写论文	论文撰写	学员
元素化合物论文修改	导师指导学员修改论文	论文指导	项目团队
元素化合物论文投稿	学员论文投稿	投稿指导	项目团队
元素化合物论文修改	学员论文修改	修改指导	项目团队
元素化合物论文发表	学员论文发表	成果呈现	学员

表 2-5 所呈现的培训课程在设计逻辑上是逐级递进的,都围绕着元素化合物知识这一载体展开,是纵向深入的,有助于教师深度学习。因此,我们把这样的培训课程称为纵向课程。纵向课程有助于教师培训的深入发展,有助于参训教师围绕具体的微观问题展开深入的学习和研究,以达到"小切口、深挖掘"的目的。

三、教师培训改革的必然和要求：从横向课程向纵向课程转轨

在近几年的中小学教师培训实践中，我们的教师培训普遍采取纵向课程，并在很大程度上提升了教师培训的质量，获得了参训教师的高度好评，也在一定程度上扭转了中小学教师对教师培训的看法。有很多教师开始将教师培训看成教师专业发展的"加油机"，而不是一种负担。但是并不是说横向课程没有价值和意义。事实上，两种课程形态在教师培训的不同阶段都发挥过或正在发挥着作用。横向课程适用于普及性的、大规模的培训，比如新课程改革刚开始时的培训。当时，广大教师对新课程还处于很陌生、很惶恐的阶段。这个时候的培训目标一般比较宏观，培训主题一般也比较上位，基于这样的培训目标和培训主题设计出来的培训课程自然也比较泛化。然而，正是这样的横向课程帮助广大中小学教师理解了新课程改革的理念，掌握了新课程实施的方法，很好地促进了新课程实施的推进。因此，横向课程在教师培训规模发展的阶段发挥了重要的作用。随着基础教育课程改革的全面深入，再采用横向课程是无法适应基础教育课程改革和教师培训改革的需要的。为顺应教师培训改革的必然方向和需求，教师培训课程就需要从横向课程向纵向课程转轨，通过"多维立体"的培训需求调研确立微观具体的培训目标和培训主题①。在此基础上，采用纵向课程的设计理念，丰富课程形态，增强横向课程的吸引力和魅力，激发教师参与培训的动力和积极性，从而使参训教师参与到每一门课程中，使课程可以纵向深入推进，最终实现培训目标和落实培训主题，改进教师的教学行为，提升中小学教师培训的质量和内涵。

第三节　"同课二次异构"实践性课程形态

针对中小学教师培训针对性不强、内容泛化、方式单一、质量监控薄弱等突出问题，教育部印发了《关于深化中小学教师培训模式改革全面提升培训质量的指导意见》，提出了八条具体的、有针对性的指导意见，要求实践性课程应不少于教师培训课程的 50%②。作为专门从事中小学教师培训工作的省级教师培训院校，福建教育学院近年来对教师培训实践性课程形态及操作流程、模式等进行了理论和实践探索，主要探索实践了主题论坛式、案例研讨式、实景教学式、对话研讨式、课题研究式、课例研究式、成果交流式、技能展示式、同课二次异构式等多种不同的教师培训实践性课程形态，获得了参训教师的高度好评，并在省内部分设区市、区县教师培训院校推广应用，取得了很好的成效。本节着重介绍福建教育学院化学学科探索实践的同课二次异构式教师培训实践性课程形态，以期为教师培训院校在教

① 张贤金，吴新建. 教师培训需求调研应"多维立体"[N]. 中国教育报，2013-10-16(9).

② 教育部. 关于深化中小学教师培训模式改革全面提升培训质量的指导意见[EB/OL].（2013-05-08）[2022-11-30]. http://www.moe.gov.cn/srcsite/A10/s7034/201305/t20130508_151910.html.

教师培训过程中实施实践性课程提供借鉴。

一、"同课异构"及其存在的问题

在日常的教师教研活动或教师培训中,组织者经常采取"同课异构"的形式开展教学观摩研讨活动。"同课异构"是指教研活动或教师培训组织者组织两位或多位教师执教同一课题内容,课后先请执教教师进行说课和教学反思,然后组织其他教师和专家对几节课在比较的基础上进行评课议课,既指出优点,也提出改进意见或建议[①②]。同课异构活动是一种很好的教研活动或教师培训形式。然而,同课异构也存在不少的问题。我们认为,其中最大的问题就是没有为执教教师或其他参加活动的教师提供教学行为改进的机会,或者教师教学行为改进不及时,导致同课异构的成果无法及时付诸实践,效果大打折扣。

二、"同课二次异构"及其操作流程

为了继承同课异构活动的优点,弥补其没有为执教教师或其他参加活动的教师提供教学行为改进的机会或教师教学行为改进不及时的缺点,在长期的教师培训过程中我们探索实践了"同课二次异构"实践性课程形态。

"同课二次异构"是指活动第一天教师培训项目组织者组织两位或多位教师(其中一位为培训班参训教师 A,一位为教学名师 B)执教同一课题内容,在上课前组织执教教师进行说课,课后请执教教师进行教学反思。在此基础上,将参训教师分成若干小组(8~10 人为一组),在小组长带领下对几节课进行充分讨论,推荐一位组员作为代表在培训班汇报本小组的评课议课意见和建议,并请学科教学专家进行总结性的评课。各小组综合考虑各小组代表和学科教学专家的意见和建议,再次进行小组研讨,充分吸收几位执教教师优点,改进几位执教教师不足,每个小组或每两个小组推荐一位教师在活动第二天先进行说课,而后再次执教同一课题内容(执教教师人数根据参训教师人数而定,一般推荐 2~3 位教师为宜,其中一位是已开课的参训教师 A)。几位执教教师再次执教同一课题内容后,进行教学反思。在此基础上,各小组在小组长带领下再次对几节课进行评课议课,同时将第一天和第二天活动的几节课进行全面比较,重点研讨第二天的几节课是否充分吸收了第一天几节课的优点,特别是对参训教师 A 的课进行深入研讨,探讨参训教师 A 的教学行为是否得到了改进,并推荐一位组员作为代表在培训班汇报本小组的评课议课意见和建议,再次邀请学科教学专家对本次同课二次异构活动进行总结点评。最后,要求每一位参训教师在活动第二天晚上撰写一份不少于 1000 字的评课议课和反思文稿,并上传到福建基础教育网虚拟网络班级平台。所有参训教师

---

① 李庆社. 对"同课异构"教研模式的实践和思考[J]. 中小学教师培训,2009(8):45-46.
② 高翔,于青. 教研重心前移,另类视角下的同课异构:基于互动性教学研究的实践策略[J]. 中小学教师培训,2014(4):33-36.

都可以通过平台阅读其他教师提交的文稿，并进行评论交流。具体的操作流程见图 2-3。

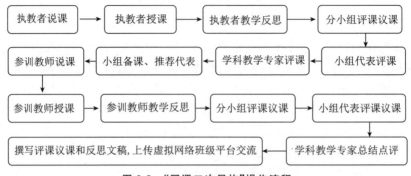

图 2-3 "同课二次异构"操作流程

三、"同课二次异构"在教师培训项目中的应用案例剖析

在由福建省教育厅主办、福建教育学院承办的省级高中化学高级职称教师培训项目中，我们多次采用了"同课二次异构"实践性课程形态，并取得了很好的成效。现以 2015 年福建省基础教育万名骨干教师高中化学省级培训班为例作介绍和分析。2015 年福建省基础教育万名骨干教师高中化学省级培训班培训对象为福建省高中化学骨干教师，培训主题为高中化学反应原理教学研究，人数为 48 人。为了促进参训教师对高中化学反应原理内容的理解，提升其高中化学反应原理内容课堂教学能力，我们组织了两次同课异构活动，一次主题为苏教版《化学反应原理》"溶液的酸碱性"，另一次主题为苏教版《化学 2》"化学反应速率"。现以苏教版《化学反应原理》"溶液的酸碱性"同课二次异构活动为例作介绍。

（一）执教者说课

本次同课二次异构第一天的活动中，执教者共两位，一位为参训教师 A，一位为福州市教学名师 B，授课地点在福州某间一类省重点中学 C，授课对象为该重点中学平行班学生。第一次执教安排在活动第一天的上午。执教前，两位执教教师分别基于苏教版《化学反应原理》"溶液的酸碱性"的教育功能和价值按照说课的一般程序进行了较为全面的说课。通过说课，其他参训教师可以领会和把握执教者的授课思路和设计意图，并在此基础上进行听课评课议课。

（二）执教者授课

两位执教者先后在两个平行班进行授课。参训教师 A 把授课的重点置于帮助学生理解 pH 的概念和训练学生进行 pH 计算，而教学名师 B 把授课的重点聚焦于帮助学生理解 pH 的价值及其应用，并引入了最新的测定溶液 pH 的物理和化学方法。

（三）执教者教学反思

两位执教者分别作了教学反思,其他参训教师根据执教者的说课和授课,结合执教者的教学反思,认真反思两节课是否很好地挖掘了"溶液的酸碱性"的教育功能和价值,是否很好地达成了执教者设计的教学目标,是否很好地处理了教学预设与课堂生成的关系,是否展示出了执教者教育教学水平,是否体现出了执教者的教学智慧。

（四）分小组评课议课

执教者教学反思结束后,全体参训教师返回福建教育学院。每位参训教师需利用中午时间撰写简短的评课议课意见和建议。活动第一天下午,由培训班教学班主任组织,按照预先的安排分成 6 个小组(每个小组 8 个人)进行评课议课,时间为 45 分钟。小组长要起到组织引领全体组员各抒己见的作用,让每一位组员都有发言的机会,充分收集、整合组员评课议课的意见和建议。

（五）推荐小组代表发言

各小组在小组长带领下充分讨论后,各推荐一位代表在培训班汇报本小组的评课议课意见和建议。小组代表们一致认为教学名师 C 的授课紧紧把握住了重点中学 C 学生基础好、接受能力强、求知欲望强等特点,深入挖掘"溶液的酸碱性"一课的教育功能和价值,帮助学生深入理解 pH 的价值及应用,有助于学优生的进阶发展。同时,小组代表们也指出,对于二类校和三类校的学生,这样的课是否适宜值得商榷。有小组代表指出,对于二类校和三类校的学生,应该像参训教师 A 一样去授课,更加关注溶液 pH 的计算,让学生多加练习。

（六）学科教学专家评课

在小组代表发言后,我们邀请了国家化学课程标准研制专家、学科教学专家对两节课进行点评,并就小组代表们的意见进行分析,帮助全体参训教师进一步从课程标准的角度把握住"溶液的酸碱性"一课的教育功能和价值,并深入思考如何根据生源情况尽最大可能实现这些教育功能和价值。

（七）小组备课、推荐代表

通过小组研讨和专家点评,各小组对"溶液的酸碱性"一课应该达到什么教学目标,如何去实现这些目标有了更进一步的认识。随后,将六个小组中每两个小组合并为一个大组。三个大组进一步研讨,进行集体备课,每一大组推荐一位代表(其中一位为参训教师 A)第二天上午再次执教这一课题内容,通过推荐的代表来"表达"大组成员对这一课题内容的理解和教学方式。

（八）参训教师说课

活动第二天上午,在培训班教学班主任主持下,三位参训教师进行说课。三位参训教师重点说明自己的课与第一天上午听的两节课设计上有什么异同,自己从前面两节课中吸收了哪些优点,哪些地方做了改进。

（九）参训教师授课

三位参训教师在重点中学 C 三个平行班分别按照自己的教学设计开设三节观摩研讨课。其他参训教师结合三位教师的说课对三节课进行观摩、记录、思考。

（十）参训教师教学反思

在以往的同课异构活动中,参加评课议课的教师们总是会对执教教师的课提出各种改进意见或建议,然而这些意见或建议在教学中是否可行,能否取得良好的教学效果,都是未知的。三位参训教师在教学反思中重点反思了根据小组的改进意见和建议,集体备课完成的教学设计方案在教学中是否可行,是否能够更好地实现该课题内容的教育功能和价值,以达到课程标准的要求。参训教师 A 还进一步反思了相比第一次课,第二次课自己的教学行为发生了哪些变化,这些变化给教学效果带来什么变化。

（十一）分小组评课议课

第二天中午,再次要求每一位参训教师撰写对上午三节课的评课议课意见和建议。下午,再次分小组进行评课议课。此次评课议课的重点在于将第一天的两节课和第二天的三节课进行全面的比较研究,深入探讨通过第一天下午的小组评课议课、小组代表发言、学科教学专家评课和小组集体备课,三位参训教师的教学行为是否得到了改进,是否充分吸收了第一天两节课的优点;三位参训教师是否借助集体研讨的成果,使第二天的三节课在第一天两节课的基础上有所提升。此外,小组成员们还重点研讨了参训教师 A 教学行为的改进以及改进所取得的成效。

（十二）小组代表评课议课

各小组代表汇总小组的评课议课意见和建议,并在培训班进行汇报。

（十三）学科教学专家总结点评

邀请国家化学课程标准研制专家、学科教学专家对三位参训教师的三节课进行深入点评,指出三位参训教师教学行为的突出亮点,也提出教学行为改进的意见和建议。学科教学专家站在课程标准的视角全面分析五节课的异同,并提出整合性的教学设计方案供参训教师们参考。

（十四）撰写评课议课和反思文稿,上传虚拟网络班级平台交流

为了最大程度地汇聚全体参训教师的教学智慧,所有研讨活动结束后,要求每一位参训教师都要撰写一份不少于 1000 字的评课议课和反思文稿,并提交到福建基础教育网虚拟网络班级平台。每一位参训教师都可以在班级平台上自由阅读、评论其他参训教师的文稿。还有一些参训教师对这五节课进行了深入的比较研

究,撰写成论文,并向国内化学教育类期刊投稿,以期通过期刊平台与全国同行分享同课二次异构的研究成果。

四、"同课二次异构"在教师培训项目中应用的建议

经过多年的"同课二次异构"实践性课程形态的实践探索,我们认为"同课二次异构"是一种很有效的实践性课程形态,能够让尽可能多的参训教师自觉参与到培训课程中,充分地激发教师参与培训的动力和积极性,使他们对微观的教学问题进行深入的研讨。该实践性课程形态目标指向教师教学行为的改进,有助于参训教师更好地理解具体教学内容的教育功能和价值,提升参训教师研究课程标准、教材和教法的能力和意识。但是,将"同课二次异构"应用于教师培训项目中,需要注意几个方面,以保障该实践性课程的效果。

(一)强调操作流程的有效整合修改

从图 2-3 可见,"同课二次异构"实践性课程操作流程总共有 14 个步骤。并不是每一次的同课二次异构活动都需要完整的 14 个步骤。教师培训项目的组织者和设计者可以根据培训时间的长短,结合培训目标,对"同课二次异构"操作流程进行有效的整合修改。但是,需要注意的是,我们并没有按照传统的同课异构流程,先进行授课再进行说课和教学反思,而是将说课前置。这样做的好处是有助于参训教师更好地观摩授课过程和评价执教者是否按照自己的教学设计授课,如何处理教学预设与课堂生成的关系,是否达成教学目标。

(二)聚焦教师教学行为改进

与传统的同课异构不同,"同课二次异构"最大的特点在于聚焦教师教学行为的改进。在长期的教师培训实践中,我们发现要克服以往教师培训中存在的"听了很激动,回去一动不动"的问题,就要在教师培训的过程中及时去帮助参训教师将培训过程中所学到的知识和技能或所获得的感悟应用于教学实践中,体现在教师教学行为的改进中,并以教师教学行为改进带来的课堂教学质量的提升促使参训教师相信教师培训对于日常教学是有帮助的,以进一步激发参训教师参与培训的热情和动力。

(三)加强名师示范和专家指导

"同课二次异构"活动中,第一次的同课异构需要有一位教学名师执教,以起到示范引领的作用。通过名师的示范引领,后续的研讨、同课异构对参训教师更具有启发性。除了名师的示范引领外,还需要有学科教学专家的全程跟踪指导点评。在小组代表发言之后,学科教学专家要能够对参训教师的评课议课意见和建议进行总结、提升,帮助参训教师更为深入地评课议课。

(四)深化参训教师之间的同伴互助

在与中小学教师接触的过程中,我们发现一线教师具有丰富的教学经验,教师们对教学都有各自丰富的理解。如何发挥参训教师的积极作用是作为教师培训组

织者的我们一直在思考的问题。在"同课二次异构"活动中,我们通过组织小组评课议课、大组集体备课、参训教师代表授课等活动,让参训教师有足够的时间互相交流研讨,取长补短,共同进步。实践证明,同伴之间的互动对于教师培训质量的提升具有重要意义。

(五)活动后的反思交流延续及成果转化

"同课二次异构"活动结束后,如何将全体参训教师的教学智慧整理出来并转化为成果,以进一步改变全体参训教师的教学行为和提升其教育教学能力是我们需要重点关注的问题。我们主要通过两种途径来解决这个问题:在培训班内部,我们主要通过要求每一位参训教师撰写评课议课和反思文稿,并上传到福建基础教育网虚拟网络班级平台来实现参训教师之间的进一步交流;在培训班外部,我们主要组织培训班中积极性比较强的教师对同课二次异构中的几节课进行多角度、全方位的比较分析,并针对课题内容提出整合性的教学设计方案,撰写成文,向国内主流教育类期刊投稿,争取通过期刊平台与国内同行分享"同课二次异构"的研究成果。

第四节　乡村教师培训课程精准化设计

乡村教师是乡村教育发展的第一资源,乡村教师培训受到了各级政府和教育行政部门的高度重视。乡村教师培训和我国其他的中小学教师培训一样存在着"内容泛化、针对性不强"这一亟待解决的现实难题。这一难题反映出乡村教师培训课程设计精准化不足,难以有效满足乡村教师的整体性需求和个性化需求的现状。作为省级教师培训院校培训者,在长期的初中化学乡村教师培训实践中,如何精准化设计符合初中化学乡村教师需求的培训课程一直是我们关注和探索的问题。教育部印发的《中小学幼儿园教师培训课程指导标准(义务教育化学学科教学)》[1](以下简称《指导标准》)为初中化学乡村教师培训课程的精准化设计提供了依据,为"精准培训"[2][3][4]的落实提供了切实可行的方向和指导。《指导标准》具有很强的实践指导价值,建立了初中化学教师教学能力指标体系,开发了可供初中化学教师自评或教师培训院校测评的"教学能力水平表现级差表",提供了针对性很强并体现水平进阶的初中化学教师培训课程主题和专题供教师培训院校培训者参

[1]　教育部.教育部办公厅关于印发《中小学幼儿园教师培训课程指导标准(义务教育语文学科教学)》等3个文件的通知[EB/OL].(2017-11-16)[2022-11-30].http://www.moe.gov.cn/srcsite/A10/s7034/201712/t20171228_323255.html.

[2]　张贤金,吴新建,叶燕珠,等.精准化教师培训的实践探索[J].教学与管理,2020(33):55-58.

[3]　陈恩伦,郭璨.以教师精准培训推动教育精准扶贫[J].中国教育学刊,2018(4):42-46.

[4]　周晔.精准化、专业化教师培训及其运作模式:培训机构的视角[J].西北师大学报(社会科学版),2016(5):75-82.

考和借鉴。我们项目团队连续多年承担了福建省乡村教师素质提升工程省级培训（初中化学班）任务,在该项目中进行了乡村教师培训课程精准化设计的改革探索,取得了良好成效。

一、乡村教师培训内容载体选择和课程设计思路

"科学探究主题"是《义务教育化学课程标准（2011 年版）》规定的课程内容 5 个一级主题之一[①],科学探究在初中化学课程中既是重要的学习内容又是重要的学习方式,具有重要的地位[②]。"科学探究主题"也是《指导标准》培训目标与内容 6 个一级主题之一。鉴于此,我们将"科学探究主题"作为 2020 年福建省乡村教师素质提升工程省级培训（初中化学班）的内容载体。那么,如何以《指导标准》作为依据,以"科学探究主题"作为培训内容载体,精准化设计乡村教师培训课程呢？ 我们采用《指导标准》中的"科学探究主题"教师教学能力水平表现级差表构建乡村教师培训课程设计的训前需求调查问卷。通过对调查问卷的结果进行赋分、统计,精准确定参训初中化学乡村教师"科学探究主题"教学能力等级水平,基于参训初中化学乡村教师整体性需求的视角,从《指导标准》中精选与参训初中化学乡村教师教学能力水平发展需求相对应的培训课程,并根据参训初中化学乡村教师在问卷调查中反映出的教学能力水平的差异性,在同一个子主题和专题下进行课程内容的分层设计,以满足不同教学能力水平乡村教师的个性化需求。在此基础上,基于初中化学乡村教师学习特点,探索如何将理论性课程转化为实践性课程,充分体现《指导标准》"能力为重""实践导向"的基本理念和要求,从而提升乡村教师培训课程的针对性和实效性。

二、乡村教师教学能力水平自我诊断与分析

（一）"科学探究主题"教学能力诊断工具的说明

《指导标准》针对具体的一级主题开发了可供初中化学乡村教师进行教学能力水平自我诊断的"水平表现级差表"。教学能力水平的自我诊断有助于教师培训院校培训者较为清晰地把握参训学员的教学能力现有水平,并根据其现有水平,合理确定其教学能力水平与培训目标之间的差距（"最近发展区"）,从而有效激发参训学员积极主动参与培训的内在需求和动机。初中化学乡村教师"为科学探究主题"教学能力水平表现级差表由 5 个二级指标和 20 个三级指标组成:二级指标（1）为科学探究主题的内容及价值理解（三级指标包括:① 科学探究理解;② 教学价值认识:学科价值、社会价值、学生发展价值;③ 课程理解与把握;④ 教科书理解与教学内容组织）,二级指标（2）为科学探究主题的学生发展空间分析（三级指标包括:

---

① 教育部. 义务教育化学课程标准:2011 年版[M].北京:北京师范大学出版社,2012.

② 王云生. 对科学探究学习的再认识[J].化学教学,2019(11):8-12.

① 已有基础；② 发展需求；③ 障碍点；④ 发展路径），二级指标（3）为科学探究主题的教学目标确定和教学评价设计及诊断指导（三级指标包括：① 设计教学目标；② 评价规划；③ 评价工具开发；④ 教学诊断、反馈及反思），二级指标（4）为科学探究主题的教学过程设计（三级指标包括：① 教学原则与策略；② 教学取向及教学环节的设计；③ 核心问题任务确定、问题线索及学生活动设计；④ 素材证据的选取），二级指标（5）为科学探究主题的教学实施（三级指标包括：① 教学目标与教学设计的课堂实现及其调整；② 基本教学技能；③ 探究活动的开展与指导；④ 思路与方法外显）。每一个三级指标用四个等级来描述教师在该具体指标方面的教学能力水平。描述的方式也是教师们较容易接受的方式，采用"你最像下面哪一种？"的问法，结合《义务教育化学课程标准（2011 年版）》规定的初中化学"科学探究主题"课程内容与教学要求进行清晰的描述，有利于初中化学乡村教师结合自身实际进行自我诊断和评分。

（二）问卷的发放和回收

利用问卷星网站，设计初中化学乡村教师"科学探究主题"教学能力自我诊断问卷，问卷由《指导标准》中的 20 道选择题组成。通过 2020 年福建省乡村教师素质提升工程省级培训（初中化学班）微信群，请全体学员（共 52 位乡村教师）进行匿名问卷调查，每个手机 IP 仅允许提交一次问卷，调查时长为一个月。调查结束后，回收调查问卷，总共回收到 50 位乡村教师的调查问卷，均为有效问卷。

（三）调查数据的统计

我们将乡村教师教学能力等级进行分数换算、赋分，一级、二级、三级和四级分别对应 1 分、2 分、3 分和 4 分。按照这个赋分规则，我们对收集到的 50 份问卷进行统计和结果分析。50 位初中化学乡村教师的"科学探究主题"教学能力水平自我诊断平均得分情况如表 2-6 所示。

表 2-6　初中化学乡村教师"科学探究主题"教学能力自我诊断平均得分

单位：分

"科学探究主题"教学能力		平均得分	
二级指标	三级指标		
1. 科学探究主题的内容及价值理解	1.1　科学探究理解	2.50	2.42
	1.2　教学价值认识：学科价值、社会价值、学生发展价值	2.46	
	1.3　课程理解与把握	2.38	
	1.4　教科书理解与教学内容组织	2.34	
2. 科学探究主题的学生发展空间分析	2.1　已有基础	2.58	2.56
	2.2　发展需求	2.70	
	2.3　障碍点	2.48	
	2.4　发展路径	2.48	

续表

"科学探究主题"教学能力		平均得分	
二级指标	三级指标		
3. 科学探究主题的教学目标确定和教学评价设计及诊断指导	3.1　设计教学目标	2.44	2.59
	3.2　评价规划	2.72	
	3.3　评价工具开发	2.66	
	3.4　教学诊断、反馈及反思	2.52	
4. 科学探究主题的教学过程设计	4.1　教学原则与策略	2.72	2.44
	4.2　教学取向及教学环节的设计	2.40	
	4.3　核心问题任务确定、问题线索及学生活动设计	2.48	
	4.4　素材证据的选取	2.16	
5. 科学探究主题的教学实施	5.1　教学目标与教学设计的课堂实现及其调整	2.20	2.25
	5.2　基本教学技能	2.20	
	5.3　探究活动的开展与指导	2.48	
	5.4　思路与方法外显	2.12	

从表2-6中,可以发现"科学探究主题"的5个二级指标中,第3个二级指标"科学探究主题的教学目标确定和教学评价设计及诊断指导"的自我诊断平均得分最高,为2.59分;其次为第2个二级指标"科学探究主题的学生发展空间分析",得分为2.56分;再次为"科学探究主题的教学过程设计",得分为2.44分;紧接着是"科学探究主题的内容及价值理解",得分为2.42分;最后是"科学探究主题的教学实施",得分为2.25分。

从表2-6中,还可以发现20个三级指标中,乡村教师自我诊断平均得分在2.50分及以上的有"3.2评价规划"(2.72分)、"4.1教学原则与策略"(2.72分)、"2.2发展需求"(2.70分)、"3.3评价工具开发"(2.66分)、"2.1已有基础"(2.58分)、"3.4教学诊断、反馈及反思"(2.52分)和"1.1科学探究理解"(2.50分)等7个三级指标;乡村教师自我诊断平均得分在2.30分以下的有"5.1教学目标与教学设计的课堂实现及其调整"(2.20分)、"5.2基本教学技能"(2.20分)、"4.4素材证据的选取"(2.16分)和"5.4思路与方法外显"(2.12分)等4个三级指标。

对20个三级指标进一步取平均值,得到2.45分,可以认为50位参训初中化学乡村教师的"科学探究主题"教学能力自我诊断平均得分为2.45分。

三、基于乡村教师教学能力水平自我诊断的培训课程选择与设计

通过以上的数据统计与分析,可以发现参训初中化学乡村教师的"科学探究主题"教学能力水平在水平二和水平三之间,距离水平三还有较大的差距,还有较大的提升空间,需要教师培训院校培训者加以重视和解决。5个二级指标中,平均得分在2.50分以上的有两个,分别为"科学探究主题的教学目标确定和教学评价设计及诊断指导"(2.59分)和"科学探究主题的学生发展空间分析"(2.56分)。20个三级指标

中,教师自我诊断平均得分在 2.50 分及以上的有 7 个,其余 13 个三级指标平均得分在 2.50 分以下。因此,我们在选择培训课程的时候,将水平三和水平四特别是水平三作为参训初中化学乡村教师"科学探究主题"教学能力水平发展的目标和方向。发展目标和现在水平之间的差距即为参训初中化学乡村教师的"最近发展区"。《指导标准》根据教学能力水平诊断的结果,提供了一系列的研修子主题和课程专题供选择。按照参训初中化学乡村教师"科学探究主题"教学能力自我诊断等级处于水平二和水平三之间的结论,我们从《指导标准》中选择并进一步设计了以下培训子主题和课程专题,见表 2-7。

表 2-7 "科学探究主题"培训课程专题选择与设计

科学探究主题	培训子主题	课程专题
科学探究主题的内容及价值理解(2.42 分)	认识科学探究	关于科学探究过程和方法的常见问题解析
	科学探究主题的教学内容及教学价值分析	基于多版本初中化学教科书的探究活动分析
科学探究主题的学生发展空间分析(2.56 分)	学生关于科学探究主题的发展目标、已有基础和障碍点	科学探究主题学情探查设计及结果分析的方法
	学生关于科学探究主题的发展路径	教科书设计的科学探究主题发展路径
科学探究主题的教学目标确定和教学评价设计及诊断指导(2.59 分)	科学探究主题教学目标的确定	基于学情设计三维融合的教学目标
	科学探究主题的评价指标和评价工具	科学探究评价指标与工具的解读与应用
科学探究主题的教学过程设计(2.44 分)	科学探究主题的教学特点、原则和策略	科学探究主题教学关键问题与对策
	探究教学过程的设计	基于特定目标的科学探究活动设计
科学探究主题的教学实施(2.25 分)	探究活动的开展指导和调整	基于教科书的科学探究课时教学设计与实施 科学探究主题整体教学过程设计与实施 科学探究主题的教学行动研究

鉴于参训乡村教师"科学探究主题"5 个二级指标 20 个三级指标教学能力自我诊断平均得分情况,在培训课程设计时应该重点加强"科学探究主题的教学实施"这一二级指标的课程内容比重,同时关注"科学探究主题的内容及价值理解"和"科学探究主题的教学过程设计"这两个二级指标的课程内容。在确定了具体的培训子主题和课程专题后,项目团队还对 50 位参训初中化学乡村教师的问卷进行了个性化的分析,全面了解学员教学能力水平的不同发展阶段以及学员个性化发展需求,在课程设计的时候采取大部分合班授课,有需要时分层分班授课的方式,努力做到在"科学探究主题"这一培训内容载体下,既关注全体学员的整

体性需求,又尽可能关注到不同学员的个性化需求。将设计好的课程落到实处的一个重要前提是要与参与培训的项目专家团队进行全面的沟通,帮助专家团队成员全面了解《指导标准》,并掌握学员教学能力水平自我诊断的整体性结果和个性化结果,让专家团队真正落实《指导标准》的基本理念和要求,切实做到培训课程的精准化设计。

四、基于乡村教师学习特点将理论性课程转化为实践性课程

基于参训初中化学乡村教师"科学探究主题"教学能力自我诊断结果,确定了培训子主题和培训课程专题以后,需要进一步考虑的是采取什么样的课程形态(理论性课程和实践性课程)落实这些课程。按照《指导标准》"能力为重""实践导向"的基本理念和要求,培训课程应重视参训初中化学乡村教师的个人初中化学教学经验,帮助他们强化实践意识、关注现实问题,将理论学习与实践反思相结合,并进一步形成实践智慧、教学特色和教学风格。要将理论性课程尽可能转化为实践性课程,有以下路径可供参考:

第一,将理论性课程转化成问题引领的课程,主讲教师转变成课程主持人,将所要讲授的内容总结成一系列的具有研讨价值的问题。课程主持人在课前提供相关的理论性资料供参训初中化学乡村教师自学,在培训课堂中组织研讨,把握研讨的大方向,并进行总结点评,引领形成共识。

第二,将理论性课程转化成案例或课例分析型课程,通过典型案例或课例的分析与研讨,调动参训初中化学乡村教师的教学经验,形成认知冲突,后由主讲专家和参训初中化学乡村教师共同优化案例或课例。

第三,名师与参训初中化学乡村教师进行同课异构或同课二次异构[①],并通过课前磨课、课前说课、课后反思、课后评课,课后再磨课、再说课、再上课、再评课等环节,提升教师的教学认知和教学理念,改进参训初中化学乡村教师的教学行为。

第四,采取"学员论坛"形式,把涉及的课程专题在培训前公布给参训初中化学乡村教师,要求他们通过查阅文献等方式,尽可能多地收集与课程专题相关的资料,并将查阅到的资料与自身初中化学教学经验结合,形成相关课程的论坛发言内容。在培训过程中,以"学员论坛"的形式,组织学员围绕相关专题进行深入研讨,互相启发。

第五,在专家的引领下,指导初中化学乡村教师将"科学探究主题"的 5 个二级指标和 20 个三级指标转化为深度评课的具体指标,并围绕这些指标进行深度评课练习。在此基础上,邀请参训初中化学乡村教师代表开设多节实景教学研讨课,全体学员在专家名师的主持下,进行深度评课和教学反思。

---

① 张贤金,吴新建,叶燕珠,等.教师培训实践性课程形态探索:同课二次异构[J].中小学教师培训,2015
(12):24-27.

　　值得注意的是,实践性课程对主持、主讲专家名师的要求很高,项目团队要严格对照《指导标准》要求,邀请"科学探究主题"教学能力水平为水平四的高校专家、教研员或一线教师担任课程主持或主讲教师,以切实将精心设计好的课程实施好,引领参训初中化学乡村教师跨越自身的"最近发展区",实现教学能力水平的实质性提升和发展。

五、结语

　　随着我国脱贫攻坚取得全面胜利,乡村全面振兴成为乡村未来发展的方向。乡村全面振兴能否取得成功,乡村教育振兴起着至关重要的作用。乡村教育振兴的关键和核心在于乡村教师队伍素质的全面提升。而乡村教师精准化培训是乡村教师队伍素质提升的关键路径。乡村教师培训课程精准化设计是乡村教师精准化培训得以落实的重要手段和内在要求。教育部印发的《指导标准》是乡村教师培训课程精准化设计的重要依据和指导意见。作为教师培训院校的培训者,我们要认真学习掌握《指导标准》的实质和要求,并将其在乡村教师培训中广泛实践应用。根据成人学习的特点,培训者在设计乡村教师培训课程的时候,还需要充分考虑所采取的课程形态,并尽可能通过各种路径将理论性课程转化成乡村教师们更乐于接受的、更有实效的实践性课程。在精准化设计好培训主题、子主题、课程专题的基础上,还需要精心遴选教学能力水平高的专家名师担任课程主持或主讲教师,并尽可能让专家名师团队全面了解培训课程设计的理念、目标、任务和预期成果,以真正解决乡村教师培训课程"内容泛化、针对性不强"这一现实难题。

第三章
"课题研究"培训模式改革

 第一节 "课题研究"培训模式改革的探索

 第二节 "课题研究"培训模式促进学科教学知识发展

 第三节 "课题研究"培训模式促进"核心素养"理解

第三章 "课题研究"培训模式改革

在基础教育改革的浪潮中,教师培训工作越来越受到各方的重视。然而,对于教师培训质量参差不齐的现状,批评的声音也从来没有停止过。人们对教师培训质量进行批评,一个很重要的原因是教师培训没有和基础教育改革携手同行。不少开展"教师培训"的专家们,热衷于用讲授法告诉一线教师们要在课堂里采用启发式教学,要在课堂里组织小组合作和互动交流,要在课堂里引领学生进行科学探究。有美国学者反讽式地评论道:"教师培训就是专家们用枯燥乏味的讲课,告诉一线教师们如何避免在课堂上枯燥乏味地讲课。"教师作为在职的成年人,如果不能改革"专家讲座"为主的培训模式,那么培训质量的提升将无从谈起。我们在实践中引入了高校硕士生、博士生培养的"导师制+课题研究"模式,致力于引领参训教师在学习中研究,在研究中发展。

第一节 "课题研究"培训模式改革的探索

针对中小学教师培训针对性不强、内容泛化、方式单一、质量监控薄弱等突出问题,教育部印发了《关于深化中小学教师培训模式改革全面提升培训质量的指导意见》[①]。该指导意见希望通过中小学教师培训模式的改革来全面提升培训的质量。按照教育部指导意见的精神,我们在原有培训改革实践的基础上,进一步明确提出"课题研究"培训模式,并在 2013 年和 2014 年进行了该培训模式的理论和实践探索。

一、"课题研究"培训模式的理论基础

"课题研究"培训模式的理论基础主要包括学习动机理论和学科教学知识理论。学习动机理论主要解决中小学教师参与培训动力不足的问题,学科教学知识理论主要解决什么样的培训内容最有价值的问题。

(一)学习动机理论

中小学教师参与培训,既有内部动机,也有外部动机。内部动机主要是指中小

---

① 教育部.关于深化中小学教师培训模式改革全面提升培训质量的指导意见[EB/OL].(2013-05-08) [2022-11-30].http://www.moe.gov.cn/srcsite/A10/s7034/201305/t20130508_151910.html.

学教师的求知欲,学习兴趣,改善和提高自身师德修养与专业理论水平、拓展自身专业知识、提升自身专业能力的愿望等;外部动机主要指年终考核、评优评先、职称评聘等方面与继续教育学时相挂钩。在对中小学教师进行调查和访谈中,我们发现中小学教师参与培训的学习动机既有内部动机,也有外部动机,但是很大部分教师外部动机超过内部动机。这就需要我们加以重视,并努力将中小学教师参与培训的外部动机转化为内部动机。

2013 年,福建省首次在中小学幼儿园评聘正高级教师,2014 年 3 月 28 日,福建省教育厅印发了《福建省中小学教师水平评价标准条件(试行)》。该评价标准条件对中小学教师职称评聘在教学科研中的要求有较大提高。比如,对于正高级教师,要求撰写并公开发表本学科教育教学研究论文 3 篇以上(1 篇为近 3 年发表),其中至少有 1 篇在核心期刊发表。同时,要主持并完成一个省级以上基础教育研究课题。对于高级教师,要求撰写并公开发表本学科教育教学研究论文 1 篇以上。同时,要主持并完成一个县级以上基础教育研究课题。职称评聘在中小学教师群体中关注度非常高,而课题研究和论文撰写又是中小学教师最为薄弱的环节。中小学教师职称评聘属于外部动机,如果可以充分利用中小学教师职称评聘的外部动机,将"课题研究"模式引入培训中,对于激发中小学教师参与培训的动力将是很有帮助的。通过培训,中小学教师的课题研究能力和论文撰写能力得到了发展,即其学科教育研究能力得到了发展,也将促进其自身教育教学水平的提高,这将反过来促进其内部学习动机激发,外部学习动机将有利于转化成内部学习动机,并进一步激发中小学教师参与培训的动力。

(二)学科教学知识理论

什么知识最有价值? 什么知识是教师区别于其他社会成员的最本质的知识? 什么知识是普通教师成长为专家型、学者型教师必须发展的知识? 作为中小学教师培训者和研究者,我们对这几个问题进行追问,目的在于明确在当前的教师培训中培训者应该关注什么样的培训内容,才能真正促进教师的专业发展,提升培训的质量,办教师满意的培训。

针对这几个问题,美国学者舒舒尔曼(Shulman L. S)在 20 世纪 80 年代中期就作了深入的思考和研究,并提出了学科教学知识(pedagogical content knowledge,PCK)理论[①]。当前,学者们普遍赞同学科教学知识对于教师来说是最有价值的知识,是教师区别于其他社会成员的最本质的知识,是普通教师成长为专家型、学者型教师必须发展的知识。因此,我们认为要解决当前中小学教师培训存在的针对性不强、内容泛化等问题,可以以学科教学知识理论作为指导,重点关注中小学教师的学科教学知识发展。

---

① SHULMAN L S. Those who understand: knowledge growth in teaching[J]. Educational Research, 1986, 15(2):4-14.

基于学习动机理论,我们认为可以采用"课题研究"作为培训模式,以激发学员参与培训的动力;基于学科教学知识理论,我们认为培训内容的选择应该更多地关注学科教学知识,以使培训的内容更有针对性和实效性。

二、"课题研究"培训模式的目标定位

本培训模式改革拟解决以下几个方面的问题:

（一）激发教师参与培训的动力

正如教育部指导意见所指出的,中小学教师培训存在的一个重大问题就是中小学教师参加培训的动力不足、热情不高。这个问题,实际上就是中小学教师学习动机缺乏问题。我们期望从"课题研究"这一中小学教师最为薄弱的环节入手,通过可实现的研究成果来不断地增强中小学教师的学习动机,将外部学习动机转化为内部学习动机,不断激发和维持中小学教师的学习动力和参与培训的积极性。

（二）提升培训内容的针对性

中小学培训存在的另外一个重大问题就是培训内容针对性太差,脱离一线教育教学实际。要解决这一点,需要从两个方面入手:一是实施科学的训前需求调研,我们认为应该改变过去形式单一的、缺乏佐证的问卷调查方式,采用"多维立体"的需求调研方式,充分关注国家需求、区域需求和个体需求;二是应该充分借鉴学科教学知识理论的研究成果,对于高中高级职称教师这一类熟手型教师,要促进其实现专业成长向专家型教师成长就需要更多地关注其学科教学知识的水平和发展。因此,我们认为在培训内容上应该从学科教学知识这一重点入手。

（三）建构"课题研究"培训模式

早在 2013 年,我们就在福建省基础教育万名骨干(中学化学实验教师)省级培训班和厦门市初中化学教师实验技术专项培训班实践"课题研究"培训模式,不过当时还只是比较粗糙地完成,没有形成比较清晰的思路,没有建构出"课题研究"培训模式。经过对这两个班进行总结、反思,并在 2014 年的多个省级化学教师培训班中进行实践探索和修正,我们试图建构出"课题研究"培训模式操作流程,以更好地介绍推广该培训模式。

（四）形成一批有一定质量的研究成果

我院从 2008 年开始转型开展全省中小学教师培训,近年来取得了一定的成绩,化学学科的培训也得到了全省化学教师的认可。然而,除了学员的满意度以外,我们缺乏定量的、可供比较的成果来说明我们的培训质量。我们期望通过培训模式改革,促进学员在国内主流期刊乃至核心期刊上发表成果。同时,引领学员积极申报省级、市级基础教育课题,并争取立项。

（五）为培训寻找理论支撑

有学者指出,当前中小学教师培训开展得如火如荼,但是仔细反思会发现实践有余,理论支撑不足[1]。很少有培训者能够从理论出发来思考培训实践问题,也很少有培训者能够将培训实践上升到理论层面进行总结。在过去五年的培训实践中,我们更多的是凭借经验,"摸着石头过河"办培训。当前,我们的中小学教师培训已经从过去的大规模培训走向内涵提升的培训。以往的培训更多的是普及新课程的理论、课标、教材、教法等知识,而当前的培训着力于课程改革的深入推进,需要教师有更好的课程实施意识和能力。这个时候,我们的培训就需要寻找理论的支撑。经过学习和研究,我们认为学习动机理论和学科教学知识理论是适合中小学教师培训的理论。我们期望用这两个理论来指导我们的培训实践,并在实践中检验这两个理论的适切性。

三、"课题研究"培训模式的构建

对于培训模式的构建,以下从培训模式的结构要素及其内涵、培训模式的结构要素在培训实践中的要求两个方面进行论述。

（一）培训模式的结构要素及其内涵

我们将"课题研究"培训模式用"五个一"来构建,如图 3-1 所示。该培训模式包括以下结构要素:主题、目标、载体、模式、主线。主题是指培训的总主题和子主题;目标是指培训期望达到的总目标和子目标;载体是指培训要达到培训目标的研究载体;模式指"课题研究"模式,"课题研究"模式可以根据需要有不同的形式,不是唯一的;主线是指整个培训全程应该贯穿一条主线,体现在课程的设计上即应该采用"纵向设计"方式,而不宜采用"横向设计"。

图 3-1　"课题研究"培训模式示意图

（二）培训模式的结构要素在培训实践中的要求

1. 培训主题的确定

培训主题的确定是整个培训的开端,为了确定培训主题应该根据培训对象的不同开展培训前的需求调研,采用"多维立体"的培训需求调研方式,充分掌握国家

---

① 刘义兵,郑志辉. 学科教学知识再探三题[J]. 课程・教材・教法,2010(4):96-100.

需求、区域需求和个体需求,综合考虑,从而确定培训主题,既尊重学员需求,又引领学员需求。

2. 培训目标的设置

培训主题确定后,可以根据培训主题,确定培训总目标。培训总目标的设计应该关注到能力目标、发展目标、服务目标和情感态度价值观的目标等,并将总目标细分为子目标,子目标应该具体、明了、可操作、可达成,应体现培训层次,如新任教师、骨干教师、学科带头人要有不同的要求。

3. 载体的选择

研究载体的选择应该充分关注高中化学教师教育教学的实际需求,选择当前高中化学教师最困惑、最关注、最需要解决的内容作为研究载体,只有如此才能充分激发参训高中化学教师的动力和参与积极性,同时研究的结果也才能在实际教学中发挥更大的作用。

4. 模式的选用

"课题研究"这一模式应用于培训中,应该根据培训对象的不同、培训时间的长短、培训主题的不同,采用不同的形式。比如,对于新教师,可能更多的时候主要介绍论文撰写和微课题研究,而不宜进行大课题研究,而对于想参评正高级教师的学员,应该着重介绍省级课题的申报技巧、核心期刊论文的特点和要求等;又如,时间较长的培训,可以较充分地展开研究过程,而时间较短的培训,只能选取研究过程的某些环节进行,等等。

5. 主线的贯穿

要使培训课程形成一个纵向的主线,需要在统筹考虑前面几项的基础上,很好地将这几项融为一体,形成一个统一的整体,形成一条清晰的主线贯穿培训始终。最为重要的就是在设计课程的时候,采用"纵向设计"而不是"横向设计"或"发散设计"的课程设计思路。

四、"课题研究"培训模式实施案例剖析

以2014年福建省基础教育万名骨干教师(高中化学)省级培训班为例,剖析"课题研究"培训模式的整个操作过程。

(一)开展"多维立体"的培训需求调研

我省高中化学新课程改革实施至2014年已有七年,已进入最为艰难的"深水区"。当时,高中化学骨干教师对于课改理念、课程标准、新教材、新课程高考已经普遍适应,然而,对课程改革的核心——化学学科思想和学科教育的价值,在实践层面的课堂教学行为和方式上,尚无显著的转变,有时甚至表现出迷茫。国内化学课程改革和教学研究专家学者普遍认为,影响课程改革深入进行和教师专业进阶成长的关键因素在于教师的学科教学知识(PCK),即学科知识与教学法知识的有效融合与应用。

我们通过建立培训学员 QQ 群,对拟参加培训的学员进行了调研,发现学员们对于本次培训有如下需求:(1)提升对高中化学课程和教材知识的理解;(2)提升关于高中化学教学策略的知识;(3)提升关于理解高中学生的知识;(4)提升关于评价的知识;(5)通过培训提升学科教学研究的能力。

(二)确立培训的主题

高中化学骨干教师学科教学知识提升与研究。

(三)设计培训的目标

基于福建省高中化学骨干教师的实际情况,本次培训的目标在于提升高中化学骨干教师 PCK 水平,并通过课题引领驱动的方式促进高中化学骨干教师学科教学研究能力的提升。

(四)选择培训的载体

新课程改革以后,高中化学教师对元素化合物知识和"化学反应原理"模块的教学存在很大的困惑,很多学科教育研究专业期刊也在探讨这两个内容的教学问题和教学策略。因此,我们在第一阶段以元素化合物的教学作为载体进行研究,第三阶段以"化学反应原理"模块的教学作为载体进行研究。

(五)"课题研究"培训模式的选用

本次培训,由于前后有七个月的时间,培训时间较长,共分三个阶段,因此我们采取以下"课题研究"模式:

先介绍中学化学课题研究的一般方法、研究型化学论文写作的思路和方法,并介绍文献检索的知识,在介绍学科教育研究方法的基础上,开展元素化合物教学的研究。在研究过程中,既有专家的理论引领,又有一线名师的经验总结,还有一线课堂的观摩,再进行同课二次异构,引领学员对元素化合物教学进行深入研究,并在导师指导下选择一个主题进行研究,撰写研究的提纲和框架,并不断检索文献。在岗研修阶段,进一步对选择的主题进行研究,撰写研究论文,在第三阶段进行交流汇报、修改,最后完成论文的投稿和发表。为了使学员在第三阶段完成后可以进一步进行研究,在第三阶段以"化学反应原理"模块的教学作为研究载体,按照上面所述思路,进行研究。通过这样的模式,学员完整体验了课题研究和论文写作的整个过程,对课题研究和论文写作有了较为深入的了解和认识。通过以上课程内容的设计,我们可以发现培训课程采用的是"纵向设计"的思路,其设计在逻辑上是纵向深入的。

(六)撰写研究成果并发表

学员在第一阶段结束的时候,基本上都和自己小组的导师确定好了研究主题,草拟了研究的思路和框架,并查阅了大量的文献。在第二阶段在岗研修期间,各小组学员在导师的指导下,进一步对选择的课题进行研究。导师对论文写作的框架进行大方向的指导,对研究中存在的问题和困难进行解惑,对论文写作的一些规范进行进一步的指导,并提供一些观点上的引领。学员在此基础上,将自己的研究成果撰写成论文,并提交给导师。导师对论文初稿进行审阅,并批注式地提出修改意见,对问题较小的论文进行直接修改。反复多次修改以后,对达到发表要求的论文进行投稿。投稿后,收到审稿专家的修改意见或退稿意见后,指导学员根据修改意见或退稿意见对论文进行再修改,努力帮助学员发表研究成果。

五、"课题研究"培训模式的效果分析

(一)获得了参训学员的高度好评

2014 年福建省基础教育万名骨干教师(高中化学)省级培训班学员对三个阶段培训的满意率达到 100%,非常满意率达到 94.59%;2014 年福建省基础教育万名骨干教师(初中化学)省级培训班学员对三个阶段培训的满意率达到 100%,非常满意率达到 93.48%。可见,学员对"课题研究"培训模式持高度肯定态度。与实施"课题研究"培训模式前培训班学员非常满意率相比,实施"课题研究"培训模式后,学员非常满意率有了质的飞跃,以往非常满意率一般为 80%~85%。

很多学员都表示自己通过培训掌握了课题研究、论文写作、论文投稿、学科教学知识等方面的内容,自己的学科教育教学研究水平和能力得到了提升,自己的教育教学行为得到了改进;很多学员表示近两年的培训和以前的培训相比有很大的改变,以往的培训自己参与很少,基本都是"被培训"的角色,而在近两年的培训中自己全程参与其中,虽然累,但是很有收获;不少学员表示这是他们参加过的最有意义的培训;等等。

(二)形成了一批具有一定质量的研究成果

在培训项目团队指导下,2013 年和 2014 年参加培训的省级培训班学员总共立项省级课题 10 项,市级课题 5 项,共有 11 篇学员论文被全国中文核心期刊录用或发表,另有 16 篇学员论文被国内主流教育类期刊录用或发表。尽管还不太成熟,但是它们是学员们研究的成果,学员们看到自己的研究成果得到核心期刊或主流期刊编辑和专家的认可,自我效能感得到了很大提升。这对于促进福建省中学化学教研水平的提高具有重要的推动作用。

第二节 "课题研究"培训模式促进学科教学知识发展

一、学科教学知识的概念、要素

美国学者舒尔曼在 20 世纪 80 年代中期就"什么知识对教师最有价值"作了深入的思考和研究。1986 年,舒尔曼在其发表于美国教育研究协会会刊《教育研究

者》的论文 *Those Who understand：Knowledge growth in teaching*[1] 中,针对美国 19 世纪和 20 世纪 80 年代两种极端的教师资格认证制度提出了尖锐的批评。他认为美国 19 世纪的教师资格认证制度过于强调对学科教学内容的考查而忽视了教学法内容,而 20 世纪 80 年代走向另外一个极端,过分强调教学法内容而忽视了学科教学内容。基于此,他提出了学科教学知识(PCK)的概念。

舒尔曼认为,学科教学知识是学科知识与教学法知识的合金,学科教学知识是教学知识中最特殊的部分,是最能将学科专家与学科教师相区分的知识。学科教学知识就是教师以某种特定手段将学科知识以一种学生可以理解的方式呈现给学生的特殊知识。自从舒尔曼提出了学科教学知识概念以后,国外的许多学者都对学科教学知识进行了研究。21 世纪初,国内的学者将学科教学知识这一概念引入中国,也引起了一股研究热潮。

然而,学者们对于学科教学知识的要素和模型并没有形成统一的认识[2]。一种较为普遍的观点认为,学科教学知识包括关于课程的知识、关于教学策略的知识、关于学生的知识和关于评价的知识。关于课程的知识主要指对相关主题教学内容的教学价值和教学资源的知识;关于教学策略的知识主要指教师帮助学生认识和理解相关主题学科内容的知识;关于学生的知识主要指对学生的已有知识、学习能力、学习策略、年龄和认识发展水平、态度、动机、前概念的知识;关于评价的知识主要指学习完相关主题的内容如何进行效果诊断和测评的知识。

基于以上认识,我们认为学科教学知识对于教师来说是最有价值的知识,是教师区别于其他社会成员的最本质的知识,是普通教师成长为专家型、学者型教师必须发展的知识。因此,在承担 2014 年福建省基础教育万名骨干教师(高中化学)省级培训任务中,我们将本次培训的主题确定为:高中化学骨干教师学科教学知识提升与研究。

二、基于学科教学知识发展的高中化学骨干教师培训实践

下面 2014 年福建省基础教育万名骨干教师(高中化学)省级培训班为例,围绕培训模式的创新、培训内容载体的选择、课程框架的构建、课程评价方式等问题谈一谈我们的一些实践探索。

(一)培训模式的创新

第八次基础教育课程改革以后,教育部文件中反复提及新时代的教师应该是研究型、学者型的教师。2013 年福建省教育厅开始在福州、厦门、三明三个地市试

[1] SHULMAN L S. Those who understand：knowledge growth in teaching[J]. Educational Research, 1986, 15(2):4-14.

[2] 马敏. PCK 论——中美科学教师学科教学知识比较研究[D]. 上海:华东师范大学,2011.

行正高级教师评聘,共评出了首批 25 位中小学幼儿园正高级教师。教育部和福建省教育厅相关政策事实上都在传达同样一个信号:教师应该是学者型的、研究型的,教师应该具有学科教育研究的能力。我们曾对 2008—2012 年《化学教育》《化学教学》《中学化学教学参考》福建中学化学教师载文情况进行统计与分析,发现我省中学化学教师在化学教育界三大期刊发表学科教学论文的数量与江浙沪相比差距甚大[①]。本次高中化学骨干教师培训的对象基本为具有中学高级职称的省级骨干教师,从培训外部动机来看,他们有很大部分期望通过培训打破自己的专业发展"瓶颈",评上特级教师或者正高级教师。经过训前的问卷调查,要实现这个目标对于他们来说,最困难的就是主持或参加 1 个省级课题,在核心期刊上发表 1 篇以上的学科教研论文。因此,他们期望在本次培训中能够在这个方面有所突破。

为了帮助更多的参训教师提升学科教育研究的能力,我们将研究生培养的导师制课题研究模式引入教师培训中。本次培训共有 46 名参训教师,我们将他们按照培训报到的顺序随机分成 3 组(15 人,15 人,16 人),并由项目团队的三位教师分别担任课题研究的导师,全程负责指导参训教师查阅文献、选题、开题、研究、论文撰写、论文修改、论文交流与展示、论文投稿等具体过程。在导师指导下,参训教师真实体验了一次完整的课题研究过程。

(二)培训内容载体的选择

本次培训的主题为高中化学骨干教师学科教学知识提升与研究,培训的模式是导师制课题研究。要开展课题研究还需要有具体的培训内容作为研究载体,只有如此才能对高中化学教师的学科教学知识进行具体的研究,才能将研究引向微观具体深入,而不至于使研究停留在文献,停留于表面。学者们对中学化学教师学科教育研究与学科教学的关系做过大量的讨论,普遍认为研是为教服务的,学科教育研究应该扎根于教师的教学实践,并将教师的教学实践从经验操作层面提升到理论可借鉴可推广的层面。对参加培训的教师进行问卷调查,发现绝大部分教师参训时所任教的年级为高一或高二,任教高三的教师较少。因此,我们选择了高中化学必修模块中元素化合物知识的教学作为培训内容,作为参训教师们课题研究的载体。

(三)课程框架的构建

基于培训主题、培训模式、培训内容载体,我们选择了"学科教育研究方法""元素化合物知识教学:理论与实践""元素化合物知识教学:同课异构""元素化合物知识教学作业设计:理论与实践""元素化合物知识教学作业设计:同课异构"等五个专题,并在每个专题下设置了一系列的课程,具体如表 3-1 所示。

① 张贤金,吴新建.2008—2012 年《化学教育》《化学教学》《中学化学教学参考》福建作者载文情况统计及分析[J].福建基础教育研究,2013(11):113-115.

表 3-1　　2014 年福建省基础教育万名骨干教师(高中化学)省级培训班课程框架

专题	课程	内容要点
学科教育研究方法	中学化学教师如何开展学科教育研究	高校硕导结合案例畅谈如何开展学科教育研究
	化学教学研究型论文撰写的思路与方法	期刊主编结合案例分享研究型论文撰写的思路与方法
	文献检索与应用	介绍文献检索的一般知识与方法,学会应用数据库检索与自己研究问题有关的文献
	文献阅读与交流	查找和阅读导师推荐的专家文献以及自己感兴趣的文献
	文献阅读汇报	分三个导师组汇报文献阅读后的心得,初步确立研究选题
	阶段性研究成果撰写	分阶段撰写阶段性研究成果
元素化合物知识教学:理论与实践	元素化合物教学功能与价值分析	高校专家详解元素化合物知识的教学功能与价值
	元素化合物知识教学策略研究	高校专家从教学情景创设的角度例谈元素化合物知识教学策略
	元素化合物知识教学的实践与反思	一线名师对元素化合物教学的实践进行总结与反思
	给学生一个可以理解的世界——物质、认知、社会	谈教学中如何促进学生更好地认识和理解化学知识
元素化合物知识教学:同课异构	《氮肥的生产和使用》名师观摩课	观摩一节名师开设的观摩课
	《氮肥的生产和使用》深度评课、反思与再备课	全体参训教师围绕学科教学知识的四个维度进行深度评课,提出改进意见,再分三个导师组进行集体备课
	《氮肥的生产和使用》学员同课异构	每个导师组推选一名学员进行同课异构
	《氮肥的生产和使用》名师与学员教学实施的比较	参训教师通过网络平台,对名师的课和参训教师代表的课从学科教学知识的四个维度进行比较研究
元素化合物知识教学作业设计:理论与实践	元素化合物作业设计和作业讲评策略	一线教研员从理论和实践的角度分享元素化合物作业设计和作业讲评策略
	研读《化学教学》2014 年第 1 期、第 2 期作业设计专家论文	在导师的指导下,参训教师认真研读《化学教学》2014年第1期、第2期作业设计专家论文,并结合平时的教学实践发表自己的想法

48

续表

专题	课程	内容要点
元素化合物知识教学作业设计:同课异构	《化学1专题四硫、氮和可持续发展单元练习讲评》名师观摩课	观摩一节名师开设的观摩课
	《化学1专题四硫、氮和可持续发展单元练习讲评》深度评课、反思与再备课	全体参训教师围绕学科教学知识中关于评价的知识这一维度进行深度评课,提出改进意见,再分三个导师组进行集体备课
	《化学1专题四硫、氮和可持续发展单元练习讲评》学员同课异构	每个导师组推选一名学员进行同课异构
	《化学1专题四硫、氮和可持续发展单元练习讲评》名师与学员教学实施的比较	参训教师通过网络平台,对名师的课和参训教师代表的课从学科教学知识的四个维度进行比较研究

1. 学科教育研究方法

经过问卷调查,我们发现参加本次培训的教师中有 40 人以上拥有 16 年以上的教龄,45 人学历为大学本科,1 人学历为硕士研究生。国内长久以来在本科师范教育阶段基本很少开设学科教育研究方法的专门课程,或者列为选修课,没有引起充分的重视。在训前问卷调查中,很多参训教师表示自己对文献检索、课题研究的一般流程、论文撰写的基本要求、投稿的方式等都没有系统地学习过。因此,我们在培训班一开班,就开设了学科教育研究方法的专家讲座课程,在培训过程中多次组织参训教师到机房查阅文献,并进行文献的阅读与交流、汇报活动,让参训教师体验课题研究的一般过程。在培训过程中,参训教师在导师指导下查阅文献、确立选题、开展研究、撰写阶段性研究成果。学科教育研究的方法贯穿于整个培训过程。

2. 元素化合物知识教学:理论与实践

按照学科教学知识要素的四个维度,在培训前邀请授课高校教师和一线名师的时候,我们就与授课教师充分沟通本次培训的主题和设计意图,并对高校专家和一线名师提出要求,请他们围绕学科教学知识要素的四个维度从理论与实践的角度来探讨元素化合物知识教学问题。两位高校专家着重从元素化合物知识的教学功能与价值、元素化合物教学中情景的创设的角度,为参训教师研究元素化合物知识的教学提供了理论依据;两位一线名师分别从教学实践中如何让学生可以更好地理解和认识元素化合物知识的角度,为参训教师研究元素化合物知识的教学提供了实践借鉴。

3. 元素化合物知识教学:同课异构

参训教师在聆听了高校专家和一线名师从学科教学知识角度对元素化合物知识教学的研究后,进一步阅读文献,进行文献阅读与交流,结合自己平时元素化合物知识教学的体会,形成自己对元素化合物知识教学的一些初步的观点。带着体会与感悟,参训教师走进一所福州市名校观摩一线名师开设的《氮肥的生产和使用》新课。听课过程中,我们要求参训教师着重围绕学科教学知识要素的四个维度进行观摩和记录,并专门安排半天的时间,让全体参训教师围绕学科教学知识要素的四个维度进行深度评课,并指出教师教学行为中有哪些是可以进一步改进的。继而,在导师的带领下,三个导师组的参训教师进行集体备课,并各选出一位教师第二天上午在培训班进行《氮肥的生产和使用》学员同课异构活动。通过观摩名师的课,进行深度评课、反思与再备课,我们发现参训教师都可以很好地来完成这节课,上得都颇有特色。这一连串的过程设计的目的主要在于让参训教师通过比较方法研究不同教师的同一主题的课,来探究名师和参训教师学科教学知识的差异,并借鉴和学习几位教师的优点,促进自身教学行为的改进,促进自身学科教学知识的发展。

4. 元素化合物知识教学作业设计:理论与实践

学科教学知识要素中关于评价的知识这一维度长期以来被较多研究者和教师所忽视,是较为重要也是较难研究的内容。因此,我们基于元素化合物知识教学这一内容进一步开设了元素化合物知识教学作业设计:理论与实践专题,邀请有一线教学经验的教研员从理论和实践的角度分享了元素化合物知识教学作业设计与讲评的策略,并在导师的指导下,重点研读了全国中文核心期刊《化学教学》2014年第1期、第2期上张新宇、占小红、吴俊明等专家学者发表的关于作业系统的理论研究论文。研读文献以后,全体参训教师结合自己平时的作业布置、作业批改、作业反馈、作业讲评等情况分享了自己的想法。专家的讲座和期刊文献的阅读,为参训教师对作业系统的相关研究提供了理论上的储备。

5. 元素化合物知识教学作业设计:同课异构

在专家理论的指导下,带着困惑和思考,参训教师走进福州一所生源较为一般的一级达标校,观摩名师开设的《化学1专题四硫、氮和可持续发展单元练习讲评》课。听课过程中,要求参训教师着重围绕学科教学知识要素中关于评价的知识这一维度进行观摩与记录,并注意到这所学校学生与前面那所学校学生情况的差异。观摩完课后,导师再次安排半天的时间,让全体参训教师围绕学科教学知识要素中关于评价的知识这一维度进行深度评课,并仔细分析学生情况的差异带来的教学设计的差异。继而,在导师的带领下,三个导师组的参训教师进行集体备课,并各选出一位教师第二天上午在培训班进行《化学1专题四硫、氮和可持续发展单元练习讲评》同课异构活动。同课异构结束后,参训教师再次对名师和参训教师代表的课围绕学科教学知识进行比较研究,并将比较研究成果的电子版上传到培训网络平台上,供所有参训教师互相交流。

(四)课程评价方式

确立了培训主题、创新了培训模式、选择了培训内容载体、建构了培训课程框架,并按此实施以后,培训课程质量如何得到有效保障和监控以及培训课程如何及时调整是培训者需要深入思考的问题。在以往的培训中,我们通常采取培训结束后测评的方式来调查和了解参训教师对培训内容、方式、效果等的满意度情况,但是这样的测评方式不利于及时发现存在的问题和参训教师的个体需求,无法及时调整培训课程和课程方式,因此在本次培训中我们采取了课后当堂评价的方式。每一节课后针对课程内容满意度等级、授课方式满意度等级、课程与教学的突出特点、最需要改进的问题与建议等四个方面进行当堂纸笔评价。请培训班班委在班长带领下进行评价结果的统计与分析,并将当天的评价结果及时反馈给培训项目团队成员。项目团队成员基于评价结果,根据需要做出及时调整。通过当堂评价的方式,授课教师普遍感到有很大的压力,但是授课质量得到了很大的提升,参训教师普遍感受到培训承办单位对参训教师意见和建议的重视。

同时,在培训结束后,再次进行培训整体满意度的评价,进一步全面了解学员对培训主题、培训内容、培训模式、培训效果、培训组织与管理等方面的满意度和意见。通过将当堂评价与训后评价相结合,既可以及时了解参训教师的需求,又可以全面了解参训教师对整个培训的满意度和意见,为后续的培训和其他培训项目提供借鉴。

三、对开展高中化学骨干教师培训的建议

通过上文的讨论,就如何基于课题研究培训模式开展高中化学骨干教师培训、发展高中化学骨干教师教学知识提出以下建议:(1)训前充分调研参训教师的培训需求。教师培训存在针对性和实效性较差的问题[①],主要原因在于培训前没有充分调研参训教师的培训需求。(2)课程内容线索应该清晰明确、一以贯之。近年来,教师培训正在由粗放型的培训转型为精细型的培训[②]。强调培训主题应该明确,内容应该微观、聚焦,不能因人设课,不能采取拼盘式培训。(3)学科教学知识发展和课题研究要扎根于具体的教学实践。高中化学教师学科教学知识的发展和课题研究能力的提升应该扎根于教学实践,不能脱离教学实践"另起炉灶",空洞地谈论教师的学科教学知识和谋求课题研究能力的提升。(4)培训主题、培训内容载体、培训模式应该是融合在一起的。在确定培训主题、培训内容载体、培训模式时,这三者应该是"三位一体"的关系,是融合在一起的,不能将其割裂来设置。(5)关注培训成果的生成。通过这类型的培训,应该努力让参训教师感受到自己的学科教学知识得到了发展,对具体内容的教学能力得到了提升,同时形成一批具有一定质量的相关教学内容的课题研究成果。唯有如此,才能进一步强化参训教师参与培训的动力,促进其改变自身的教学行为,从而达到学科教学知识发展的目的。

---

① 教育部. 教育部关于大力加强中小学教师培训工作的意见[J]. 中小学教师培训,2011(1):3-5.
② 顾明远,程红兵,张晓明,等. 教师培训:从规模发展向质量提升转型[N]. 中国教育报,2013-05-15(10).

第三节 "课题研究"培训模式促进"核心素养"理解

随着高中化学课程改革和高考改革的不断深入推进,"学生发展核心素养"和"高中化学学科核心素养"成为新闻媒体和教育报刊上出现频率最高的词。作为中小学教师培训院校教师,面对"核心素养",我们需要思考的问题主要有以下几个:一是"核心素养"是什么;二是广大高中化学教师对"核心素养"的理解程度如何;三是广大高中化学教师自身的"核心素养"水平怎么样;四是广大高中化学教师如何在实践中培养学生的"核心素养"。这四个问题的基础就是"核心素养"的含义,广大高中化学教师对"核心素养"的理解。因此,在以"核心素养"培养作为目标的高中化学课程改革正式推开之前,作为中小学教师培训院校教师,我们认为有必要提前通过培训的方式促进高中化学教师认识、理解和认同"核心素养",在此基础上评价自身"核心素养"水平的高低,并探寻实践中培养学生"核心素养"的路径。

一、"核心素养"的理解

"核心素养"涉及两个概念,即"学生发展核心素养"和"高中化学学科核心素养"。学生发展核心素养是新一轮高中课程改革的总目标,要实现这一总目标有赖于各个学科核心素养培养子目标的落实。

(一)"学生发展核心素养"的内涵

2014 年 3 月,教育部发布的《关于全面深化课程改革落实立德树人根本任务的意见》指出,在基础教育阶段,应该帮助学生形成适应个人终身发展和社会发展需要的必备品格和解决问题的素养与关键能力,立德树人[1]。2016 年 9 月 13 日,教育部委托北京师范大学林崇德教授牵头,联合国内高校近百位专家,历时 3 年完成的《中国学生发展核心素养》研究成果发布[2]。学生发展核心素养指向的是培养什么样的未来公民的问题。学生发展核心素养指的是所有学生为适应未来的工作和生活所必须拥有的必备品格和关键能力。学生发展核心素养是知识与技能、过程与方法、情感态度与价值观的有机整合。学生发展核心素养包括文化基础、自主发展、社会参与 3 个大的方面,细化为文化底蕴、科学精神、学会学习、健康生活、责任担当、实践创新 6 大素养,6 大素养又可以用 18 个基本要点加以分解。

---

[1] 教育部.关于全面深化课程改革落实立德树人根本任务的意见[EB/OL].(2014-04-08)[2022-11-30]. http://www.moe.gov.cn/srcsite/A26/jcj_kcjcgh/201404/t20140408_167226.html.
[2] 赵婀娜,赵婷玉.《中国学生发展核心素养》发布[N].人民日报,2016-09-14.

(二)"高中化学学科核心素养"的内涵

"学生发展核心素养"的形成有赖于各个学科教育教学所形成的体现各学科特质的素养的共同作用。高中化学学科教育教学所形成的体现化学学科特质的素养就称为高中化学学科核心素养。教育部组织专家对高中化学学科核心素养进行了研制,专家们提出用"宏观辨识与微观探析""变化观念与平衡思想""证据推理与模型认知""科学探究与创新意识""科学态度与社会责任"五个维度来概括和表述高中化学学科核心素养[①]。简单地说,高中化学学科核心素养回答的是一个公民有没有学过化学对于他未来的工作和生活有什么区别,化学学科具有什么样的学科特质和学科价值的问题。

二、基于"核心素养"理解的高中化学教师培训模式构建

为了促进高中化学教师对"核心素养"的理解,我们采用近几年我们一直在研究和实践并取得较好成效的"课题研究"培训模式[②③],并对这种模式在该培训项目中进行改进和创新,构建出基于"核心素养"理解的"课题研究"培训模式,见图 3-2。

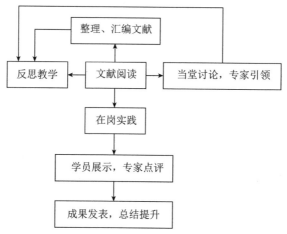

图 3-2 基于"核心素养"理解的"课题研究"培训模式

通过图 3-2,可以发现基于"核心素养"理解的"课题研究"培训模式以"文献阅读"作为培训环节的起点,并围绕"文献阅读"延伸出"反思教学""整理、汇编文献"

① 王云生.基础教育阶段学科核心素养及其确定:以化学学科核心素养为例[J].福建基础教育研究,2016(2):7-9.

② 张贤金,吴新建,叶燕珠,等.基于课题研究发展高中化学骨干教师学科教学知识的探索[J].中小学教师培训,2016(5):13-16.

③ 张贤金,吴新建,叶燕珠,等.基于"课题研究"模式的化学教师培训改革[J].中小学教师培训,2015(10):15-18.

"当堂讨论,专家引领""在岗实践",而"当堂讨论,专家引领""整理、汇编文献"的结果也进一步引领参训教师"反思教学"。围绕"文献阅读"对"核心素养"有了一定了解以后,参训教师返回各自工作岗位,开展"在岗实践",在"在岗实践"中把集中培训期间所学习、认识和理解的"核心素养"在高中化学课堂中进行实践,并探讨高中化学课堂教学如何培养学生核心素养。经过若干个月的在岗实践和研究,组织参训教师通过网络研修平台进行集中汇报,主要采取"学员展示,专家点评"的方式进行。参训教师将自己之前所学"核心素养"相关文献结合自己的实践研究整理成文,展示自己对"核心素养"的理解,专家进行点评、纠偏。在此基础上,参训教师把前期文献阅读、班级研讨、教学反思、在岗实践、学员展示等环节形成的认识和思考撰写成论文,并向期刊投稿发表,把自己对"核心素养"的理解和其他同行分享,并将形成的成果进一步应用于自己的高中化学课堂教学实践中。

三、基于"核心素养"理解的高中化学教师培训实践案例剖析

以上,我们对"学生发展核心素养"和"高中化学学科核心素养"的内涵进行了阐述,并构建、分析了基于"核心素养"理解的"课题研究"培训模式。下面,以我们承办的教育部、财政部"国培计划"综合改革示范项目——"国培计划(2016)"跨年度递进式培训项目高中化学骨干教师能力提升高端研修班为例,探讨在该项目中如何实施基于"核心素养"理解的"课题研究"培训模式。该培训项目是教育部、财政部"国培计划"综合改革示范项目,项目采取跨年度、分阶段、混合式的形式开展。在第一年的集中培训和网络培训中,本项目的定位在于通过"课题研究"促进高中化学骨干教师认识、理解和认同"核心素养",并形成有关"核心素养"的研究成果在核心期刊或主流期刊上发表,并将研究成果应用于高中化学课堂教学中。

(一)文献阅读→反思教学

在本项目第一年度第一次集中培训前,项目团队就建立了培训班 QQ 群,并在 QQ 群共享文件中提供了一系列有关"学生发展核心素养"和"高中化学学科核心素养"的已公开发表的论文和有关"学生发展核心素养"和"高中化学学科核心素养"的宣传报道文章。要求每一位参训教师都要在培训前认真阅读项目团队所提供的文献。通过在班级 QQ 群里与参训教师进行交流,发现绝大部分教师对"学生发展核心素养"和"高中化学学科核心素养"并不熟悉,对"学生发展核心素养"和"高中化学学科核心素养"已经有系列学习及深入认识和理解的教师屈指可数。在文献阅读的基础上,参训教师在培训前就可以开始反思基于"核心素养"培养的高中化学课堂教学与基于"三维目标"培养的高中化学课堂教学究竟有什么样的差别与联系。很多参训教师在阅读文献以后,对"学生发展核心素养"和"高中化学学科核心素养"的认识和理解发现了很大的变化。由原来的陌生、困惑甚至抵触转变为初步认识和逐渐接受。他们认识到核心素养其实就是三维目标的有机整合,并不是完全的另起炉灶、推倒重来。

（二）文献阅读→整理、汇编文献→反思教学

　　培训班开班以后，为了帮助参训教师更为自主地收集有关"学生发展核心素养"和"高中化学学科核心素养"的最新文献进行阅读和学习，项目团队安排专家开设了《文献检索与应用》相关课程，帮助参训教师掌握文献检索的一般方法和文献阅读、分析的一般思路。为了进一步促进参训教师真正利用所学文献检索的相关技术阅读、下载、梳理"学生发展核心素养"和"高中化学学科核心素养"相关文献，并形成进一步的认识和理解，项目团队还邀请中国知网讲师为参训教师介绍中国知网"大成编客"平台的使用方法。项目团队要求每一位参训教师要围绕"学生发展核心素养"和"高中化学学科核心素养"整理、汇编一本关于"核心素养"的文献集。让参训教师利用"大成编客"整理、汇编文献集的主要目的在于通过任务驱动的方式，促使参训教师应用所学文献检索的技术，阅读、下载相关的文献，并在阅读、梳理的基础上对文献进行归纳、分类。比如，有参训教师将文献分为：国外有关核心素养的研究和国内有关核心素养的研究；有参训教师将文献分为：国外有关核心素养的研究、中国学生发展核心素养研究和高中各学科核心素养研究；还有参训教师将文献分为：核心素养的概念研究、核心素养的内涵研究和核心素养的培养途径研究；等等。在整理、汇编文献的基础上，参训教师自然而然地会结合自己平时的教学实践进行反思，反思自己的课堂教学是否立足于学生核心素养的培养，自己是否胜任"核心素养"的培养任务，自己在未来的教学中还有哪些地方需要改进。

（三）文献阅读→当堂讨论，专家点评→反思教学

　　培训前的文献阅读材料主要由项目团队提供，培训开始后的文献整理、汇编文献阅读材料主要由参训教师利用中文数据库根据需要和理解自己下载。这个环节中的文献阅读主要采用文献精读和文献共读的方式。项目团队对培训课程内容和形式做了一个创新。通过与授课专家商量，改变过去专家"传经布道"式的专题讲座形式，采用文献阅读、当堂讨论、专家点评的方式进行。在该课程开始前两天，印发了三篇最新发表的有关核心素养的研究论文给全体参训教师。这三篇论文分别是教育部课程改革专家、华东师范大学杨向东教授撰写的《核心素养与我国基础教育课程改革的关系》[①]，原国家督学、著名教育专家成尚荣先生撰写的《核心素养的中国表达》[②]，以及教育部高中化学课程标准修订组核心成员王云生特级教师撰写的《学科核心素养的培养是学科教育的灵魂》[③]。要求全体参训教师认真研读这三篇论文，并在自己有感悟的地方作标注、写体会，在自己读不懂的地方作标注，提出自己的困惑。班级研讨由教育部高中化学课程标准修订组核心成员王云生特级教

---

① 杨向东. 核心素养与我国基础教育课程改革的关系[J]. 人民教育，2016(19)：19-22.
② 成尚荣. 核心素养的中国表达[N]. 中国教育报，2016-09-19(004).
③ 王云生. 学科核心素养的培养是学科教育的灵魂[J]. 基础教育课程，2016(19)：15-19.

师主持。主持专家围绕三篇论文提出了以下问题作为参训教师当堂讨论的方向："21世纪的中国需要什么样的人才？怎样理解'核心素养'是个体在社会中生存与生活，有能力为社会发展和人民幸福做贡献的最基本、最重要、最必需的素养？我国的基础教育要为我国未来的公民奠定怎样的基础？怎样理解'中国学生发展核心素养'？'中国学生发展核心素养'和各个学科的学科核心素养以及各个学科的课程标准是什么关系？怎样理解和评价我国提出的高中化学学科核心素养？为什么说落实学科核心素养的培养需要课堂转型？化学学科的课堂转型，要转变什么，该怎样转变？"为了使整个班级研讨氛围更加热烈，项目团队在研讨开始前就将班级按照"世界咖啡"的形式，将桌椅按10个人一圆桌的形式进行布置，全班共分为5个小组。得益于组织形式的改变以及参训教师大多课前就认真反复地阅读和学习了三篇论文，加上主持专家列出了相当明确的研讨问题，整个班级研讨气氛相当热烈，参训教师们围绕提出的问题，参考三篇论文，结合自身的教学实践，畅所欲言，既谈看法、观点，也谈自己的困惑以及对未来教学的思考。针对参训教师的发言，主持专家作了深入的点评；针对参训教师的困惑和提问，主持专家明确地提出了自己的建议。

（四）阅读文献→在岗实践→学员展示，专家点评

在多种形式深入阅读文献的基础上，在第一次集中培训结束后，进入了第一年度第一次集中培训和第二次集中培训间的在岗实践研修期，该阶段有若干个月的时间。在岗实践研修期间，项目团队要求参训教师要积极地将第一次集中培训期间对"核心素养"的认识和理解在高中化学课堂教学过程中进行实践和反思。在岗研修期间，参训教师可以进一步完成"大成编客"的文献整理、汇编任务。也可以通过项目团队建立的"国培计划"专题网络研修平台发布有关"核心素养"的在岗研修心得体会，其他参训教师可以通过网络研修平台对心得体会进行回复和点评，项目团队聘请的专家也可以对心得体会进行点评、纠偏。在第二次集中培训期间，项目团队将以"学员展示，专家点评"为主要形式开展总结提升活动，收集汇编参训教师关于"核心素养"的研修成果，并印发给全体参训教师。安排时间让参训教师互相交流研讨在岗研修成果，同时遴选出若干参训教师作为代表，请他们在全班进行展示汇报，并请专家对参训教师的研修成果进行有针对性的点评，既肯定参训教师认识和理解到位的地方，也指导参训教师认识和理解上的误区，起到固化成果和认识纠偏的作用。

（五）文献阅读、班级研讨、反思教学、在岗实践→成果发表，总结提升

在文献阅读、班级研讨、反思教学、在岗实践、学员展示、专家点评等的基础上，参训教师对于"核心素养"应该有了一个"多维立体"的认识和理解。这说明，参训教师关于"核心素养"的课题研究已经取得了阶段性的成果。这个时候，相当关键的是要及时地督促参训教师将自己的阅读、反思、实践和研究的成果撰写成论文，并指导参训教师对论文进行反复修改，在此基础上向国内核心期刊或主流期刊投

稿,并争取发表。论文的发表本身并不是课题研究的目的,而是为了及时总结提升研究的成果。为了使思考和研究更加系统和深入,论文发表以后,可以通过班级QQ 群和网络研修平台发布论文成果,让其他参训教师也可以共享研究的成果,增进对"核心素养"的认识、理解和认同。同时,要将研究成果进一步应用于高中化学课堂教学中,在实践中进一步加深对"核心素养"的理解。

四、基于"核心素养"理解的高中化学教师培训反思

这几年的教师培训实践表明,基于"课题研究"培训模式开展高中化学教师培训成效显著。我们构建了基于"核心素养"的"课题研究"培训模式,并就此进行了实践探索,我们认为要取得较好的成效需要注意以下几个方面的问题。

（一）文献阅读在"核心素养"理解中具有重要作用

文献阅读对于课题研究具有突出重要的作用。文献阅读是课题研究的起点,也是在课题研究过程中遇到疑难问题时解决问题的重要途径。基于"核心素养"理解的"课题研究"培训模式中,文献阅读是整个培训模式的起点。通过文献阅读,可以引发参训教师反思教学,可以布置整理、汇编文献集的任务供参训教师检索、下载、阅读、梳理、分类、归纳文献,也可以对指定的文献进行精读,针对具体问题进行深入研讨,还可以在文献阅读的基础上进行在岗实践。当然,在岗实践研修过程中,遇到相关疑难问题也可以进一步查阅文献,解决疑难问题。因此,文献阅读在"核心素养"理解中具有非常重要的作用。

（二）参训教师在"核心素养"理解中要发挥主动性

在整个教师培训过程中,参训教师是培训的主体,作为主体,要激活自身参与培训的动力和积极性,全身心地投入培训中来,通过文献阅读,反思教学,整理、汇编文献,班级研讨,学员展示,专家引领等多种形式,不断提升自己对"核心素养"的理解。同时,作为培训主体,不能对"核心素养"的学习持排斥的态度,而要积极主动地接纳"核心素养",并积极地反思"核心素养"与"三维目标"的关系,主动地在实践中探寻培养学生"核心素养"的路径。当然,要培养学生的"核心素养",教师首先应该具有较高水平的"核心素养",教师应该积极主动地对照"核心素养"的相关要求,通过自学、培训、实践、反思等方式查缺补漏,提升自身"核心素养"水平。

（三）参训教师对"核心素养"的理解是动态发展的

在阅读国内教育专家对"核心素养"的相关研究论文时,很多参训教师都发现了一个很有趣的现象:很多专家对"核心素养"的认识、理解和阐述在不断发生变化。这其实也很正常,"核心素养"对于国内教育专家和一线教师来说,都是新生事物,不管是专家还是一线教师对于"核心素养"的理解都是动态发展的,而不是一成不变的。在培训过程中,我们也发现参训教师对"核心素养"的理解一直在动态发

展。很多参训教师由原来对"核心素养"感到陌生、困惑甚至排斥,通过不断的学习和研究,他们开始转变自己对"核心素养"的认识和理解,认识到"核心素养"确实为高中化学课堂教学从教书走向育人指明了方向,他们也更加积极主动地、自觉地进一步研究和实践"核心素养"培养目标。

第四章
化学教师实验培训模式创新

 第一节　中学化学骨干实验教师省级培训

 第二节　基于实验研究素养提升开展培训

第四章　化学教师实验培训模式创新

化学是一门以实验为基础的学科。化学实验是学生进行科学探究的重要手段。在基础教育新课程改革过程中,学生的实验并没有因为课程标准的要求和强调而得到加强,反而被弱化。化学教师在化学课堂中不做化学实验,讲实验、画实验、播实验、看实验等现象比较严重。提升化学教师在化学课堂上开展化学实验教学的意识和能力非常重要。因此,需要强化化学教师和化学实验员的实验培训。基于实验研究素养提升的视角,我们尝试进行化学教师实验培训模式的改革和创新。

第一节　中学化学骨干实验教师省级培训

福建教育学院承担了福建省教育厅委托的 2013 年福建省中学化学骨干实验教师省级培训班,我们全程参与了本次培训的组织、管理与开展(注:本培训班所指中学化学骨干实验教师包括中学化学教师和中学化学实验员)。我们认为,本次培训具有较为鲜明的特色,特对培训加以总结、提炼。

一、培训目标的确定

第八次基础教育课程改革以后,国家从化学课程标准的层面对化学实验教学的重要性进行了要求和强化,然而由于各种主客观原因,课程改革十年以后,课程标准修订组专家们发现我国的中学化学实验教学没有因为课程改革而得到加强,反而呈现出弱化的倾向,为改变这种现状,《义务教育化学课程标准(2011 年版)》增加了八个基础的学生实验。中学化学实验教学弱化的原因较为复杂,其中很重要的一个方面就是中学化学教师和化学实验员的实验室建设与管理水平不高,对化学实验的教学功能认识不清,实验基本技能欠佳,实验研究素养偏低,导致化学实验教学水平不高。因此,我们将培训目标定位于提升参训教师实验室建设与管理的水平,提升参训教师对中学化学实验教学功能的认识,提升参训教师的实验基本技能,提升参训教师的实验研究素养,最终达到提升参训教师的化学实验教学能力和水平的目标。

二、培训课程结构的构建

为了使培训目标得到有效落实和达成,培训课程结构的构建显得尤为重要。

2012 年,教育部印发了《中学教师专业标准(试行)》,从专业理念与师德、专业知识和专业能力三个方面对中学教师的专业水平作出了要求和规范[①]。本次培训课程结构就是按照教育部印发的《中学教师专业标准(试行)》三个维度的要求,并参照教育部制定的《"国培计划"课程标准(试行)》[②]的课程设计模式进行建构的,见表 4-1。

表 4-1　中学化学骨干实验教师省级培训课程结构

维度	模块	专题	内容要点
专业理念与师德	师德修养	基于教师角色定位的道德思考	从作为学生社会化承担者的教师角色定位视角探讨新时代教师的职业道德问题
	专业理念	谈化学教师的实验教学素养	结合案例,分析化学教师的实验研究素养的具体内涵
专业知识	文献检索	文献检索与应用操作	利用中国知网、维普、万方等数据库查找化学实验研究文献的方法
	实验室建设、管理与评估	化学实验室的管理与常用试剂的配制	化学实验室的管理、常用玻璃仪器的洗涤方法、常用试剂的实用配制方法
		化学实验室标准化建设、管理与评估	化学实验室标准化建设与评估的标准、要求和经验
	实验教学功能	对中学化学实验教学功能及其定位的分析	化学实验教学功能内涵及具体化学实验教学功能分析
		对中学化学实验教学的再思考	从发挥化学实验教学功能角度进行反思
	实验新技术应用	手持技术在中学化学教学中的应用	手持技术实验概念、各种传感器可供开发的实验案例
	疑难实验研究、实验改进与创新	化学疑难实验研究	化学疑难实验研究的思路、方法和策略分析
		化学实验改进与创新	化学实验改进与创新的思路、方法和案例分析
专业能力	文献检索	文献检索与应用操作	学员到机房进行化学实验研究文献检索
	实验室建设、管理与评估	"化学实验室建设、管理"主题论坛活动	学员上台交流实验室建设与管理的经验与问题
		一级达标校实验室考察	参观考察一级达标校实验室的建设与管理

① 教育部.中学教师专业标准(试行)[EB/OL].(2012-09-13)[2022-11-30].http://www.moe.gov.cn/srcsite/A10/s6991/201209/t20120913_145603.html.

② 教育部."国培计划"课程标准·化学学科(试行)[EB/OL].(2012-05-17)[2022-11-30].http://www.moe.gov.cn/srcsite/A10/s7034/201205/t20120517_146087.html.

续表

维度	模块	专题	内容要点
专业能力	实验新技术应用	"影响化学反应速率的因素探究"研讨课	到省一级达标校观摩手持技术研讨课,并进行评课
	实验基本技能训练	常用试剂的配制	在实验室进行常用试剂的配制训练
		酸碱中和滴定技能训练	配制、标定常用的酸和碱,并进行相互滴定
	疑难实验研究、实验改进与创新	氨的喷泉实验研究	基于学者的已有研究成果进行疑难实验的研究、改进与创新,并提出自己的改进与创新方案
		铜与浓、稀硝酸的实验研究	
		钠的性质实验研究	
		氨的催化氧化制硝酸研究	
		"疑难实验研究、实验改进与创新"小组课题汇报	分两个小组,汇报交流"疑难实验研究、实验改进与创新"课题进展、成果与问题

三、培训课程结构的特点

通过上文对培训课程结构建构方式和内容的介绍,我们可以发现本次培训的课程结构具有几个较为鲜明的特点:

（一）坚持主题化、模块化和问题化的课程设计理念

近年来,我院在开展全省中小学教师培训过程中不断总结经验,探讨如何更好地提升培训质量,借鉴国内其他兄弟院校经验,提出了主题化、模块化和问题化的课程设计理念。本次培训中,我们确定了培训的主题:中学化学教师和化学实验员实验教学能力提升。通过问卷调查、文献分析和专家咨询,我们将主题分解为可操作的具体的模块:师德修养、专业理念、文献检索、实验室建设、管理与评估、实验教学功能、实验新技术应用、实验基本技能训练、疑难实验研究、实验改进与创新,等等。同时,我们将这些模块按照问题的形式分解成专家引领、分组讨论、主题论坛、分组实验、实景教学等培训形式的专题课程内容。每一个专题课程都在引领参训教师解决一系列的具体的问题。通过具体问题的解决,来落实培训的主题和目标。按照这样的课程设计理念设计出来的课程具有主题突出、意图明确和结构清晰的特点。

（二）从理论、应用和实践三个层面落实课程内容

教育部强调对于"国培计划"课程内容要有专家引领,又要有参训教师之间的交流互助,还要有基于教学现场的课堂教学诊断等;强调应用性和实践性课程的比例要不低于总课程的 50% [1]。作为省级培训,我们高标准严要求,努力向"国培计划"课程内容要求看齐,加大应用性和实践性课程的比例。在很多模块的具体落实

---

[1] 教育部.关于深化中小学教师培训模式改革全面提升培训质量的指导意见[EB/OL].（2013-05-08）[2022-11-30]. http://www.moe.gov.cn/srcsite/A10/s7034/201305/t20130508_151910.html.

上,我们都尽可能从理论、应用和实践即专家引领、参训教师互动和下校听课或分组实验三个层面来落实课程内容。比如,对于"实验室建设、管理与评估"模块,我们既有一线专家的"化学实验室标准化建设与评估"专题讲座,又有参训教师的"化学实验室建设与管理"主题论坛活动,还有到省一级达标校参观考察实验室建设与管理的实践性内容;又比如,对于"实验新技术应用"模块,既有一线名师的"手持技术在化学教学中的应用"的专题讲座,又有到省一级达标校进行基于教学现场的课堂观察活动,同时还有围绕手持技术在中学化学教学中的应用的研讨活动。从理论、应用和实践三个层面来落实课程内容可以使参训教师对一个模块、专题或问题的认识更加深刻,可以更为全面地解决相关问题。

（三）让参训教师在实验的改进与创新中体验实验研究的过程与方法

本次培训中,我们设置了"疑难实验研究、化学实验改进与创新"模块。在培训前,我们要求每一位参训教师都要选择若干中学化学疑难实验进行研究,查阅文献资料,并撰写研究的计划或方案;在培训开班后,我们设置了"化学疑难实验研究"和"化学实验改进与创新"专题讲座,引领参训教师掌握疑难实验研究的一般思路和方法,掌握进行实验改进与创新的方法和方向,开阔了参训教师进行实验研究的视野。我们介绍了文献检索与利用的相关知识,参训教师们围绕自己的选题进一步查阅文献,修改自己的研究计划或方案,并将培训班分成若干个小组交流汇报自己的研究选题和研究计划,参训教师们互相交流探讨实验选题的意义和可行性,并为实验研究计划或方案的修改提出建议或意见。通过文献检索和开题报告,让参训教师初步体验了化学实验研究的一般过程和方法。我们开设了四个实验改进与创新实验,让参训教师在实验室中基于学者的已有研究成果进行疑难实验的研究、改进与创新,并提出自己的改进与创新方案。最后,将参训教师分成两个小组,进行"疑难实验研究、实验改进与创新"小组课题汇报活动,展示实验研究的进展、成果与问题。通过这样的培训模式,让参训教师在实验的改进与创新中体验了实验研究的过程与方法。

（四）充分发挥参训教师作为培训资源的重要作用

过去的教师培训存在的一个比较严重的问题就是"一言堂"。很多教师培训以专家讲座为主,参训教师只作为听众,没有发表自己观点或想法的机会,导致参训教师的参与意识不强、积极性不高,参训教师作为培训资源的重要作用不能得到发挥。近几年,福建教育学院的教师培训非常强调培训方式的改革和创新,引入了分组讨论、主题发言、主题论坛、辩论赛、片段教学比赛、成果展示与评选等多种形式。作为省级骨干教师培训项目,参训教师都是富有教学和实验室经验的骨干教师,对于化学实验教学有自己的感悟和研究,通过培训方式的改革可以调动参训教师参与培训的积极性和主动性,发挥参训教师作为培训资源的重要作用;参训教师在分组讨论、主题发言、主题论坛、辩论赛、片段教学比赛、成果展示和评选等中的发言、表现和成果等可以为参训的其他教师带来启发,而且参训教师来自教学一线,其经验是鲜活的,对于相关实验教学问题的解决可能更为有效。在本次培训中,我们安排了"化学实验室建设与管理"主题论坛、"化学疑难实验研究"课题汇报、"化学实验改进与创新"课题汇报、手持技术实验观摩课研讨等多次参训教师研讨活动,通过不同形式的研讨活动,使参训教师之间充分交流,获得大量的培训过程的生成性资源和解决问题的智慧。参训教师们普遍反映,这些活动形式生动有趣,内容丰富多彩,提升了自己的实验室建设与管理水平、实验研究意识和能力、实验教学水平。

四、进一步开展该类型培训的反思

在培训结束后,我们对培训班的参训教师进行了网络匿名问卷调查,发现参训教师对本次培训满意度很高,本次培训也很好地实现了培训的预期目标。对本培训项目进行反思,我们认为要进一步做好该类型培训有几个方面需要注意并加以改进。

（一）让参训教师有机会亲自动手进行手持技术实验

本次培训中,我们设置了"实验新技术应用"模块,既有一线名师的"手持技术在化学教学中的应用"专题讲座,又有到省一级达标校进行基于教学现场的课堂观察活动,同时还有围绕手持技术在中学化学教学中的应用的研讨活动。然而,比较遗憾的是,由于条件所限,未能让参训教师亲自动手进行手持技术实验。很多参训教师对手持技术实验的认识还是停留在较初级的层面。因此,在以后的中学化学骨干实验教师省级培训班中,我们将努力创造条件,让每一位参训教师都有机会亲自动手进行手持技术实验,初步学会利用手持技术实验系统进行几个简单的中学化学实验,并应用于实际的课堂教学。

（二）增加化学实验基本技能训练和分组探究实验

本次培训班,由于涉及的维度和模块较多,时间又比较有限,化学实验基本技能训练时间不够,分组探究实验次数不多。通过参训教师网络问卷调查,我们发现参训教师希望可以适当增加化学实验基本技能训练和分组探究实验的时间和次数。我们将在以后的中学化学骨干实验教师省级培训班中,适当增加定性、定量或半定量的实验来训练参训教师的实验基本技能,并通过化学实验异常现象和反应最佳条件探究等实验让参训教师有机会进行更充分的分组实验探究。

（三）引入演示实验技能片段教学展示活动

进行实验教学功能研究、实验基本技能训练、疑难实验研究、实验改进与创新等培训的最终目标在于提升参训教师进行化学实验教学的能力和水平。因此,在培训中可以引入实验技能片段教学展示活动。通过让参训教师上台进行实验技能片段教学展示活动,让参训教师自己对展示情况进行点评,由专家对参训教师的展示和点评进行总结,进一步引导参训教师发现同行和自身实验教学过程中的不足,从而真正提升参训教师的实验教学能力和水平。

第二节　基于实验研究素养提升开展培训

当前,我国中学化学实验教学呈现弱化的倾向已成为一个不争的事实。为了改变这种现状,全国有不少省市都开展了实验培训。本节基于实验研究素养提升的视角,就如何有效开展实验培训提升教师实验研究素养作一些探讨,以期为相关部门开展实验培训和一线教师自觉提升实验研究素养提供参考。

一、实验研究素养的内涵、现状和意义

(一)实验研究素养的内涵

通过查阅中国知网等数据库,我们发现目前尚无研究者专门对"实验研究素养"内涵作出界定。我们认为实验研究素养内涵主要包括以下三个维度:维度一是怎样将实验认识和理解得更清楚;维度二是怎样将实验操作演示得更好;维度三是怎样将实验在教学中用得更好。其中,维度一主要指对实验体系和实验的教学功能、价值的认识和理解;维度二主要指教师的实验操作演示能力和改进与创新实验的能力;维度三主要是指能否将实验应用于教学中并充分发挥实验的教学功能和价值。实验研究素养涉及对实验的认识理解、操作演示和教学应用三个层面的问题。

(二)当前教师实验研究素养存在的不足

1. 对实验的认识和理解不够全面

2012—2013 年,宋心琦教授在《化学教学》发表了有关化学实验教学改革建议的系列论文,明确提出了"化学实验体系三要素",即:作为实验对象的物质体系;适当的仪器装置和必要的安全措施;合理的实验步骤和规范的操作技术。他认为,三者不可或缺,但从学科教育的角度来评价,它们的重要性是不等同的,是依次递减的。他认为,现在的化学实验教学中,因为实验体系来自教材或教参,使得实施时往往把注意力放在第二、第三两个方面,化学体系的选择反而成为次要甚至被忽略。[①]

同时,教材为什么要设计或选择某一个实验,也就是化学实验教学功能与价值的问题也是教师们思考得比较少又比较重要的问题。教师们普遍很难全面地阐述某个实验的教学功能与价值。

2. 实验操作演示能力和实验改进与创新能力有待提高

在福建省第二届中小学教师教学技能大赛中,中学化学学科设置了演示实验技能环节,高中组要求参赛选手完成"配制一定物质的量浓度的氯化钠溶液"演示实验,初中组要求参赛选手完成"二氧化碳的实验室制取与性质"演示实验。比赛后,观看和研究参赛选手的表现,喜忧参半,有部分参赛选手的实验操作演示能力

---

① 宋心琦. 化学实验教学改革建议之一[J]. 化学教学,2012(4):3-5,8.

令人担忧。中学化学教材中的个别实验由于各种原因,有些不易做成功,有些现象不明显不利于学生观察,有些装置过于复杂,有些不符合绿色化学的理念,等等。这些实验就需要教师进行改进与创新,使实验能发挥应有的作用,让学生可以较为清楚地观察到实验现象、过程和结果。多媒体的便利性助长了部分教师的惰性,当遇到难做的实验时不加以改进与创新,而是采用视频实验或"黑板实验"的方式。这就进一步导致了教师实验改进与创新能力的弱化。

3. 发挥实验教学功能,提升教学的能力

很多教师由于对实验体系三要素和实验教学功能的认识和理解不全面,实验操作演示能力和实验改进与创新能力较弱,很多时候仅将实验作为创设情境或者吸引学生兴趣、制造课堂氛围的手段,而没有关注到如何将实验的教学功能与价值在教学中得以落实。

(三)提升教师实验研究素养的现实意义

要改变当前中学化学实验教学弱化的倾向,就要进行中学化学实验教学改革。而从教师层面来看,教师实验研究素养好坏直接决定着中学化学实验教学改革的成败。通过以上分析,我们发现教师实验研究素养存在诸多不足。只有充分认识到这些不足,并由相关教育行政部门组织开展实验培训帮助教师认识这些不足,通过专门的课程加以改进,并在教学实践中自觉提升实验研究素养,才能最终优化中学化学实验教学改革。

二、基于实验研究素养的提升开展实验培训的实践

基于实验研究素养提升视角,下面以 2013 年厦门市初中化学教师实验技术专项培训班为例,围绕培训课程框架的构建、课程实施方式的选择、课程保障体系的建设等问题谈一谈我们的一些实践探索。

(一)课程框架的构建

基于实验研究素养内涵的三个维度,我们构建了 2013 年厦门市初中化学教师实验技术专项培训班课程框架,见表 4-2。

表 4-2　2013 年厦门市初中化学教师实验技术专项培训班课程框架

维度	课程	内容要点
维度一:怎样将实验认识和理解得更清楚	实验教学改革论文汇编(自学)	汇编了 15 篇实验教学改革研究论文,供学员阅读
	讲座:对中学化学实验教学功能及其定位的分析	实验教学功能的内涵,不同类型实验的教学功能定位分析
	讲座:从技能大赛视角对中学化学实验教学进行再思考	观看福建省第二届中小学教师技能大赛演示实验技能比赛视频,从实验体系三要素、实验教学功能和价值角度对"二氧化碳的实验室制取与性质"实验进行研究

续表

维度	课程	内容要点
维度二:怎样将实验操作演示得更好	实验基本技能训练(① 水的电解;② 二氧化碳的实验室制取与性质;③ 空气中氧气含量的测定;④ 常见化肥的鉴别;⑤ 化学反应热的测定;⑥ 硫酸铜结晶水的测定;⑦ 海带中碘的制取和提纯;⑧ 食醋中总酸含量的测定)	通过八个实验训练实验操作演示技能,并进行实验改进与创新训练
	讲座:中学化学实验改进与创新	介绍中学化学实验改进与创新的意义、方法、思路和案例
维度三:怎么将实验在教学中用得更好	"空气中氧气含量的测定"演示实验教学展示	分析教材选择"空气中氧气含量的测定"实验的目的,发挥该实验的教学功能
	初中化学实验教学说课展示	通过说课形式,展示实验教学的设计过程

本次实验培训目标定位于提升学员实验研究素养。课程框架的设计和课程内容的选择,均围绕实验研究素养内涵的三个维度进行。

1. 维度一

怎样将实验认识和理解得更清楚。针对当前教师在该维度存在的问题即对实验体系三要素认识不清和对实验的教学功能定位不准确的问题,提供了一份实验教学改革研究论文汇编,开设了两个专题讲座。汇编收集了 15 篇实验教学改革研究论文,涉及化学实验体系三要素及教学功能和价值的具体分析和论述。在学员自行阅读汇编资料的基础上,开设"对中学化学实验教学功能及其定位的分析"和"从技能大赛视角对中学化学实验教学进行再思考"专题讲座对具体实验进行分析、讨论和研究,有助于学员进一步理解和掌握如何从实验体系三要素和实验教学功能的角度来全面认识、理解和研究教材中的实验。

2. 维度二

怎样将实验操作演示得更好。在对实验全面认识和理解的基础上,就要帮助学员将实验做得更好。学员的实验操作演示技能需要进一步提高,因此有针对性地选择了八个实验供学员进行六人为一个课题组、两人为一个实验组的分组实验操作、演示和探究,并进行实验改进与创新的训练。我们开设了"化学实验改进与创新"专题讲座,分享了一些优质的实验改进与创新案例,让学员认识到化学实验改进与创新的重要意义,掌握化学实验改进与创新的方法、思路。通过专家讲座,加上学员自己动手进行实验,有助于学员将实验操作演示得更好。

3. 维度三

怎么将实验在教学中用得更好。要将实验用得更好,需要教师具有良好的实验演示技能和实验教学设计能力。因此,开设了两次展示活动,分别为:"空气中氧气含量的测定"演示实验教学展示和初中化学实验教学说课展示。通过这两个活动,学员可以发现自己在演示实验教学过程中的一些不足,发现实验教学设计过程中存在的一些需要改进的地方,并在专家的指导下共同来反思如何在教学中充分发挥实验的教学功能和价值。

（二）课程实施方式的选择

课程实施方式的选择直接影响到课程的效果。本次培训中,主要选择以下几种课程实施方式:

1. 案例分析式

本次培训,总共开设了"对中学化学实验教学功能及其定位的分析""从技能大赛视角对中学化学实验教学进行再思考""化学实验改进与创新"等专题讲座。这些讲座都是采取案例分析式实施和开展的。以"从技能大赛视角对中学化学实验教学进行再思考"为例,在本课程的实施中以省技能大赛初中组演示实验比赛四位参赛选手的视频作为案例,引导学员从实验体系三要素及实验教学功能和价值的角度对四位选手的演示实验技能和表现进行讨论和分析。通过典型案例的分析,学员们普遍认识和理解了如何对某个实验的实验体系三要素及教学功能和价值进行分析,取得了较好的效果。

2. 小组合作探究式

初中的实验普遍较为简单,不少学员认为没有什么好研究的。鉴于此,我们选择了八个实验供学员进行操作、探究和演示。以水的电解为例,在教学过程中,很多学员采用的是现成的电解水演示器,在教学中要做的只是将电解水演示器通电,然后引导学生观察实验现象。为了使实验更具有探究性,在本实验中引入了我们自己设计改进的简易电解水演示器,该仪器主要采用医用注射器制作而成。该实验的目标是探究出如何在较短的时间内使产生的氢气和氧气的体积比约为 $2:1$,属于实验最佳条件的探究。探究的因素涉及电极材料、电解液种类、电解液浓度、电压等。电极材料有五号电池的碳棒、2B 铅笔芯和回形针等,电解液有水、酸、碱等,各种浓度的电解液由学员自己选择和配制,电压有 9 V、12 V 和 15 V 等。六人为一个课题组,两人为一个实验小组,在组长的带领下对这些因素进行探究。最后,将探究得到的数据汇总到组长处,并共同完成实验探究报告。通过该形式,极大地激发了学员们进行实验探究的热情,既训练了学员的实验操作技能,又让学员体验了实验改进与创新的过程,也让学员对水的电解实验有了更为深入的认识。

3. 技能展示点评式

为了发现学员实验教学过程中存在的一些问题和不足,我们开展了"空气中氧气含量的测定"演示实验教学展示和初中化学实验教学说课展示。先各由十位学员代表进行展示;然后由学员自由对学员代表的展示进行点评;最后,由实验教学专家对学员的展示和学员的点评进行总结。比如,在"空气中氧气含量的测定"演示实验教学展示中,十位展示的学员普遍都围绕实验原理、反应方程式、实验现象、结论、注意事项等方面展开。十位学员有八位一次性成功地演示了该实验,有一位重做了一次才完成,还有一位没有能成功完成该实验(弹簧夹未夹紧乳胶管)。学员点评的时候,普遍对十位学员的表现给予肯定,认为他们都能够很好地完成该演示实验,表述也很准确、清晰。在专家总结环节,专家围绕"怎样来看待和认识教材选择和设计了该实验"引领学员对如何用好该实验进行深入思考。从实验研究素养内涵维度一来看,学员们对该实验体系的三要素把握得不是太准,不能有效地分析拉瓦锡实验与本实验的异同,不能意识到该实验只能粗略地测定,不能有意识地引导学生分析如何使集气瓶中的氧气尽可能地消耗掉,使结果尽可能接近 1/5,没有和学生解释为什么集气瓶中要装少量的水,不能把握住该实验的关键现象是水位上升约 1/5。从实验研究素养内涵维度二来看,如何把该实验做得更好,学员们做了一些尝试,比如用标签纸在集气瓶上做记号,在烧杯中的水中加入高锰酸钾溶液,在实验开始前进行装置气密性检查,燃烧结束后,让集气瓶自然冷却,等等。总体来讲,大部分学员可以较好地演示和完成该实验。从实验研究素养维度三来看,学员没有能很好地把握住教材设计和选择该实验的意图,没有能很好地引领学生通过该实验过程严谨、有理有据地得出推论,没有引领学生认识到该实验只是粗略地测定和验证空气中氧气的含量。总之,通过十位学员的演示实验教学展示、学员点评和专家总结,全体学员对于怎么将该实验说得更清楚、怎么将该实验做得更严谨以使结论更可靠、怎么将该实验用于教学中有了深入的认识,起到了很好的教学效果。

(三)课程保障体系的建设

建设培训课程保障体系对于形成合理、优化的培训课程框架,最终实现培训目标具有重要意义。可以从以下四个方面来建设培训课程保障体系:

1. 开展有效的训前需求调研

在培训前,要对培训对象进行全面分析,并通过问卷调查和个别访谈等方式掌握培训对象的需求,并与相关地区教研员交流,征求地区层面的培训需求。将培训对象的个体需求和地区需求结合起来,确定培训目标和选择培训课程。

2. 组建高水平的授课教师和辅导教师团队

培训目标的实现和培训课程的落实需要高水平的授课教师和辅导教师团队,需要组建一支实验研究能力强、实验教学水平高的高校教师、教研员和中学教师组成的授课教师和辅导教师团队。

3. 提供能够满足培训要求的实验室条件

实验课程的开展,需要实验室配备能够满足培训要求的实验仪器和药品,对实验室的数量也有一定的要求。这就要求,要进一步加强实验室软硬件条件的建设。

4. 制定有约束力的考核方式

为了培训课程的落实,要制定有约束力的考核方式,比如以六人为一个课题组、两人为一个实验组的方式进行捆绑考核,有助于学员之间互相督促,互相帮助,共同进步。

三、对开展实验培训的建议

通过上文的讨论,对如何开展基于实验研究素养提升的实验培训提出以下建议,供参考:(1)重视实验体系三要素的认识及培养,特别是对作为实验对象的物质体系的分析要加强。(2)重视实验教学功能与价值的定位分析,对于教材为什么要选择某个实验,它的教学功能与价值是什么要进行深入探讨。(3)加强教师实验操作演示和实验改进与创新的训练。在定性、定量或半定量的实验中,进一步训练教师的实验基本技能。(4)聚焦于如何在实验教学中充分发挥实验应有的功能。通过学员演示实验展示、实验教学说课展示、实验现场教学、实验教学视频观摩等形式,对学员实验教学中存在的问题与不足进行诊断,提出改进建议。当然,限于时间和条件,各地在开展实验培训时不可能面面俱到,可选择其中一个或多个方面围绕实验研究素养内涵的三个维度来确定培训目标、设计课程内容,以切实提升学员的实验研究素养。

第五章
乡村教师培训问题与突破

第五章　乡村教师培训问题与突破

　　乡村教师是教师队伍建设的关键和短板，乡村教师培训是乡村教师素质提升的关键途径。国家、省、市、县、校五级都越来越重视乡村教师培训。国家有关乡村教师政策的出台，也进一步激发了相关学者对乡村教师培训的研究兴趣和热情。本章第一节和第二节主要探讨乡村教师培训问题与乡村教师培训研究现状。对我国乡村教师培训的问题进行梳理，并提出解决的对策，同时，从文献分析的视角，对乡村教师培训的研究进展进行透视，这有助于我们把握研究的趋势、热点和方向，也有助于我们更好地推动乡村教师培训工作。

　　接着，本章第三节和第四节探讨了"国培计划"乡村教师培训优化问题。教育部、财政部"国培计划"从2010年全面实施，参加培训的对象绝大部分是农村教师或乡村教师。我们从2015年开始承担"国培计划"中西部项目乡村教师培训项目，目前已承担了10多个班次。在几年的"国培计划"乡村教师培训项目设计、实施和总结中，我们认为做好"国培计划"乡村教师培训项目有一些需要把握的关键要点，同时可以按照"问题·实践·成果"三重导向的培训理念和模式来设计和实施乡村教师培训项目。

　　第五节到第八节主要探讨乡村教师培训的瓶颈突破问题。随着我国脱贫攻坚战取得全面胜利，我国乡村建设从脱贫攻坚走向了全面推进乡村振兴，乡村教育振兴和教育振兴乡村成为两个重要议题。乡村教育振兴的关键在于乡村教师。目前，乡村教师培训遇到了"瓶颈"，如何破解是一个现实难题。朱永新教授团队在"新教育实验"中提出的"三专"教师专业成长理论给我们的实践工作带来了理论引领，就像黑暗中的一束光。构建分层分类分科五级联动的乡村教师精准培训体系成为乡村教师培训的诉求。在全面乡村振兴大背景下，专家名师们走进偏远乡村学校，"六位一体"赋能乡村教育振兴，链接乡村学校，一对一帮扶指导乡村教师，支撑乡村教师专业成长，获得了乡村学校和乡村教师们的好评。站在新的历史方位，建议从思想、政治、组织和专业等四个维度，全面促进乡村教师专业发展，奋力开创新时代乡村教师队伍建设新局面。

第一节　乡村教师培训的问题与对策

　　2009年福建省启动了省级农村中小学教师教育教学能力提升工程①，拉开了

---

① 我省农村教师（校长）教育教学能力提升工程全面启动[EB/OL].（2009-05-15）[2022-11-30]. http://jyt. fujian. gov. cn/jyyw/jyt/200905/t20090515_2774728. htm.

21 世纪以来福建省大规模开展农村教师(乡村教师)培训的序幕。2015 年国务院出台了《乡村教师支持计划(2015—2020 年)》[①],2016 年福建省启动了省级乡村教师素质提升工程[②]。十余年来,特别是《乡村教师支持计划(2015—2020 年)》出台以来,和福建省一样,我国大部分省市都在大力推进乡村教师培训。2020 年,在《乡村教师支持计划(2015—2020 年)》收官之年,对我国乡村教师培训存在的问题进行认真审视与反思,探寻破解这些突出问题的有效路径,有助于我们更好地为新时代乡村教师队伍建设提供专业支撑和参考借鉴。

一、我国乡村教师培训的问题审视

近年来,精准实施乡村教师培训成为教育精准扶贫的重点,也成为突破乡村教师队伍建设瓶颈的重要举措[③]。在肯定乡村教师培训所取得成绩的同时,认真反思我国乡村教师培训,可以发现一系列需要我们加以面对和解决的突出问题。

(一)从宏观层面对乡村教师培训项目四类参与主体进行问题检视

从宏观层面来看,乡村教师培训涉及培训规划单位(一般是教育行政部门或教育行政部门委托的教师研训机构)、培训承办单位(一般是高校或者教师培训院校)、培训项目团队(指具体负责培训项目实施工作的团队)和培训学员(指参加相关培训的乡村教师)等四类培训项目参与主体。这四类培训项目参与主体都在不同程度上影响或决定着乡村教师培训的质量。

1. 部分培训规划单位项目设置未分类、未分科、未分层,时有交叉重复

部分培训规划单位在设置项目时,出现科学性和合理性欠缺的问题,主要表现为:项目设置未分类、未分科、未分层,时有交叉重复。未分类是指乡村教师培训项目在很长一段时间里种类比较单一,被笼统地称为"乡村教师培训项目"。"国培计划"中西部乡村教师培训项目就很好地进行了分类,细分为乡村教师培训团队研修、送教下乡培训、教师工作坊研修、访名校培训、乡村校园长培训等五类项目。未分科是指乡村教师培训项目设置时没有按照学科遴选学员,培训学员来自各个学科、各个学段,导致无法开展具体学科性的培训,只能开展通识性的培训。未分层是指未按照乡村教师专业发展的不同阶段设置培训项目,培训对象既有新入职教师,也有年富力强的教学骨干,还有即将退休的老教师。不同专业发展阶段的乡村教师有不同的发展需求,未分层开展培训,将导致"众口难调"的局面。交叉重复是指随着各级教育行政部门对乡村教师培训的重视,国家、省、市、县、校各级都在开展乡村教师培训,部分教育行政部门在项目设置时缺乏调研,没有互相沟通协调,

---

① 国务院办公厅. 关于印发乡村教师支持计划(2015—2020 年)的通知[EB/OL]. (2015-06-01)[2022-11-30]. http://www. gov. cn/gongbao/content/2015/content_2878209. htm.

② 我省启动乡村校长助力工程和乡村教师素质提升工程[EB/OL]. (2016-10-10)[2022-11-30]. http://jyt. fujian. gov. cn/jyyw/jyt/201610/t20161010_2999865. htm.

③ 彭小奇. 加快补齐乡村教师队伍建设短板[N]. 湖南日报,2018-09-11(008).

导致培训项目重复设置,不少教师重复参训,导致培训资源浪费,也给乡村教师带来不必要的负担。总的来讲,部分培训规划单位在设置项目时存在的突出问题就是培训项目的设置"精准"不足,导致培训对象缺乏较为一致的培训需求,给培训质量的提升带来了"先天性"的障碍。

2. 部分培训承办单位未能正确认识和理解职前教育和职后培训的关系

随着国家、省、市、县各级乡村教师培训计划的不断推出,综合性大学、师范类高校、省级教师培训院校、市县教师培训院校和少数中小学校通过教育行政部门的任务分配、市场化的公开招投标和点对点的委托等途径纷纷承担起了具体培训任务。由于对乡村教师培训工作的认识和理解存在差异,对职前师范教育和职后教师培训的一体化关系有时缺乏深刻的认识,部分综合性大学和师范类高校可能会存在按照师范生的培养模式来开展乡村教师职后培训的问题①。职前师范生培养的课程内容主要是教育学、心理学、学科教学法和相应的学科专业课程。而职后教师培训的课程内容应该更加强调任务驱动、教师参与、教师实践和实践智慧,强调帮助乡村教师提升学科整体理解和认识能力,丰富乡村教师的专业知识,提升乡村教师的专业能力。通过对乡村教师们的调查和访谈,我们发现不少乡村教师对培训承办单位未能正确认识和理解职前教育和职后培训的关系感到很困扰。不少乡村教师认为,培训承办单位是把参训教师当成毫无教学经验的师范生来教,而且授课专家往往都来自高校,很少邀请一线中小学名师进行示范和指导,也很少带领中小学教师进入教学现场,开展面对面的教学诊断。总的来讲,部分培训承办单位未能正确认识和理解职前教育和职后培训的关系,实际上是培训承办单位对职后教师培训研究和认识不够"精准"。

3. 部分培训项目团队常常依靠"经验"而非"专业"进行培训

培训项目团队是乡村教师培训项目的具体负责和执行人员,他们将直接影响着乡村教师培训质量,决定着参训乡村教师能否通过培训达到预期的培训目标,取得预期的培训成果。乡村教师培训是一项专业性很强的工作,需要培训项目团队对为什么开展乡村教师培训、乡村教师培训是什么、影响乡村教师培训质量的因素有哪些、乡村教师培训项目实施的关键环节有哪些以及如何组织实施、乡村教师培训质量如何监控、乡村教师培训内容和模式如何创新等问题有深入的专业性研究,并能根据乡村教师培训的最新研究进展和相关培训政策导向的变化,灵活开展乡村教师培训工作。然而,现实情况是,部分培训项目团队并非依靠"专业"进行培训,更多的是依靠"经验"。部分培训项目团队由于缺乏对乡村教师培训持续深入的研究,在年复一年、日复一日开展乡村教师培训中,往往依靠"经验"来组织和实施乡村教师培训,把本来具有创新性和挑战性的培训项目办成"复制＋粘贴"式的

---

① 吴新建,郭春芳,张贤金. 对高师院校开展中小学教师培训的若干思考[J].中小学教师培训,2015(1):27-29.

项目。依靠"经验"而非依靠"专业"开展培训，最大的问题就是导致乡村教师培训项目不具有创新性和突破性，也就不具有可持续性。总的来讲，部分培训项目团队常常依靠"经验"而非"专业"进行培训，导致的问题就是培训项目团队无法落实"按需施训"要求，而是"会什么培训什么""想到什么培训什么"。

4. 不少培训学员常常不能主动转变角色积极参与到培训过程中

培训学员作为成年人、作为教师，在学校有较多的教学、教研和学生管理等工作任务需要完成，工作和生活压力都较大，常常没有把研修学习当成自己必须去完成的重要工作。部分参训乡村教师对个人的专业发展缺乏规划，对于个人发展目标比较迷茫，没有认识到研修学习对于自身专业发展和教学教研工作的价值和意义，缺乏主动进行研修学习的内部动机和外部动机，研修学习的积极性和主动性不强，始终不能把"要我学"变成"我要学"。部分乡村教师认为自己的专业知识和专业能力足以应对自己的教育教学工作，不需要进一步研修学习，拒绝学习和改变。总的来讲，不少培训学员不能主动转变角色，积极参与到研修学习中，主要问题在于他们没有认识到研修学习对于自身专业发展的作用，没有认识到自身的专业理念与师德、专业知识和专业能力需要进一步提升。这个问题需要培训承办单位和培训项目团队在培训过程中通过培训内容和培训方式的创新来激发参训乡村教师参与培训的外部动机，并进一步帮助乡村教师将外部动机转化为内部动机[1]，进而帮助其实现角色转变，积极参与到培训的全过程中。

(二) 从微观层面对乡村教师"精准培训"落实不到位进行剖析

从微观层面进行分析，乡村教师培训存在的具体问题就是"精准培训"落实不到位，没有在培训的"全环节"强调"精准"，没有切实做到"按需施训"，导致培训针对性、实效性和可持续性不强。主要表现在以下几个方面：

1. 培训需求不够精准

"按需施训"的"需"即培训需求。乡村教师培训需求的精准把握需要对什么是培训需求有足够清醒的认识。部分培训项目团队在进行培训需求调研时，只关注参训乡村教师的需求，而没有关注到国家和地区层面对乡村教师发展的需求[2]。这样的需求调研是不全面的。部分培训项目团队虽然关注到了国家需求、地区需求和乡村教师个体需求，但是采用的调研方式过于单一、不够多样合理，得到的培训需求依旧是不准确的。另外，作为培训项目团队，除了尊重乡村教师培训需求以外，更为重要的是要引领培训需求。有时，乡村教师并不知道自己的专业发展需求是什么，培训项目团队作为教师培训的专业人员，就要充分把握乡村教师成长的特点、规律和路径，全面挖掘乡村教师各方面前瞻性、内核性的培训需求，真正做到精准把握培训需求。

① 张贤金，郭春芳，吴新建，等．提升教师培训质量的两个关键问题[J]．教学与管理，2015(15)：55-57.
② 张贤金，吴新建．教师培训需求调研应"多维立体"[N]．中国教育报，2013-10-16(009).

2. 培训主题不够明确

由于工学矛盾问题,大部分乡村教师培训时间并不会太长,大部分是短期集中培训项目。作为短期集中培训项目,想要解决乡村教师专业发展方方面面的问题,显然是不现实的。一个很好的做法就是采取主题式培训,也就是聚焦某一个培训主题开展培训,采用"小切口、深挖掘"的方式,围绕某一主题进行深入研究和培训。部分培训项目确定的培训主题不够明确、不够聚焦,或者培训主题太大太泛,不符合短期培训的要求。由于培训主题不明确,也就给后续的培训目标制定带来了困难。

3. 培训目标不符合"最近发展区"

培训目标是指经过培训,参训乡村教师能够到达的"地方"和能够取得的预期成果。培训目标应该在参训乡村教师"最近发展区"内才能取得最好的成效。由于缺乏对参训乡村教师现有水平和预期发展水平的科学化评估与测量,导致部分培训项目团队没有办法很好地确定参训乡村教师的进阶发展目标,制定出来的培训目标不符合参训乡村教师"最近发展区"。这种情况时有发生。为解决这个问题,教育部印发了《中小学幼儿园教师培训课程指导标准》,设计了教师教学能力等级水平诊断工具,帮助参训乡村教师和培训项目团队客观地诊断参训乡村教师教学能力等级水平,精准定位进阶目标。

4. 培训内容泛化缺乏针对性

培训内容泛化缺乏针对性,这是乡村教师们普遍反映的问题。培训内容泛化缺乏针对性,主要表现在以下三个方面:一是开设的课程内容并不是参训教师所需要的;二是开设的课程是参训教师所需要的,但深度不足、面面俱到、蜻蜓点水,难以让参训教师有收获;三是开设的课程是参训教师所需要的,但过于理想化,不具有可操作性、可借鉴性和可模仿性。

5. 培训方式单一难以激发积极性

在培训过程中,当我们的专家用讲授的方式不断地告诫参训乡村教师们要在教学过程中更新教学理念、转变教学方式、改变教学行为的时候,培训质量的提升已经是一件无从谈起的事了。当前的乡村教师培训,"专家一言堂""学员认真听、认真记"的现象并没有得到全面的改变。培训过程中,专家一直是主角,而学员处于配角状态,学员有没有在听、有没有在学、有没有在思考,学习是否真正发生,并没有人知道,也很少有人关心。这样的培训方式,也就难以激发参训教师学习的积极性和主动性。

6. 训后跟踪指导不到位

由于乡村教师培训通常属于短期集中培训,不少培训项目团队更关注的是如何做好集中培训阶段的工作,而对于集中培训阶段结束后的跟踪指导工作的重要性和意义认识不足。训后跟踪指导对于乡村教师在集中培训阶段的理论和实践研修成果的应用具有重要的促进作用,有助于乡村教师在实践中改变自身教学行为。部分培训项目团队虽然也开展训后跟踪指导,不过指导形式化严重,存在走过场的现象,不能对参训教师进行个性化指导,跟踪指导效果难以让人满意。

二、破解我国乡村教师培训问题的有效路径

在过去十余年的乡村教师培训中,我们对如何提升乡村教师培训的质量进行了大量的实践探索,取得了较好的成效。结合我国乡村教师培训存在的现实问题,我们提出如下的破解路径。

(一)培训规划单位要科学合理创新设置乡村教师培训项目

培训规划单位是乡村教师培训项目的设置者和发布者,是乡村教师培训项目的源头,要真正做好乡村教师培训,就要从项目源头上把好关。培训规划单位主要是各级教育行政部门或教育行政部门委托的教师研训机构。在我国,乡村教师培训有国家级、省级、市级和县级等各种层次。培训规划单位要做好乡村教师培训项目的规划和设置,建议以教育部制定的《乡村教师培训指南》作为依据,以教育部、财政部每年发布的《关于做好中小学幼儿园教师国家级培训计划组织实施工作的通知》等文件为参照,根据本地区乡村教师的实际情况,分类、分科、分层,科学合理地设置乡村教师培训项目,在此基础上尽可能做到年年有创新。相关部门在设置乡村教师培训项目时,要自觉地把自己"摆进去",从促进乡村教师专业成长的大局出发,周密谋划真正有利于乡村教师的好项目,并充分论证其现实性和可行性。

(二)相关部门要严把"入口关"精准遴选参训乡村教师避免重复培训

在长期的乡村教师培训过程中,参训乡村教师参与培训的积极性和主动性不强的问题一直是困扰培训组织者的最大难题之一。作为培训项目参与主体之一,参训乡村教师能不能真正主动融入培训过程中,发挥培训的主体作用,直接影响着培训的质量和效果。在乡村教师培训实践中,我们经常可以发现参训教师"被报名"现象,很多参训乡村教师并不是积极主动报名参加培训,而是由上级教育行政部门或所在学校"报名",他们参加培训完全是为了完成上级教育行政部门和学校交给的"任务"。并且由于各种主观或客观原因,每一次有乡村教师培训名额下达的时候,上级教育行政部门或学校经常能够想到的可以参加培训的人员比较"固定",导致部分教师经常"被报名""被培训"。部分参训乡村教师经常自嘲为"培训专家",出现重复培训的问题。而另外一部分参加培训意愿相当强烈的乡村教师一直没有获得培训机会。针对这一问题,教育部、财政部在 2020 年的"国培计划"中要求精准学员选派。根据项目条件精准遴选参训教师,对不符合参训条件的学员进行劝退。开展学员遴选"双向选择"试点,教育行政部门公布培训项目计划后,教师自愿报名参加培训,项目承担单位择优录取学员,教育行政部门审核公示。合理规定周期内教师参加"国培计划"的限制次数,杜绝重复培训。[①]

---

① 教育部办公厅,财政部办公厅.关于做好 2020 年中小学幼儿园教师国家级培训计划组织实施工作的通知 [EB/OL].(2020-03-10)[2022-11-30].http://www.moe.gov.cn/srcsite/A10/s7034/202003/t20200317_432152.html.

（三）培训承办单位要加强乡村教师培训质量的监控、反馈和整改

为提升乡村教师培训质量，培训承办单位要落实"主体责任"，对乡村教师培训进行全过程、全环节监控和把关，并把监控的结果和整改意见及时、动态地反馈给培训项目团队，推动培训项目团队及时整改。福建教育学院作为专门专业的省级教师培训院校设立有培训管理处，培训管理处全程、全环节对各乡村教师培训项目进行监控、跟踪和指导。福建教育学院为提升乡村教师培训质量，还建立了教师培训能力认定制度、项目招投标制度、需求调研分析制度、项目方案论证制度、学员满意度测评制度、训后跟踪指导制度、项目质量分析制度、学科年度培训总结报告制度等教师培训管理制度，保障教师培训质量[1]。培训承办单位要通过对乡村教师培训质量的监控，帮助培训项目团队凝练、总结和形成一批优秀的乡村教师培训精品项目和精品案例，供培训项目团队借鉴参考，促进乡村教师培训项目质量稳步提升。

（四）培训项目团队要依据培训课程指导标准落实"按需施训"

为进一步规范和指导各地落实"按需施训"，切实做到"精准培训"，2017年11月，教育部出台了《中小学幼儿园教师培训课程指导标准（义务教育语文、数学、化学学科教学）》。其实质是以义务教育各学科课程标准中的课程目标为依据，研制出教师的教学能力标准，并建立了各学科的教师教学能力各级指标体系，有助于精准确定教师的能力发展需求以及"最近发展区"，确保"按需施训"。作为乡村教师培训项目的具体执行者，培训项目团队要以相应学科的教师培训课程指导标准为依据和指导，从乡村教师教学能力精准测评、需求精准分析、进阶目标精准定位、主题精准选择、课程精准设计、方式精准选用、效果精准评估、训后跟踪精准指导等环节，构建乡村教师精准培训体系并加以应用，真正落实"按需施训"的要求，全面提升乡村教师培训质量。

第二节 乡村教师培训研究的可视化分析

乡村教师是新时代乡村教育发展的第一资源，肩负着新时代乡村教育振兴的时代重任。党的十八大以来，以习近平同志为核心的党中央高度重视乡村教师队伍建设。2018年1月，中共中央、国务院颁布《关于全面深化新时代教师队伍建设改革的意见》，22次提及"乡村"，8次提及"乡村教师"。乡村教师培训是提升乡村教师队伍素质的关键途径。2015年，教育部、财政部在"国培计划"中专门设置了中西部乡村教师访名校子项目，重点聚焦乡村教师培训。[2] 为了解决

---

① 张贤金. 福建教育学院：以制度保障教师培训质量[N]. 中国教师报，2016-03-16(015).

② 张贤金，吴新建，叶燕珠. "国培计划"乡村教师访名校培训项目的实施与反思[J]. 教学与管理，2016 (31)：11-13.

乡村教师培训针对性、实效性和可持续性问题,2016 年 1 月,教育部印发了《乡村教师培训指南》。[①] 这些都充分体现了党中央、国务院和教育部对乡村教师和乡村教师培训的高度重视。对我国已有的乡村教师培训研究成果进行文献计量研究,有助于更好地揭示我国乡村教师培训研究的现状、热点和特点,对于促进我国乡村教师培训研究和推动新时代乡村教师队伍建设具有重要的理论意义和实践价值。

下面以"中国知网"核心期刊数据库和 CSSCI 数据库为信息源,采用中国知网计量可视化分析工具和 Citespace5.0.R1 可视化软件,对 1993—2019 年我国已有的有关乡村教师培训的核心期刊或 CSSCI 期刊刊载文献进行可视化分析(文献检索时间:2020 年 3 月 6 日),以系统、全面、定量的视角来分析我国乡村教师培训研究成果,并对研究结论进行分析讨论,提出研究的相关展望。

一、数据采集与研究方法

(一)数据采集

本研究以"中国知网"核心期刊数据库和 CSSCI 数据库为信息源,于 2020 年 3 月 6 日利用"中国知网"高级检索,文献类型选择"期刊",来源类别选择"核心期刊"和"CSSCI",检索式设置为主题词"乡村教师"或含"农村教师"并且"培训",时间跨度不限,进行精确检索,检索到 1993—2019 年间文献 923 篇。删除新闻报道、政府文件和与本研究主题无直接关系的文献,共获得有效文献 894 篇。

(二)研究方法

本研究主要采用中国知网计量可视化分析工具和 Citespace5.0.R1 可视化软件对收集到的数据进行定量统计分析。采用中国知网计量可视化分析工具,对收集到的文献进行发表年份、作者、机构、发表期刊、高被引文献等数据统计,以探查我国乡村教师培训研究的现状。利用 Citespace5.0.R1 可视化软件,进行关键词共现知识图谱和突显关键词随时间变化趋势图绘制,挖掘我国乡村教师培训研究的热点主题,总结出我国乡村教师培训研究的特点,在此基础上提出研究展望。

二、研究结果与分析

(一)文献的时间分布

采用中国知网计量可视化分析工具对所收集到的数据进行计量分析,年度发文量随时间分布图如图 5-1 所示。通过图 5-1,我们将我国乡村教师培训研究的进程划分为三个主要阶段:第一阶段为零星产出阶段(1993—2002 年),1993—2002 年,年度发文量都在 2 篇以内,其中 1998 年、1999 年、2000 年和 2002 年四年年度

---

① 李瑾瑜,杨帆. 教师培训:40 年的实践历程及其发展趋势[J]. 教师发展研究,2018(4):17-26.

发文量均为 0 篇。第二阶段为快速升温增长阶段（2003—2011 年），从 2003 年开始，年度发文量迅速增加，在 2011 年达到了峰值 99 篇。第三阶段为热度下降回落阶段（2012—2019 年），2011 年以后年度发文量有较大的回落，但是除 2019 年发文量为 35 篇以外，每年均保持在 46 篇以上。

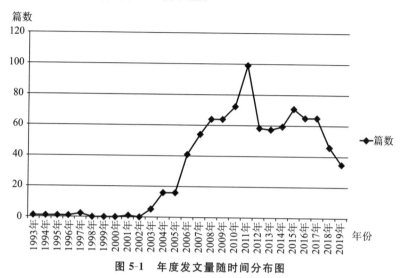

图 5-1　年度发文量随时间分布图

（二）文献的作者分布

利用中国知网计量可视化分析工具对所收集到的数据进行计量分析，作者发文分布表如表 5-1 所示。该表按作者发文篇数降序排列，篇数相同时按单篇论文最大被引频次降序排列。西北师范大学教育学院王嘉毅教授发文 7 篇，排名第一，是最高产的作者。山西大同大学教育科学与技术学院张军征教授和牡丹江师范学院于海英教授发文量均为 6 篇，分列第 2 和第 3 位。东北师范大学农村教育研究所于海波教授和宁夏大学教育学院贾巍副教授发文量均为 5 篇，分列第 4 和第 5 位。发文量在 4 篇以上的作者大部分是高等学校特别是师范类院校教育学专业的相关学者。这些高产作者所发表的论文中，单篇论文被引频次最高的是北京师范大学教育学院庞丽娟教授发表的论文《我国农村义务教育教师队伍建设：问题及其破解》（被引 342 次），其次为西北师范大学教育学院王嘉毅教授发表的论文《教育与精准扶贫精准脱贫》（被引 335 次）。

表 5-1　作者发文分布表（发文量在 4 篇以上）

序号	作者	机构	篇数	占比	单篇论文最大被引频次
1	王嘉毅	西北师范大学教育学院	7	0.78%	335
2	张军征	山西大同大学教育科学与技术学院	6	0.67%	28

续表

序号	作者	机构	篇数	占比	单篇论文最大被引频次
3	于海英	牡丹江师范学院	6	0.67%	19
4	于海波	东北师范大学农村教育研究所	5	0.56%	24
5	贾巍	宁夏大学教育学院	5	0.56%	17
6	庞丽娟	北京师范大学教育学院	4	0.45%	342
7	张琴秀	山西师范大学教师教育学院	4	0.45%	34
8	周晔	西北师范大学教育学院	4	0.45%	29
9	汪颖	徐州师范大学信息传播学院	4	0.45%	16
10	黄兰芳	宁夏大学教育学院	4	0.45%	12
	秦玉友	东北师范大学农村教育研究所	4	0.45%	12
11	邓泽军	成都大学师范学院	4	0.45%	10
12	王定华	教育部教师工作司	4	0.45%	8

（三）文献的机构分布

利用中国知网计量可视化分析工具对所收集到的数据进行计量分析,机构发文分布情况如表5-2所示。发文量排名前五的机构中,有北京师范大学、东北师范大学、西北师范大学、西南大学、华中师范大学。其中,除了西北师范大学以外,其他均为教育部直属师范院校。前十名中,赣南师范学院、牡丹江师范学院、杭州师范大学、成都大学等院校表现也比较抢眼,能够和河北师范大学、山西师范大学、贵州师范大学、首都师范大学等几所省属重点老牌师范院校平分秋色。华东师范大学作为教育部直属师范院校,对乡村教师培训研究的关注还待进一步加强,排名第9位。

表5-2　机构发文分布表(排名前十)

序号	机构	篇数	占比
1	北京师范大学	41	4.59%
2	东北师范大学	38	4.25%
3	西北师范大学	35	3.91%
4	西南大学	20	2.24%
5	华中师范大学	14	1.57%
6	河北师范大学	13	1.45%
7	赣南师范学院	12	1.34%
	牡丹江师范学院	12	1.34%

续表

序号	机构	篇数	占比
8	杭州师范大学	11	1.23%
	山西师范大学	11	1.23%
	贵州师范大学	11	1.23%
9	华东师范大学	10	1.12%
	首都师范大学	10	1.12%
10	成都大学	9	1.01%

（四）文献的期刊分布

期刊的发文量反映了期刊对乡村教师培训研究的关注度和信息容量[①]。利用中国知网计量可视化分析工具对所收集到的数据进行计量分析，期刊载文量分布表如表5-3所示。从表5-3可知，排名前十的期刊载文量均高于16篇。从载文量看，《教学与管理》《继续教育研究》《中小学教师培训》《教育探索》《中国成人教育》位列前三名。其中《教学与管理》载文量最高，达到74篇；《继续教育研究》第二，为50篇；《中小学教师培训》《教育探索》《中国成人教育》并列第三，为42篇。载文量排名前十的期刊，按照《中文核心期刊要目总览》的期刊分类方法，属于教育学/教育事业、师范教育、教师教育的期刊有《教育探索》《教育理论与实践》《教师教育研究》《教育发展研究》《教育研究》《中国电化教育》《教育学术月刊》，属于学前教育、幼儿教育的期刊有《学前教育研究》，属于初等教育/中等教育（除各科教育）的期刊有《教学与管理》《中小学教师培训》，属于职业技术教育/自学的期刊有《继续教育研究》《中国成人教育》《教育与职业》。可以发现初等教育/中等教育（各科教育）没有期刊进入前十名。

表5-3　期刊载文量分布表（排名前十）

序号	期刊名称	载文量	占比
1	教学与管理	74	8.28%
2	继续教育研究	50	5.59%
3	中小学教师培训	42	4.70%
	教育探索	42	4.70%
	中国成人教育	42	4.70%
4	教育理论与实践	36	4.03%
5	教师教育研究	21	2.35%
6	教育与职业	20	2.24%

---

① 张贤金,吴新建.基础科学教育研究趋势及学术影响:基于2010—2016年中国知网教师教育研究机构的文献分析[J].教师发展研究,2017(2):115-124.

序号	期刊名称	载文量	占比
7	教育发展研究	19	2.13%
8	教育研究	18	2.01%
9	学前教育研究	17	1.90%
10	中国电化教育	16	1.79%
	教育学术月刊	16	1.79%

（五）高被引文献分布

利用中国知网计量可视化分析工具对所收集到的数据进行计量分析，1993—2019 年我国乡村教师培训研究相关论文高被引文献排名前十情况如表 5-4 所示。排名前三的分别为北京师范大学庞丽娟教授等发表的《我国农村义务教育教师队伍建设：问题及其破解》，山西师范大学王嘉毅教授等发表的《教育与精准扶贫精准脱贫》，华东师范大学丁钢教授等发表的《中国中小学教师专业发展状况调查与政策分析报告》，三篇论文的被引次数均在 200 次以上，分别为 342 次，335 次和 205 次。三篇论文均发表于《教育研究》期刊上，可见《教育研究》期刊在我国教育研究领域的重大影响力。三篇高被引论文，有两篇聚焦教师队伍建设，一篇聚焦教育精准扶贫精准脱贫。可见，从乡村教师队伍建设和教育精准扶贫精准脱贫的视角来研究乡村教师培训已经成为一个广受学者们关注的热点。

表 5-4 高被引文献分布表（排名前十）

序号	频次	年份	作者	题目	来源期刊
1	342	2006	庞丽娟等	我国农村义务教育教师队伍建设：问题及其破解	教育研究
2	335	2016	王嘉毅等	教育与精准扶贫精准脱贫	教育研究
3	205	2011	丁钢等	中国中小学教师专业发展状况调查与政策分析报告	教育研究
4	165	2013	陈向明等	义务教育阶段教师培训调查：现状、问题与建议	开放教育研究
5	141	2003	田慧生	关于农村教师队伍建设问题的思考	教育研究
6	128	2008	于冬青等	中国农村幼儿教师资存在的主要问题及发展对策	学前教育研究
7	107	2011	朱旭东	论我国农村教师培训系统的重建	教师教育研究
	107	2009	王杰	贫困地区农村幼儿教师专业成长的现状、问题及对策——以甘肃农村幼儿教师为例	学前教育研究
8	94	2012	张云亮等	农村幼儿教师培训的现状、评价及其需求	学前教育研究
9	88	2006	张军	关于农村教师队伍建设问题的思考	教育探索
	88	2004	罗祖兵	新课改中农村教育边缘化问题及其对策研究	中国教育学刊
10	84	2004	解月光等	农村中小学教师信息素养教育的分析与思考	电化教育研究

（六）热点主题分布

文献的关键词能够反映论文的核心内容和主题,一般认为在学科领域里出现频次较高的关键词即为该学科的研究热点主题[①]。采用 Citespace5.0.R1 对采集的 894 篇文献进行关键词共现分析,时间设置为 1993—2019 年,跨度为 27 年,单个时区长度设为 1 年,节点类型选择关键词,阈值 TopN 设置为 50,经最小生成树算法剪枝,得到关键词共现知识图谱,如图 5-2 所示。图 5-2 中圆圈大小表示关键词出现频次的高低,圆圈越大,出现的频次就越高。节点的中心性表示节点在网络中位置的中心性,中心性数值越大,表示该关键词在网络中的影响力越大[②]。除去"乡村教师""农村教师""教师培训"这三个出现频次较高的节点,从图 5-2,可以发现 1993 年以来,我国有关乡村教师培训研究的热点主题主要涉及教师专业发展、农村教育、义务教育、教师队伍建设、国培计划、校本培训等。

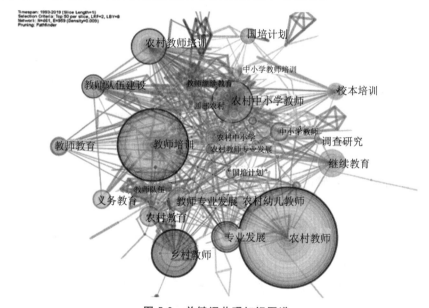

图 5-2　关键词共现知识图谱

在关键词共现知识图谱绘制的基础上,进行聚类分析,生成突显关键词随时间变化趋势图,如图 5-3 所示。根据图 5-3,发现 1993—2019 年,核心期刊或 CSSCI 期刊上关于乡村教师或农村教师培训的相关研究成果,研究主题具有很明显的阶段性和时代性特点。在 1995—2009 年长达 15 年的时间里,教师继续教育得到了持续性的关注。农村教师专业发展、中小学教师培训、教师教育、继续教育、农远工

① 赵蓉英,许丽敏.文献计量学发展演进与研究前沿的知识图谱探析[J].中国图书馆学报,2010(5):60-68.
② 杜志强,陈怡帆.中国乡村教师研究的可视化分析:基于 2000—2018 年 CSSCI 刊载文献计量研究[J].教育学术月刊,2019(8):35-41.

程、农村中小学教师等成了 2006—2011 年的研究热点。2009—2012 年学者们重点关注顶岗实习,2011—2016 年关注国培计划,2014—2019 年关注农村小规模学校,2015—2019 年关注教师专业发展,2016—2019 年关注乡村教师,2016—2019年关注教师队伍建设。可见,乡村教师、教师队伍建设、农村小规模学校、教师专业发展等四个关键词是当前的最新研究热点。

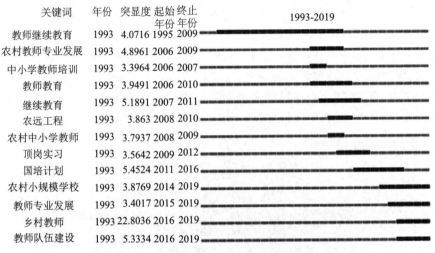

关键词	年份	突显度	起始年份	终止年份	1993-2019
教师继续教育	1993	4.0716	1995	2009	
农村教师专业发展	1993	4.8961	2006	2009	
中小学教师培训	1993	3.3964	2006	2007	
教师教育	1993	3.9491	2006	2010	
继续教育	1993	5.1891	2007	2011	
农远工程	1993	3.863	2008	2010	
农村中小学教师	1993	3.7937	2008	2009	
顶岗实习	1993	3.5642	2009	2012	
国培计划	1993	5.4524	2011	2016	
农村小规模学校	1993	3.8769	2014	2019	
教师专业发展	1993	3.4017	2015	2019	
乡村教师	1993	22.8036	2016	2019	
教师队伍建设	1993	5.3334	2016	2019	

图 5-3　突显关键词随时间变化趋势图

三、研究结论与展望

(一)研究结论

1. 从研究时间上看,中国乡村教师培训研究经历了从零星产出到快速升温增长再到热度下降回落阶段。统计数据显示,2003 年之前,核心期刊或 CSSCI 期刊上刊载的有关中国乡村教师培训研究的论文较少,可见当时学界对乡村教师和乡村教师培训关注甚少。随着我国第八次课程改革的实施与推进,特别是 2003 年高中新课程改革以后,各级教育行政部门充分认识到了教师是课程改革成败的关键,纷纷加大了教师培训的投入。在这个过程中,有一部分学者开始关注乡村教师培训问题。2010 年,教育部、财政部全面实施了"中小学教师国家级培训计划",并把中西部地区教师特别是乡村中小学教师作为重点培训对象。"国培计划"的实施极大地推动了我国乡村教师培训的组织、实施和研究,并在 2011 年形成了我国乡村教师培训研究成果的一个高峰。2013 年,教育部、财政部印发了《关于落实 2013年中央 1 号文件要求对在连片特困地区工作的乡村教师给予生活补助的通知》。2015 年,国务院办公厅印发了《乡村教师支持计划(2015—2020 年)》。2015 年开始,教育部、财政部"国培计划"重点向乡村教师培训倾斜,在国家级培训中大力开展乡村教师培训,努力提升乡村教师队伍素质。2016 年,教育部印发了《乡村教师培训指南》。2018 年 1 月,中共中央、国务院印发了《关于全面深化新时代教师队伍建设改革的意见》,明确提出实施教师教育振兴行动计划。2018 年 2 月,教育部等五部门印发了《教师教育振兴行动计划(2018—2022 年)》。这些重要文件都对乡村教师队伍建设和乡村教师培训提出了明确的要求,引领学者们进一步关注我国乡村教师培训问题。

2. 从研究主体上看,中国乡村教师培训研究者主要是高等师范院校的专家学者,作为培训主体之一的参训教师很少参与到培训研究中来。从文献的作者分布统计中,我们可以发现发文量在 4 篇以上的 13 位作者除了教育部教师工作司原司长王定华教授以外,其他 12 位作者均是来自于高等院校教育学专业的学者。从机构发文分布统计表中,可以发现发文量在前十名的机构全部为高等院校,并且绝大部分为师范类院校。教育部直属师范院校全部进入前十名,赣南师范学院、牡丹江师范学院、杭州师范大学、成都大学等院校也进入了前十名,表现相当抢眼。在作者和机构统计中,很少发现作为培训主体之一的参训教师也就是一线中小学教师的身影。参训教师作为乡村教师培训的主体之一,如果可以更加积极主动地参与到我国乡村教师培训的研究中,形成高水平的研究成果,对于拓展我国乡村教师培训的视角,推动我国乡村教师培训质量的提升,具有重要的实践价值。

3. 从文献来源上看,中国乡村教师培训研究成果主要发表在教育类综合性期刊上,初等教育/中等教育(各科教育)核心期刊或 CSSCI 期刊载文较少。从文献来源的统计分析中,可以发现我国初等教育/中等教育(各科教育)核心期刊或 CSSCI 期刊刊载的有关乡村教师培训的研究成果较少。这在一定程度上反映出我国乡村教师培训在学科教学层面进行研究和探索的高水平成果较少。大部分已有研究成果站在乡村教师培训普遍性问题的视角进行研究,有关具体学科乡村教师培训问题的个性化研究还略少。当然,对我国初等教育/中等教育(各科教育)核心期刊或 CSSCI 期刊设置的栏目进行分析,也发现大部分学科教育类的核心期刊或 CSSCI 期刊没有设置与教师培训或教师发展相关的栏目,更多的是关注本学科的教育教学问题,而对本学科教师培训、教师专业发展、教师队伍建设的研究成果发表的关注和引领不够。

4. 从研究热点来看,当前中国乡村教师培训研究热点聚焦于教师队伍建设、农村小规模学校和教师专业发展。利用知识图谱可视化分析,可以发现我国乡村教师培训研究呈现阶段性和时代性特点,国家有关教师继续教育、教师培训、国培计划、乡村教师支持计划、乡村教师培训、教师队伍建设、教师教育振兴等政策性文件的出台对我国乡村教师培训研究起到了极大的推动和引领作用。2018 年 1 月,中共中央、国务院印发的《关于全面深化新时代教师队伍建设改革的意见》,是新中国成立以来,中共中央、国务院印发的第一份关于教师队伍建设的文件,具有里程碑式的意义。该文件里 22 次提及"乡村",8 次提及"乡村教师",极大地促进了学者们聚焦乡村、乡村教育、乡村教师、乡村教师培训、乡村教师队伍建设、乡村教师专业发展等问题。学者们关注的另外一个热点是农村小规模学校。所谓农村小规模学校是指在校生不超过 100 人的农村学校，包括农村小学和教学点。农村小规模学校虽然学生和教师人数都较少，却是我国乡村学校的重要组成部分，极大地满足了偏远落后的农村地区适龄学生的教育需求。农村小规模学校教师存在师资配置不均衡、教师队伍结构失衡、教师专业发展前景迷茫等突出问题，这引起了学者们对农村小规模学校教师培训的关注和研究。[1][2]

(二) 研究展望

1. 乡村教师培训各相关参与主体应该更多参与到培训研究中，并形成协同研究

乡村教师培训涉及的主体包括教育行政部门、教研部门、高校学者、培训院校组织者、参加授课的专家名师、参加培训的教师、参与评估的第三方机构等。通过计量统计分析，发现已有的研究成果主要来自高校学者，其他乡村教师培训相关参与主体发表的乡村教师培训研究成果数量较少，高水平的成果不多。为提升我国乡村教师培训研究的质量和深度，建议各相关主体都可以结合自身参加乡村教师培训的实际，加强对乡村教师培训的理论与实践研究，而不只是把乡村教师培训作为一般的业务工作来完成，缺乏必要的思考、调查、研究、总结和提升。同时，各相关参与主体如果可以进一步开展协同研究，对于提升研究的质量也将是一种新的尝试。

2. 乡村教师培训研究应该更加聚焦解决培训过程中存在的突出问题

当前，我国乡村教师培训的已有研究成果研究主题多元丰富、研究视野开阔、研究方法兼具理论与实证，对后续研究的推进具有重要的启发意义。我国乡村教师培训目前存在针对性不强、内容泛化、方式单一、质量监控薄弱、学员可持续发展能力不强等问题，这些问题虽然已经有不少学者做过论述，但要完全解决这些问题还需要我们进一步加强研究。另外，已有的研究更多的是针对乡村教师培训普遍性问题进行研究，有关具体学科乡村教师培训问题的个性化、学科化研究还略少，如何基于具体的学科实施乡村教师精准培训，研究成果有限。因此，很有必要从具体学科层面开展乡村教师培训个性化、学科化问题的研究，以弥补现有研究的不足。

3. 乡村教师培训研究应该以支撑新时代乡村教师队伍建设为己任

新时代对乡村教师队伍建设提出了新要求。新时代乡村教师应该是能在新时代乡村振兴中不忘初心、主动担当、有所作为，努力争做"四有好老师"、争当"四个引路人"的乡村教师。乡村教师培训的研究应该聚焦于新时代乡村教师队伍建设

---

① 易洪湖. 农村小规模学校教师队伍建设探新[J]. 教学与管理, 2019(33):53-56.

② 张晓娟, 吕立杰. 整体性缺失与个体性阻抗:农村小规模学校师资建设困境研究[J]. 教育理论与实践, 2019(28):41-45.

的时代要求,努力把培养符合新时代要求,能够承担新时代使命的乡村教师作为研究的初心和使命。建议可以教育部印发的《中小学幼儿园教师培训课程指导标准》为依据和指导,探索建立分学科的乡村教师教学能力标准体系[①],精准确定参训乡村教师的能力发展需求以及"最近发展区",确保"按需施训"。具体来讲,可以围绕乡村教师教学能力精准测评、需求精准分析、进阶目标精准定位、主题精准选择、课程精准设计、方式精准选用、效果精准评估、训后跟踪精准指导等方面探索构建具有针对性、实效性、可持续性的乡村教师培训体系。通过有针对性、有实效性和可持续性的乡村教师培训项目,提升参训乡村教师的获得感和幸福感,提升新时代乡村教师队伍整体素质。

第三节　做好乡村教师访名校培训项目的关键和建议

教育部、财政部自 2010 年全面实施的"国培计划"取得了很大的成效,截至 2015 年底培训教师 700 多万人次,其中农村教师占 96.4%,极大提高了广大农村教师的教育教学能力[②]。为了进一步提升农村教师培训的效果,教育部在"国培计划"项目的设计、培训模式的改革、培训质量的评价等方面作了大量的改革。2015 年,教育部、财政部"国培计划"的一个新亮点就是设置了"国培计划"中西部项目乡村教师访名校培训项目,要求教师培训者组织参训教师进入发达省市的优质中小学,以发现教育教学中存在的突出问题为驱动,通过访名校跟岗实践的形式,改变参训教师的教学行为,提升参训教师的教育教学能力。2015 年,作为专门的省级教师培训院校,福建教育学院通过公开竞标的方式获得了中西部五个省的"国培计划"中西部项目乡村教师访名校初中化学培训任务并顺利完成,获得委托单位和参训教师的高度好评。

一、乡村教师访名校培训项目参训教师需求分析

通过文献分析、问卷调查、专家咨询、个别访谈等方式,我们对五省参训教师的培训需求进行了调研。针对调研发现的问题,我们认为参训教师的培训需求主要有:(1)更新化学教育教学理念;(2)进一步学习掌握化学相关知识;(3)提升化学教育教学能力;(4)提升信息技术与化学课程整合的能力;(5)开设留守儿童心理健康辅导和学校安全与法制专题课程。在此基础上,确立了培训的主题:深化新课标理念,提升农村教师教育教学能力。

① 王磊,魏艳玲,胡久华,等．教师教学能力系统构成及水平层级模型研究[J].教师教育研究,2018(6)：16-24.
② 教育部办公厅,财政部办公厅.关于做好 2020 年中小学幼儿园教师国家级培训计划组织实施工作的通知[EB/OL].(2020-03-10)[2022-11-30].http://www.moe.gov.cn/srcsite/A10/s7034/202003/t20200317_432152.html.

二、乡村教师访名校培训项目的设计和实施

在调研分析参训教师培训需求,确立培训主题之后,我们据此进行了方案的设计,并按照方案进行了项目的实施。

（一）在首席专家和项目负责人带领下进行方案的研制、论证与修改

"国培计划"中西部项目一般采取公开招投标的方式遴选培训承担机构。项目申报书中要求成立项目管理团队和设立首席专家。在首席专家和项目负责人的带领下,我们认真研读中西部各省发布的招投标文件,按照文件的要求进行培训需求调研,确立培训主题和目标,并研制方案,撰写申报书。有些省份还要求首席专家和项目负责人进行现场答辩、论证。在此基础上,相关省份"国培计划"负责部门会根据网络平台专家匿名评审或者专家现场论证意见列出可能入选培训承担机构名单,并请申报单位根据专家的评审意见修改方案和申报书。项目团队根据反馈的评审意见进一步把握委托省份对该项目的要求,进一步完善培训方案和申报书,并提交委托省份专家再次审核。通过多次反复修改,项目团队撰写的培训方案和申报书可以更好地符合委托省份参训教师培训需求,提高培训的针对性和实效性。

（二）在项目负责人和教学班主任的主持下进行项目的实施

获得项目承担资格后,项目负责人和教学班主任按照培训方案和申报书的规划,着手组织项目团队进行项目的实施。在收到委托省份参训教师信息后,第一时间通过邮箱、QQ 群或问卷星网站等途径,向参训教师进行培训需求问卷调查,以便进一步修正培训方案,并撰写培训实施方案。开班式上,项目负责人和教学班主任围绕培训理念、培训需求调研、培训主题、培训目标、培训内容、培训模式、培训要求、学员任务、考核方式、培训预期成果等向参训教师作全面介绍,以便参训教师能够积极主动地参与到培训过程中。每一门课程或活动前,项目负责人和教学班主任对该课程或活动设计的意图进行深入说明,帮助参训教师认识该课程或活动在整个培训中起什么作用或要达到什么目标,课程或活动结束后,项目负责人或教学班主任对该课程或活动进行深入总结或提升,帮助参训教师进一步提炼课程或活动的收获,并形成一些观念性的认识。项目实施过程中,项目负责人和教学班主任通过个别交流、座谈会或课程测评等方式及时了解参训教师的意见或建议,及时改进培训方案,调整培训内容和形式。培训过程中,教学班主任根据培训时间的长短,有针对性地制作 3~4 期精美的、有指导价值的、专业性的培训工作简报。培训结束后,项目负责人和教学班主任根据委托省份的要求,撰写提交相关的培训总结材料。

（三）在行政班主任和班委的带动下进行学习共同体的构建

乡村教师访名校培训项目的参训教师来自同一个省份不同县的农村初中校,参训教师之间互相认识的并不多,培训时间一般为 10 天或 15 天,时间不长。在短

暂的培训时间内,要使参训教师都可以积极主动地加入培训过程中,学习共同体的构建就显得相当重要。在从委托省份获得参训教师信息后,项目团队行政班主任第一时间建立了班级 QQ 群、班级微信群、班级网络研修平台,并发送短信或打电话邀请全体参训教师加入。在 QQ 群和微信群里,行政班主任通过发布培训方案、回答参训教师问题、发布福州市和福建教育学院简介等方式,与参训教师们建立了良好的互动关系,并根据参训教师信息和交流情况,初步遴选培训班班委队伍,并初步将参训教师进行分组。通过一两个月的 QQ 群和微信群交流,培训班参训教师之间都有了初步认识,互相之间都开始以同学相称。开班式结束后,行政班主任负责组织参训教师开展"破冰之旅,团队建设"活动,在活动中参训教师们自主选出了各组的组长以及班长、副班长、学习委员、生活委员、文艺委员等。课后,行政班主任组织班委召开班委会,对班委的工作提出要求。有了强有力的班委队伍,行政班主任构建班级学习共同体的工作就更为顺利了。在整个培训过程中,在行政班主任和班委的带动下,班级的学习共同体得到了有效构建,并在培训过程中发挥了很大的作用,形成了"班委自治"氛围,带动更多的参训教师自觉地从"要我学"变为"我要学"。

（四）在项目团队和一线名师的导引下进行访名校跟岗实践

乡村教师访名校培训项目的突出亮点之一在于引入了访名校跟岗实践环节,要求实践性课程不少于 50%,要聘请一线优秀教师担任指导教师,通过访名校跟岗实践活动,让参训教师观摩体验优秀教师示范课,在此基础上进行反思,以期对参训教师返校后的教学行为改进有所帮助。为实现教育部的这一意图,项目团队遴选了一大批优秀的一线名师作为实践指导教师对参训教师的跟岗实践活动进行全程指导。这些优秀一线名师包括来自一线的国培专家、特级教师、省名师、省学科带头人、教研员、高级教师、优秀青年教师等。在访名校跟岗实践过程中主要采取示范课观摩、同课异构、同课二次异构、研讨课现场诊断、课例研究、名校课程介绍、名校文化考察、心得反思等形式进行①。在这个过程中,要充分发挥一线名师的实践指导教师作用,让一线名师来培训一线教师,让一线名师与参训教师共同探讨解决教育教学中遇到的问题,互相交流经验和看法,既帮助参训教师解决了教育教学中存在的实际疑难问题,也培养了一批可以承担乡村教师培训工作的一线名师队伍。

（五）在网络研修平台的助力下进行自主反思与改进方案撰写

《教育部办公厅 财政部办公厅关于做好 2016 年中小学幼儿园教师国家级培训计划实施工作的通知》进一步提出要"深入推进培训互联网＋",探索教师终身学习的新理念。在集中培训过程中,我们建立了乡村教师访名校专题网络研修平台。

---

① 张贤金,吴新建,叶燕珠,等．教师培训实践性课程形态探索:同课二次异构[J]．中小学教师培训,2015（12）:24-27．

网络研修平台的一个重要作用就是参训教师在参加培训的每一天,都可以根据当天的课程或活动撰写研修心得或体会,全班教师均可以登录平台阅读其他教师提交的研修心得或体会。通过网络研修平台,学习共同体得到进一步巩固。在专家讲座理论引领、名师跟岗实践示范指导、同伴小组交流互助的基础上,参训教师通过观摩、体验、感悟,结合所在学校实际情况和学生生源情况,撰写返校以后课堂教学改进方案,以期通过教育教学理念的改变引领自身教学行为的改变,从而实现教育部所期待的"先体验、后反思、再实践"的要求。这样的培训设计里,培训的结业并不代表着培训班的结束,项目团队还要对参训教师撰写的改进方案进行指导修改,并督促参训教师返校后进行实践。

三、乡村教师访名校培训项目的实施建议与启示

基于五省乡村教师访名校初中化学培训项目的实施与反思,对于如何进一步办好乡村教师访名校项目提出如下的实施建议与启示。

(一)全面把握不同省份参训教师培训个体需求

五省"国培计划"中西部项目乡村教师访名校培训项目申报和实施后,我们发现五省的参训教师总体需求是一致的,但是由于各个省份选派的参训教师年龄、教龄、职称、所在学校等方面存在差异,参训教师个体的培训需求并不完全一致。比如,有的省份选派的参训教师大部分参加工作时间都不足五年,有的省份选派的教师参训工作的时间基本都超过了十五年;有的省份选派的参训教师高级教师占大多数,而有的省份选派的参训教师中学二级和中学一级占大多数;有的省份选派的参训教师全部是乡村一级的教师,而有的省份选派的参训教师里面有部分来自县城学校;等等。由于参训教师个体存在差异,我们在从委托省份获得参训教师信息后,要第一时间通过各种途径对参训教师进行培训需求的再调研,以全面把握不同省份参训教师的培训个体需求,以提高培训的针对性和实效性,用富有吸引力的课程和灵活多样的培训模式将参训教师吸引到培训中来,让尽可能多的参训教师都取得最大的收获。

(二)全面保障不同省份参训教师生活需求

后勤生活保障对于参训教师能够全身心、愉快地参与到培训中具有重要的意义。中西部省份与中东部省份在生活、饮食、作息时间等方面都有较大差异。这些差异需要引起项目团队的足够重视。在培训前,项目团队可以通过网络搜索、与学员交流、咨询了解相关省份情况的人员等多种方式了解掌握不同省份参训教师不同的生活需求。比如,有两个省的参训教师到东部沿海城市参加培训存在时差问题,这就需要在培训过程中适当调整每天的课程或活动时间,并帮助参训教师逐渐适应;又比如,沿海地区饮食方面偏好海鲜鱼类,口味偏清淡,中西部地区偏好面食,口味偏辣偏重;再比如,沿海地区雨季偏多,冬天阴冷没有暖气供应;等等。这些问题,都需要项目承担院校和项目团队在培训前广泛调研了解,在培训过程中尽力为参训教师提供良好的学习、生活条件。教育部对"国培计划"项目的质量进行

学员匿名测评,参训教师满意率最低的一般都是食宿条件这一项。2015年承担的五省乡村教师访名校初中化学培训结束后,我们对参训教师进行了匿名测评,参训教师对我院提供的食宿条件非常满意率都超过了90%。

（三）组建专门专业的培训项目专家导师团队

要想真正通过"国培计划"项目的实施帮助参训教师解决教育教学中存在的突出问题,更新教育教学理念,提升教育教学能力,培训承担院校必须组建一支专门专业的培训项目专家导师团队。该导师团队既要有高校培训专家,又要有教研员,还要有一线名师,形成"三人行"导师团队,全程指导参训教师。项目团队在培训过程中,应该用自己的专业指导让参训教师感受到项目团队成员除了是自己生活上的朋友,更重要的还是自己专业成长过程中的导师。在培训过程中,可以采用"双导师制",由高校培训专家担任参训教师的理论导师,由教研员或一线名师担任参训教师的实践导师;还可以根据需要结合采用"主辅导师制",由高校培训专家担任理论导师,教研员或一线教师担任实践导师,在他们共同作为主导师的基础上,聘请国内知名高校的知名学者担任辅导师,共同指导参训教师。

（四）构建灵活多样的访名校跟岗实践模式

访名校跟岗实践环节是乡村教师访名校项目的重要环节,对整个培训项目的质量起着至关重要的作用。项目团队要设计好访名校跟岗实践环节的实践方案,采取灵活多样的形式,比如示范课观摩、同课异构、同课二次异构、研讨课现场诊断、课例研究、名校课程介绍、名校文化考察、心得反思等形式进行。我们比较不赞同直接将学员分成若干小组,将这些小组成员分散到若干不同的学校,由所在学校的优秀教师直接接管,参训教师直接跟着所在学校的优秀教师进行学习的方式。由于初中化学学科每周的课程并不太多,加上一线名师自身工作繁忙,无法全程兼顾参训教师,也无法完全按照项目团队的实践方案落实,效果会大打折扣,无法真正达到访名校的目的。

（五）利用信息技术手段加强训后跟踪指导

为了进一步提升培训的质量和效果,帮助参训教师从体验、反思走向实践,并真正改进其教学行为,提高其教育教学能力,解决其教学中的问题,项目团队要在训后加强跟踪指导。训后跟踪指导活动的开展形式是多样的,如实地跟踪指导、网络平台研修指导、QQ群和微信群在线指导等。可以选择比较有代表性的几个学校进行实地跟踪指导,其他大部分参训教师利用信息技术手段进行远程的训后跟踪指导。

第四节　"问题·实践·成果"三重导向的乡村教师培训

为加强新时代乡村教师队伍建设,2020年7月教育部等六部门印发了《关于加强新时代乡村教师队伍建设的意见》。《意见》强调要创新乡村教师培训模式,"注重开展'走出去'培训,让更多乡村教师获得前往教育发达地区研修、跟岗学习的机会"。① 近年来,教育部"国培计划"中西部项目乡村教师培训主要采取访名校、跟岗实践研修等实践性很强的培训模式。福建教育学院化学项目团队从 2015 年开始通过参与公开招投标的方式承担了近 10 个中西部省份"国培计划"的乡村初中化学教师访名校和跟岗实践研修项目,培训模式和培训质量得到了委托省份教育行政部门、乡村学校和参训乡村教师们的高度认可和好评。反思项目取得成功的关键,我们认为主要在于项目团队在项目设计和实施中采用"问题·实践·成果"三重导向的乡村教师培训理念和培训模式,调研出乡村教师存在的真问题,引领乡村教师开展真实践,促进乡村教师形成真成果,为参训乡村教师的专业发展提供支撑和服务。

一、新时代乡村教师培训的现实困境

过去十余年,各级政府和教育行政部门对乡村教师培训的重视程度不断提升。教育部"国培计划"充分发挥"雪中送炭、示范引领"的作用,特别关注乡村教师队伍建设。从 2015 年开始,"国培计划"中西部项目重点面向乡村教师,设置了五类乡村教师培训和学习项目②。通过持续努力,"国培计划"中西部项目乡村教师培训项目实现了中西部省份所有贫困县、边远地区、民族地区乡村学校全覆盖,极大提升了中西部乡村教师的能力素质。在"国培计划"的示范和引领下,许多省份如福建也在过去十余年里大力开展农村教师和乡村教师培训,省、市、县三级乡村教师培训的质量和效果也得到了全面提升。站在新时代乡村教师培训的视角来观察和反思过去十余年我国乡村教师培训的实践,发现乡村教师培训还存在一些现实困境:一是还没有完全做到以参训乡村教师为主体;二是还没有完全做到从乡村教师培训转向乡村教师学习和研究;三是还没有完全从理论导向转向实践导向;四是还没有完全做到从短期培训转向持续提供专业支持和服务;五是还没有完全实现培训者与乡村教师形成学习共同体、研究共同体和发展共同体;等等。这些现实困境的有效解决,将有助于新时代乡村教师培训实现质量和效果的飞跃式发展。为解决这些困境,我们项目团队提出了"问题·实践·成果"三重导向的乡村教师培训理念和培训模式,并取得了良好的成效。

二、"问题·实践·成果"三重导向的乡村教师培训理念和培训模式

(一)问题导向、实践导向和成果导向的内涵

所谓问题导向,是指乡村教师培训要回应我国基础教育改革发展的重大价值

---

① 教育部等六部门.关于加强新时代乡村教师队伍建设的意见[EB/OL].(2020-08-28)[2022-11-30].http://www.moe.gov.cn/srcsite/A10/s3735/202009/t20200903_484941.html.
② 张贤金,吴新建,叶燕珠."国培计划"乡村教师访名校培训项目的实施与反思[J].教学与管理,2016(31):11-13.

问题和现实问题,要重视解决乡村教师教育教学和专业发展中面临的共性问题和个性问题[①]。作为培训者,要全面把握国家、省、市、县各层面乡村教师教育教学中亟待解决的各类疑难问题,并深入了解参训乡村教师自身教育教学中迫切需要培训者通过培训帮助解决的个性化问题。培训者在设计培训项目方案和培训课程时,要根据对问题的全面调研,确立培训的主题,并将收集的问题转化为参训乡村教师学习和研究的系列课题。

所谓实践导向,是针对长期存在的理论导向而言的。在过去很长一段时间的乡村教师培训中,乡村教师经常反映的一个问题是在乡村教师培训过程中,来自高等院校和教育科研院所的专家们的理论讲座"培训的时候听了很激动,想想很感动,工作的时候一动不动"。很大部分乡村教师由于理论学习不够,缺乏将理论直接应用于实践的能力,无法发挥理论对实践的指导价值。因此,在乡村教师培训中,项目团队在项目设计和实施中,需要强化实践导向。实践导向并不是放弃理论学习,而是要求授课教师要深入研究乡村教师所从事的真实的教育教学工作,重视乡村教师个人的教育教学经验,以乡村教师遇到的现实问题作为切入点,帮助乡村教师将理论学习和实践反思相结合,架构起理论和实践的桥梁,帮助乡村教师用理论指导实践,在实践中感悟和应用理论。

所谓成果导向,是指乡村教师培训要让参训乡村教师通过培训形成"看得到、摸得着"的成果和进步,持续强化乡村教师参与培训的主动性、积极性。成果的类型可以是多种多样的,成果的内在本质主要体现在乡村教师教育教学综合能力的提升上,比如留守儿童心理健康辅导能力的提升、乡村学校校园安全与法制知识的丰富、乡土知识的学习和丰富、复式教学能力的提升、信息技术 2.0 应用能力的提升、"备、教、学、评、研"一体化能力的提升、乡村教师课题研究和论文写作能力的提升等。

(二)"问题·实践·成果"三重导向的乡村教师培训模式

我们总结提炼出项目团队在乡村教师培训实践中所采用的"问题·实践·成果"三重导向的乡村教师培训模式的操作流程,见图 5-4。在乡村教师培训中,项目团队以问题导向、实践导向、成果导向作为整个培训项目设计与实施的中轴和主线。在问题导向下,培训项目团队以"问题即课题,培训即学习,学习即研究"的理念进行全面、深入的问题调研,从国家、区域和参训乡村教师个体三个维度[②],全面准确地把握乡村教师的培训需求;在此基础上,精准确定能够反映问题调研结果的乡村教师培训主题;按照系列化、单元化、个性化的思路,将培训主题分解成一系列的培训课题。在实践导向下,培训项目团队按照参训乡村教师作为成人的学习特

① 李瑾瑜."国培"十年:教师培训专业化探索的中国实践与未来发展[J].教师发展研究,2020(3):15-26.
② 张贤金,吴新建.教师培训需求调研应"多维立体"[N].中国教育报,2013-10-16(9).

点,将培训课题转化成一系列互相关联的实践课程。在实践课程实施和推进的过程中,坚持成果导向,帮助参训乡村教师回归学习和研究的主体地位,培训者与参训乡村教师形成学习共同体、研究共同体和发展共同体,努力形成一系列参训乡村教师"看得见、摸得着"的培训成果,增进参训乡村教师参加学习和研究的获得感和成就感。

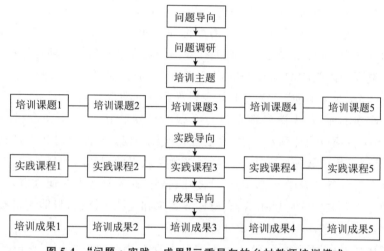

图 5-4 "问题·实践·成果"三重导向的乡村教师培训模式

问题、实践、成果三者是三位一体的。"问题·实践·成果"三重导向的乡村教师培训模式要求问题应该是真实的问题、亟待解决的问题、有可能解决的问题;实践应该是真实的实践、理论指导下的实践、指向问题解决的实践;成果应该是真实的成果、有助于学生发展的成果、有助于教师成长的成果。

三、"问题·实践·成果"三重导向的乡村教师培训实践案例

我们项目团队承担了"国培计划(2018)"——某中西部省份跨年度递进式整县推进试点项目初中化学班赴福州开展为期 20 天的集中跟岗实践研修的项目任务。在该项目设计和实施中,项目团队采用的就是"问题·实践·成果"三重导向的乡村教师培训理念和培训模式。

(一)参训教师基本情况

参加本次跟岗实践研修的教师共有 20 人,均为初中化学教师,其中来自县城的教师有 8 人,来自镇区和乡村的教师有 12 人。为提升培训的针对性和实效性,项目团队采取分层培训的方式,将县城的 8 位教师归为一组,将来自镇区和乡村的 12 位教师归为另一组。项目团队将来自镇区和乡村的 12 位教师作为乡村教师开展"问题·实践·成果"三重导向的乡村教师培训。12 位乡村教师中,有 1 人职称为副高级教师,其余 11 人职称均为中级教师。大学毕业专业有 10 人为化学教育、

化学或煤化工,1 人为小学教育,1 人为计算机科学与技术。最高学历有 10 人为本科,2 人为专科。

（二）问题导向下的培训需求调研和培训主题确定

在培训开始前的两个月,项目团队就开始进行问题导向下的培训需求调研。按照分层培训的思路,项目团队建立了乡村教师跟岗实践研修班的 QQ 群和微信群,并通过问卷星编制了跟岗实践研修的培训需求调查问卷,全面了解 12 位乡村教师的培训需求。进一步地,项目团队在 QQ 群和微信群中进行群体访谈和个别访谈,全面了解 12 位乡村教师对于到福州进行为期 20 天的跟岗实践研修的想法,如:希望到什么样的学校跟岗实践研修？希望什么样的名师担任实践教师？希望跟岗实践研修期间跟岗实践学校提供什么样的帮助和条件保障？希望通过 20 天的跟岗实践研修解决什么样的问题和提升什么样的能力？等等。通过认真细致的调研和结果分析,项目团队发现 12 位乡村教师对于到福州进行为期 20 天的跟岗实践研修充满期待,这 12 位乡村教师中大部分不是第一次到省外参加"国培计划"集中培训,不过大部分都是第一次参加跟岗实践研修活动。12 位乡村教师都希望可以在专业能力强又有指导青年教师能力和意愿的名师所在学校进行跟岗实践研修。12 位乡村教师重点想解决的问题(课题)主要有初中化学实验教学问题、信息技术在初中化学课堂教学中的应用问题、基于学科素养培养的初中化学课堂教学技能提升问题、初中化学复习课效率提升问题,等等。基于上述的问题调研和调研结果分析,项目团队将本次乡村教师跟岗实践研修的主题确定为基于学科素养培养的乡村初中化学教师教学能力提升。

（三）跟岗实践研修学校和实践导师的选择

作为以跟岗实践研修为主要形式的集中培训,跟岗实践研修学校和实践导师的选择对于整个培训质量和效果将起决定性的作用。根据对参训乡村教师的调研和对调研结果的分析,结合长期的乡村初中化学教师培训经验以及对培训基地校和实践导师资源情况的分析,项目团队决定选择福州市的两所学校作为跟岗实践研修学校,其中一所学校为福州市中心城区的优质初中校,选聘该校化学教研组长担任实践导师,另一所学校为福州市城乡接合部的薄弱初中校(该校化学学科教师团队实力较强,是福建省普教室初中化学基地校),选聘该校校长担任实践导师。两位实践导师都长期在初中化学教学一线工作,职称均为高级教师,师德师风良好,专业知识广博,专业能力扎实,拥有指导青年教师的经验、意愿和热情。两位实践导师都对化学实验改进与创新、手持技术在化学实验教学中的应用有深入和独到的研究,并能够将研究的成果应用于课堂教学。

（四）实践导向下的实践课程设计

根据前述的需求调研,针对 12 位乡村教师重点想解决的问题(课题),项目团队进行了实践课程的设计,见表 5-5。

表 5-5　实践导向下的实践课程设计

拟解决的问题(课题)	实践课程名称	课程形式
初中化学实验教学问题	初中化学实验改进与创新	经验分享、实验展示、学员互动
	初中化学实验创新实践	实践演练、实验成果展示
	初中化学实验资源的开发与利用	经验分享、操作实践
	初中化学趣味实验研究	经验分享、实验展示、学员互动
	如何进行有效实验教学	案例研讨、学员交流
	初中化学实验教学的反思撰写	撰写反思
信息技术在初中化学课堂教学中的应用问题	智慧课堂《化学方程式的书写》教学观摩与评课	课堂观摩、深度评课
	《化学方程式的书写》深度评课稿撰写	评课稿撰写
	智慧课堂《化学方程式的计算》教学观摩与评课	课堂观摩、深度评课
	利用智学网组卷、阅卷、分析	实践操作
	《质量守恒定律》同课异构与研讨	同课异构、深度研讨
	手持技术在化学教学中的应用	案例研讨、实践操作
	信息技术在初中化学课堂教学中的应用的反思撰写	撰写反思
基于学科素养培养的初中化学课堂教学技能提升问题	化学沙龙:一师一优课优质课赏析	化学沙龙
	基于学科素养提升的初三化学教学设计	案例研讨、学员交流
	《氧气的性质》教学观摩与研讨	课堂观摩、深度评课
	《氧气的性质》深度评课稿撰写	评课稿撰写
	《燃烧条件与灭火原理》深度备课研讨	深度备课研讨
	《燃烧条件与灭火原理》同课异构与研讨	同课异构、深度研讨
	《我们的水资源》同课异构与研讨	同课异构、深度研讨
	《物质组成的表示式》深度备课研讨	深度备课研讨
	《物质组成的表示式》教学观摩与研讨	课堂观摩、深度评课
	基于学科素养培养的初中化学课堂教学技能提升的反思撰写	撰写反思
初中化学复习课效率提升问题	第三章《维持生命之气——氧气》单元复习与考试交流	案例研讨、学员交流
	化学沙龙:化学学科素养导向的课堂教学	化学沙龙
	新课改下中考命题的趋势及复习对策	案例研讨、学员交流
	初中化学复习课效率提升的反思撰写	撰写反思

　　从表 5-5 可见,围绕 12 位乡村教师迫切希望可以得到解决的 4 大问题,在两位实践导师、项目团队和多位一线骨干教师指导和参与下,项目团队以参训乡村教师的日常课堂教学实践为切入点,关注乡村初中化学教育教学的现实问题,帮助参

训乡村教师将理论学习与实践反思相结合,尝试将专家引领、名师示范、同伴互助、教学反思等相结合,帮助参训乡村教师在跟岗实践研修中进行阅读、学习、备课、观课、评课、研究、模仿、研讨、交流、操作、实践、反思、写作等实践活动,促进参训乡村教师从单一听讲转向全方位多感观学习实践活动,并通过 6 位参训乡村教师亲自参与同课异构活动,让参训乡村教师的教学行为改变在跟岗实践研修中得以发生和实现。虽然整个跟岗实践研修活动长达 20 天,但是 12 位参训乡村教师的跟岗实践研修活动都是问题化、单元化、系列化、个性化的,每一天的实践活动都是富有教育价值的。

(五)成果导向下的培训成果生成

在本次跟岗实践研修过程中,项目团队尝试通过以下几种方式来促进培训成果的生成:一是,每一天都由 12 位参训乡村教师一起协作完成一份有问题、有实践、有反思、有总结、有启示的学员简报。一开始学员们完成起来很困难,但是通过坚持和协作,学员们慢慢地掌握了撰写简报的方式方法,制作出了一系列可读性很强、具有参考价值的学员简报。二是,在培训过程中,布置参训乡村教师撰写深度评课稿。项目团队指导参训乡村教师从教与学两个维度,围绕"为什么教、教什么、怎么教、教得怎么样、怎么教得更好""为什么学、学什么、怎么学、学得怎么样、怎么学得更好"等维度,对一系列精彩的观摩课进行深入思考,撰写深度评课稿,项目团队及时将评课稿汇编整理,并由实践导师和项目团队撰写评课稿点评意见,供全体参训乡村教师交流研讨。三是,在培训过程中,组织 6 位参训乡村教师与跟岗实践研修学校的教师一起同台竞技,进行同课异构,帮助参训乡村教师实现教学行为的改变。四是,在培训过程中,组织全体参训乡村教师进行初中化学实验改进与创新、初中化学趣味实验、初中化学实验资源的开发与利用等实验活动,开发出了一系列的实验改进与创新作品、化学趣味实验作品,并形成了一系列的初中化学实验资源。五是,在研修开始时,要求每一位参训乡村教师在跟岗实践研修过程中,围绕本次培训拟解决的问题(课题),自选主题和方向,撰写一篇 3000 字以上的有理有据的化学学科教学论文,等研修结束时提交给项目团队,并汇编成册供参训乡村教师内部交流。

四、"问题·实践·成果"三重导向的乡村教师培训实践反思

近年来,项目团队将"问题·实践·成果"三重导向的乡村教师培训理念和培训模式应用于多个"国培""省培""地方委培"乡村初中化学教师培训项目中,均产生了良好的成效。反思我们的实践,有以下几点思考:一是,整个培训过程应该以乡村教师的教育教学现实问题为载体,培训者应与乡村教师形成学习共同体、研究共同体和发展共同体,调研出乡村教师存在的真问题,引领乡村教师开展真实践,促进乡村教师形成真成果,为参训乡村教师的专业发展提供支撑和服务;二是,乡村教师培训过程中,培训者应该改变自身观念,不宜将参训乡村教师当作被培训者

和接受者,而应将参训乡村教师作为培训主体,将培训过程看作参训乡村教师的学习过程和研究过程,项目团队需要为参训乡村教师的学习过程设置一系列的实践课程和实践活动,并在实践课程和实践活动中提供指导和帮助;三是,实践导向的乡村教师培训并不排斥理论,相反培训者和参训乡村教师需要充分吸收教育学、心理学、课程论、教学法等相关最新理论研究成果,并用理论来指导实践,为实践找到明确的方向,并为实践的反思提供理论支撑,提升实践的质量;四是,乡村教师培训应该将问题、实践和成果有机统一起来,以问题作为培训的出发点,以实践作为问题解决的路径,促进参训乡村教师在实践活动中进行学习和研究,以成果的生成作为培训的落脚点,从而实现乡村教师培训和乡村教师的可持续发展。

第五节 "三专"理论助力乡村教师培训

促进乡村教师专业成长是开展乡村教师培训的初心使命和逻辑起点。十余年来,国家、省、市、县、校五级都越来越重视通过开展形式多样的乡村教师培训推动乡村教师提升自身专业素养和专业化水平,促进乡村教师队伍建设,提升乡村教育教学质量,从而实现教育精准扶贫。各级教育行政主管部门都高度重视乡村教师培训,乡村教师培训的质量也逐年稳步提升。然而,在广泛调研中可以发现不少乡村教师培训项目还是遇到了"针对性不强、实效性不强、可持续性不强、满意度不高"的"瓶颈"。福建教育学院作为专门专业从事国家级、省级中小学教师培训的机构,十余年来一直在大力开展乡村教师培训,我们在所承担的初中化学乡村教师培训项目中引入朱永新教授团队在开展"新教育实验"中提出的"三专"(专业阅读、专业写作和专业交往)教师专业成长理论,用于指导乡村教师培训实践,有效破解了制约乡村教师培训质量提升的现实问题,取得了良好的成效。

一、"三专"教师专业成长理论简述

2000 年,由朱永新教授为主要发起人的"新教育实验"正式启动,这是一项大型的民间教育改革行动,该行动以推动教师专业成长作为逻辑起点,以生命叙事理论和"三专"(专业阅读、专业写作、专业交往)理论作为教师专业成长的理论指导,在近 20 年的实验中取得了广泛的、良好的成效[①]。朱永新教授在 2010 年发表于《大连教育学院学报》的《论新教育实验的教师专业发展》一文中提出的"三专"模式包括专业阅读、专业写作和专业发展共同体。朱永新教授对"三专"模式有相当生动的解读:专业阅读——站在大师的肩膀上前行;专业写作——站在自己的肩膀上攀升;专业发展共同体——站在集体的肩膀上飞翔[②]。通过对朱永新教授团队发

---

① 朱永新,杨帆."新教育实验"的教师成长理论与实践[J].中国教师,2020(3):5-9.
② 朱永新.论新教育实验的教师专业发展[J].大连教育学院学报,2010(2):1-6.

表的相关论文的分析,我们认为专业发展共同体的实质就是专业交往。随着"新教育实验"的深入推进和总结提炼,朱永新教授团队将"三专"模式发展成了"三专"理论,包括专业阅读理论、专业写作理论、专业交往理论。

二、基于"三专"理论开展乡村教师培训的实践探索

近年来,福建教育学院化学教研室承担了福建省乡村教师素质提升工程(初中化学班)和"国培计划"中西部乡村教师访名校初中化学班的培训任务。在这些国家级和省级乡村教师培训实践中,我们将"三专"理论用于指导项目团队进行培训需求调研、培训目标分析、培训主题确定、培训内容构建、培训课程设置、培训方式创新、培训效果评估、训后跟踪指导等。"三专"理论的应用,使乡村教师培训项目找到了理论依据,找到了目标方向。"三专"理论的应用,使乡村教师培训项目焕发出了新的生机和活力。

(一)专业阅读意识的树立和习惯的养成

向专家和名师学习,是乡村教师专业成长的重要方式和手段。然而,鉴于乡村教师所在学校的实际,其身边专家和名师少,只能在参加培训和教研活动过程中,或者通过网络平台自行检索专家名师的视频进行学习。"书籍是人类进步的阶梯。"书籍不受时间和空间的限制,只要乡村教师们愿意去阅读,其将成为乡村教师们专业成长的重要支撑。阅读专业的书籍就犹如乡村教师们和专家名师进行隔空对话,用朱永新教授的话来讲就是"站在大师的肩膀上前行"。在长期的乡村教师培训过程中,和乡村教师进行交流,我们发现有专业阅读意识和习惯的教师并不多,大部分乡村教师看得最多的书是教科书、教师用书和教辅练习,而能够主动阅读教育学、心理学、课程论、教学论等教育教学方面的书籍,本学科的教育教学专业期刊和本学科的前沿专业杂志等的教师少之又少。

为了帮助乡村教师树立专业阅读的意识和养成专业阅读的习惯,我们在乡村教师培训过程中,主要采用以下方式进行实践:(1)在学员培训报道的时候,免费赠送相关的书籍和期刊,并推送学院数字图书馆资源。除了提供培训手册、笔记本和笔以外,在福建教育学院专门定制的精美培训资料袋中,我们经常会放入精挑细选的本学科专家名师出版的专著、我们项目团队出版的著作和福建教育学院主办的《福建基础教育研究》期刊,并联合学院图书馆在报到处放置学院数字图书馆资源特别是电子数据库的资源推介宣传材料和二维码,让乡村教师在报道的时候就感受到培训主办单位对专业阅读的推崇。(2)学院建设"书香校园",在学员宿舍楼内设立图书角,在学员教学楼设立学员期刊阅览室。学院大力打造"书香校园"文化,在每一栋学员宿舍楼内都设立了图书角,提供了一系列的教育教学相关书籍供学员们根据个人需要取阅,学院还在学员教学楼内设立学员期刊阅览室,提供尽可能丰富的、权威的纸质期刊和报纸,供学员在培训之余自由阅读参考。(3)开设专门的"阅读交流研讨"课程。为了促进参训乡村教师尽可能深入地去阅读相关的专业

材料,项目团队经常在培训前通过培训班 QQ 群或微信群上传相关的专业资料,要求参训乡村教师们围绕培训主题进行深入阅读,并根据所提出的问题,准备相应的发言稿。在培训过程中,要求参训乡村教师提交发言稿,安排特定时间,让参训乡村教师们进行分小组研讨,并从每个小组中遴选出 1~2 位参训教师进行全班交流发言,充分调动参训乡村教师阅读的兴趣和积极性。(4)开设"文献检索助力教师专业成长"课程。除了阅读纸质书籍以外,随着网络数据库的发展,学习数字化的文献资源及其检索方法也成为乡村教师培训的必修课程。福建教育学院为全体参训乡村教师免费提供通过福建教育学院数字图书馆下载网络数据库文献的账号,这极大地调动了参训乡村教师学习免费下载文献方法的主动性。(5)将"文献阅读"应用于培训过程中的集体备课和深度评课中。乡村教师培训过程中,我们高度重视基于教学现场的培训,经常组织参训乡村教师进行集体备课和深度评课。在进行集体备课前,我们要求每一位参训乡村教师根据集体备课的教学内容主题,通过网络数据库检索相关的文献,并进行阅读,在此基础上进一步开展集体备课。在深度评课过程中,也要求参训乡村教师将所观摩的公开课与文献资料对该主题内容的研究相结合,进行深度评析,用文献阅读来指导教学反思,提升评课的深度和反思的高度。(6)在培训过程中,通过 QQ 群和微信群不断推送培训资源。在乡村教师培训过程中,我们不断地将与本次培训相关的文献资料通过 QQ 群和微信群,推送给参训乡村教师们阅读,通过文献资料的推送,让参训乡村教师们在培训过程中可以进行自我学习。(7)在培训结束后,不间断地推送相关的书籍信息和优质文献。当前的乡村教师培训,大部分属于短期集中培训项目,培训结束后,乡村教师的专业阅读意识和习惯还没有办法得到很好的养成,为了进一步促进其形成和巩固,我们在培训班 QQ 群和微信群不间断地推送最新的相关书籍信息,并将本学科期刊上发表的一系列优质文献不定期地向参训乡村教师们推送。在推送的时候,项目团队会尽可能撰写推荐意见作为导读,以帮助乡村教师们更好地阅读和理解。

(二)专业写作方法的指导和成果的生成

专业写作的目的在于将专业阅读获得的专业理念与师德、专业知识、专业能力应用于专业实践中,并进行教育教学反思,以促进自身专业素养的提升。专业写作有利于乡村教师对自己的教育教学实践进行系统化的反思,并形成清晰化的认识和理解,帮助乡村教师解决教育教学过程中遇到的现实问题,随着乡村教师专业成长到达一定的阶段,还可以促进乡村教师对自身的教学风格进行总结和优化,推动乡村教师对自身的教学主张进行凝练,最终形成具有自身风格和特色的个人教学理论。[1]

"一个教师写一辈子教案不一定能成为名师,写三年教学反思则可能成为名

---

[1] 郭春芳,张贤金,陈秀鸿,等.中小学名优教师教学主张:内涵、价值与形成[J].中小学教师培训,2017(10):9-12.

师。"这是叶澜教授对教师专业写作价值的高度评价。然而,现实的情况下,比起专业阅读,专业写作对于乡村教师来说,是一件更为困难的事。写比读还要难。为帮助乡村教师能够顺利开展专业写作,我们主要从专业写作方法的指导、写作成果的生成和发表的角度进行实践探索,主要的做法有以下几个方面:(1)要求小组合作制作学员学习简报。基于乡村教师专业写作的现实困境,在培训一开始,我们并不要求参训乡村教师马上就开始撰写专业的论文,而是将学员们分成若干个学习小组,并选出组长,由组长组织组员们每天轮流负责该天的学习简报。通过同伴互助合作撰写学习简报,让参训乡村教师们凝聚力量,觉得专业写作也不是那么难的事,并尝到专业写作带来的成就感。(2)要求学员撰写学习心得体会文章。在培训过程中,要求每一位参训乡村教师都要自选主题、自选角度,撰写两篇不少于 500字的学习心得体会文章,并提交到网络研修平台上,由班主任审核后,推荐到班级网络空间,全体参训乡村教师均可以阅读、学习和交流,激发参训乡村教师写好学习心得体会的积极性。(3)要求学员在微信朋友圈撰写培训感悟。在培训过程中,要求参训乡村教师们每天尽可能有感而发,在微信朋友圈与没有机会来参加培训的同行们分享自己的培训感悟,并配上合适的培训场景图片,提升参训乡村教师的感悟提炼能力和文字表达能力。(4)要求学员撰写听课评课稿件。如前所述,在乡村教师培训过程中,我们将培训现场设置于真实的中小学课堂教学中进行教学现场的诊断和观摩,活动结束后,我们会要求参训乡村教师撰写基于现实的有理有据的听课评课稿件,并将稿件作为开展深度评课和深度反思的重要交流材料。(5)开设"论文写作规范和方法"系列专题讲座。中小学教师教学论文写作有相应的规范和方法,在培训过程中,我们邀请了全国中文核心期刊的主编、高校教授和一线名师和参训乡村教师们分享了论文写作的一般思路和方法,帮助参训乡村教师们加深对论文写作的认识和理解,促进其写作从经验走向专业。(6)要求学员把课例研究成果撰写成论文。在"论文写作规范和方法"系列专题讲座的基础上,指导学员把课例研究成果撰写成论文,撰写的课例可以是培训期间观摩的课例,也可以是自己以前所执教的课例。(7)带着学员经历论文撰写、修改、投稿、修改、发表的整个过程。近几年,我们一直在开展"课题研究"导师制培训模式改革[①],为每一位学员配备相应的导师,像指导研究生一样,带着学员经历论文撰写、修改、投稿、修改、发表的整个过程,帮助其在"实战演练"中提升专业写作的能力,并在成果发表以后获得专业写作带来的收获感和幸福感。(8)培训结束后,要求学员围绕培训主题撰写一篇有深度的论文。每一次的乡村教师培训都有特定的培训主题,我们要求参训乡村教师都能围绕培训主题撰写一篇有深度的论文,而不仅仅是一篇培训心得体会,进一步要求其写作从经验走向专业。

---

① 张贤金,吴新建,叶燕珠,等.基于"课题研究"模式的化学教师培训改革[J].中小学教师培训,2015(10):15-18.

（三）专业交往平台的搭建和作用的发挥

乡村教师通过专业阅读和专业写作，可以在很大程度上提升自己的专业素养，而要进一步提升其专业素养，就需要通过专业交往来实现。专业交往对于乡村教师来说是一件比较困难的事，很多乡村学校教师并不多，本学科教师人数少，存在客观条件的困难，真正意义上的专业交往很难实现。为解决这个问题，我们就需要进一步为乡村教师专业发展搭建专业交往的平台，并推动专业交往平台作用的充分发挥。

在乡村教师培训过程中，我们主要通过以下方式来为乡村教师专业交往贡献力量：(1)成立福建教育学院化学教育研究所畅通乡村教师专业交往渠道。2015年初，为给广大中小学教师的专业研究和专业交往搭建平台，经福建教育学院批准，福建教育学院化学教育研究所正式挂牌成立。福建教育学院化学教育研究所成立以后，研究的一个重点就是乡村教师培训和乡村教师专业发展问题，乡村教师们也通过这个平台获得了一个专业交往的渠道。(2)通过 QQ 群和微信群保持乡村教师培训班群的专业交往。我们在承办每一个国家级或省级的乡村教师培训班前，都会建立该培训班的 QQ 群和微信群，这些 QQ 群和微信群并不会因为培训项目的结束而解散，而是一直保持常态化的管理和运行，参训乡村教师们就像一家人一样，随时可以通过 QQ 群和微信群，和自己的同学、老师交流教学实践中遇到的问题，共同探讨教育教学的改进路径。(3)通过组织训后跟踪指导活动促进专业交往。培训结束后，乡村教师线下的专业交往也是我们考虑的重要问题，我们通常采用训后跟踪指导的方式解决这个问题。比如，我们在开展 2019 年福建省乡村教师素质提升工程(初中化学班)第二阶段学员在岗研修期间的跟踪指导活动时，我们提前在前几年举办的乡村教师培训班 QQ 群和微信群中发布项目团队即将到某地开展跟踪指导活动的通知，邀请前几年参训的乡村教师也积极参加到本年度乡村教师培训班的跟踪指导活动中，为乡村教师们提供更多专业交往的机会。同时，我们也邀请前几年参训的乡村教师中的优秀代表为后续的乡村教师培训项目开设专题讲座或公开课，为乡村教师们提供展示自我的平台和机会。(4)以"课题研究"为抓手促进乡村教师专业交往。如前所述，近几年，我们一直在开展"课题研究"导师制培训模式改革，培训结束后，我们依旧以"课题研究"为抓手，组织对"课题研究"感兴趣的乡村教师，选择相关的课题，一起共读文献，一起交流研讨，一起分享经验，一起撰写论文，形成教学研究共同体，实现专业交往的持久化。

三、基于"三专"理论开展乡村教师培训的建议

基于"三专"理论开展乡村教师培训对于提升乡村教师培训质量，助力乡村教师专业成长，促进乡村教师队伍建设具有重要的意义。为进一步提升乡村教师培训质量，我们认为乡村教师培训团队可以从以下三个方面进行实践。

（一）乡村教师培训团队要在行动上作表率自身先践行"三专"理论

专业阅读、专业写作、专业交往是乡村教师专业成长的重要路径，也同样适用

于乡村教师培训团队。乡村教师培训团队要践行好"三专"理论,就要从自身出发,行动上作表率,加强自身的专业阅读、专业写作和专业交往。只有当参训乡村教师们看到身边的乡村教师培训团队成员们由于专业阅读、专业写作和专业交往在专业发展上获得成功的时候,他们才会相信"三专"理论可以促进其专业成长。乡村教师们的专业成长需要榜样的示范和引领作用,亲其师才能信其道。乡村教师培训团队要陪同并指导参训乡村教师们进行专业阅读和写作,帮助乡村教师们加深对专业阅读和写作的认识和理解,帮助乡村教师们明确阅读什么、怎么阅读、阅读后怎么思考、阅读后怎么应用,帮助参训教师们明确写什么、怎么写、怎么写得更好。同时,乡村教师培训团队要和参训乡村教师们真心做朋友,将乡村教师的专业成长作为自身工作的初心使命,努力为乡村教师们搭建专业交往的平台,并不断创新和丰富专业交往的平台。

（二）乡村教师培训团队要在训前训中训后全环节实践"三专"理论

"三专"理论的专业阅读理论、专业写作理论和专业交往理论是密不可分的,乡村教师培训团队要把三者整体地来看待,我们不只是要促进乡村教师们进行专业阅读,也不只是进行专业写作,也不只是进行专业交往,而是要在培训过程中,整体地来设计和考虑,将三者有机地融入培训项目中,并且要在训前训中训后全环节实践"三专"理论。在培训前,我们就建立了培训班 QQ 群和微信群,在群里营造学习氛围,实现师生、生生之间的专业交往,并提供相关主题的文献让参训乡村教师们进行专业阅读,提出相应的问题让参训乡村教师们进行专业思考,并把思考的结果转化成专业的文字表达,也就是专业写作。在培训过程中,我们全程践行专业阅读、专业写作和专业交往的理论,让参训乡村教师成为教师学习的主体,让他们更多地参与到整个培训过程中,他们的培训动机也得到了有效的激发和挖掘,培训热情也被"点燃"了。培训结束后,"三专"理论要进一步发挥作用,就需要乡村教师培训团队的持续实践,可以"课题研究"为抓手,进一步促进其进行专业阅读、专业写作和专业交往,并尽可能形成研究成果发表在核心期刊或主流期刊上,以提升乡村教师的获得感和幸福感。

（三）教师培训团队可以通过线上培训扩大"三专"理论的受益面

2020 年初,突如其来的新冠肺炎疫情,引发了一场全国性的"停课不停学"实践活动。如何通过线上进行乡村教师培训,扩大乡村教师培训的规模,让广大乡村教师可以足不出户就享受到高质量的乡村教师培训成为一个值得我们思考的问题。回顾以往我们开展的各类中小学教师远程研修,主要是以学员观看专家和名师的专题讲座视频为主要形式进行,再辅以适当的作业,来评价参训教师是否完成研修任务。这一场全国性的"停课不停学"实践活动,让培训者们和一线教师们都在思考线上教学的质量问题。我们认为,将"三专"理论应用于乡村教师的在线培训,以专业阅读、专业写作和专业交往指导整个培训过程的设计和实施,有利于将"教、学、评"三者相结合,能够较为客观地呈现乡村教师们的学习状态和学习效果,有利于改变教师线上培训存在的质量不高的问题,也有利于扩大乡村教师培训的参与面,让更多渴望参加培训的乡村教师有了更多参加培训的机会,从而实现自身的专业成长,最终扩大"三专"理论的受益面。

第六节　努力构建乡村教师精准培训体系

习近平总书记指出,在迎来中国共产党成立一百周年的重要时刻,我国脱贫攻坚战取得了全面胜利,脱贫攻坚取得了重大历史性成就[①]。在新的历史时期,我们要弘扬脱贫攻坚精神,全面推进乡村振兴[②]。在全面乡村振兴的新征程中,乡村教育振兴处于重中之重的位置。乡村教育振兴的关键和核心在于乡村教师队伍素质的全面提升。在新的历史时期,如何回应时代需求,建设一支能够支撑和服务全面乡村振兴的乡村教师队伍是亟待破解的难题。各级教育行政部门、教研机构和教师培训院校都要在全面总结十余年来我国乡村教师培训经验与不足的基础上[③],将"乡村教师精准培训"[④]作为突破口,构建确实能够承担起新时代乡村教师队伍建设使命的精准培训体系。

一、乡村教育振兴呼唤乡村教师精准培训体系

2021 年 2 月,中共中央办公厅、国务院办公厅印发了《关于加快推进乡村人才振兴的意见》,在"加快培养乡村公共服务人才"部分强调要加强乡村教师队伍建设,指出要加大乡村骨干教师培养力度,精准培养本土化优秀教师,要改革完善"国培计划",深入推进"互联网＋义务教育",健全乡村教师发展体系。乡村教师的质量决定着乡村教育的质量。全面提升新时代乡村教师培训质量需要构建分层分类分科五级(国家、省、市、县、校)联动的乡村教师精准培训体系。具体来讲,可以在分层分类分科的基础上,从乡村教师教学能力精准测评、需求精准分析、进阶目标精准定位、主题精准选择、课程精准设计、方式精准选用、效果精准评估、训后跟踪精准指导等方面探索构建五级联动的乡村教师精准培训体系[⑤]。

二、分层分类分科是乡村教师精准培训的前提

乡村教师是培训的对象和学习的主体,为实现精准培训,一个重要的前提条件就是对乡村教师进行分层分类分科。所谓分层是指根据乡村教师专业发展规律,通过培训前乡村教师自我诊断和培训承担机构诊断相结合的方式,把握参训教师

① 习近平.《在全国脱贫攻坚总结表彰大会上的讲话》单行本[M].北京:人民出版社,2021.
② 胡璐,黄垚,高敬,等. 弘扬脱贫攻坚精神全面推进乡村振兴[N].新华每日电讯,2021-02-27(01).
③ 张贤金,吴新建. 我国乡村教师十年培训的问题审视与破解路径[J].继续教育研究,2021(2):76-79.
④ 黄清辉,张贤金,吴新建. 新时代乡村教师精准培训的实现路径与保障措施[J].中国教师,2021(1):79-82.
⑤ 张贤金,吴新建,叶燕珠,等. 精准化教师培训的实践探索[J].教学与管理,2020(33):55-58.

的教育教学能力水平层次,并根据水平层次的不同,将参训乡村教师分成若干个学习班级或学习共同体。所谓分类是指乡村教师培训项目的分类,乡村教师培训项目类别应该根据《教育部等六部门关于加强新时代乡村教师队伍建设的意见》的要求,合理设置类型多样、符合新时代乡村教师专业发展需求的乡村教师培训项目,比如新教师入职培训、青年教师助力培训、骨干教师提升培训及教师培训者团队研修和校园长任职培训、提高培训、高级研修及专题培训,等等。所谓分科是指除了通识性的专题培训以外,大部分专业性的能力提升培训应该采取分学科的形式进行,不宜为节约培训经费而将多个学科杂糅在一起进行拼盘培训。同时,同一学科的乡村教师也应该是同一个学段的,不宜将小学、初中、高中等同一学科不同学段的乡村教师安排在一起组成培训班级。乡村教师是培训的主体,分层分类分科有助于乡村教师培训中乡村教师学习共同体、研究共同体和发展共同体的构建。只有根据乡村教师培训项目的实际情况,做好分层分类分科的培训前期准备工作,乡村教师培训才有可能实现靶向施策、精准发力。

三、分层分类分科五级联动构建乡村教师精准培训体系的福建行动

2010 年,教育部、财政部全面实施了中小学教师国家级培训计划示范性项目,并明确提出"国培计划"旨在充分发挥示范引领、雪中送炭和促进改革的作用,推动全国范围大规模的中小学教师培训,提高中小学特别是农村中小学教师队伍的整体素质。2015 年,"国培计划"开始全面向乡村教师倾斜,在"国培计划"中西部项目中为乡村教师单独设置了五类培训项目,至今覆盖了中西部省份的所有乡村学校。据报道,2015—2019 年,中央财政投入 100 亿元,实施国培计划中西部项目和幼师国培计划,培训乡村教师校园长 950 万余人次,2020 年培训乡村教师校园长超过 100 万人次。十余年来,"国培计划"在我国乡村教师培训方面起到了很好的示范、引领和辐射作用。在"国培计划"的带动下,我国大部分省份都实施了"省培计划",并重点向乡村教师倾斜。比如,福建省 2009 年启动了省级农村中小学教师教育教学能力提升工程,2016 年又启动了省级乡村教师素质提升工程,十余年的持续努力,为福建省培养了一大批热爱乡村、素质优良、充满活力的乡村"种子"教师。近年来,福建教育学院利用省、市、县三级教师进修院校联盟机制,和市、县两级教师进修院校联合开展乡村教师合作培训,针对市、县乡村教师发展的实际需求,为其提供"地区定制"式的乡村教师培训[①]。除了实施省级的乡村教师培训工程以外,福建省持续对 23 个省级扶贫开发工作重点县和平潭综合实验区开展省级名师"送培下乡"活动。"送培下乡"活动项目团队,对送培活动所在县乡村教师专业发展和教育教学过程中亟待解决的问题进行精准调研和分析,确定拟帮助送培

---

① 黄澄辉. 福建长汀:院地培训共建[N]. 中国教师报,2020-08-19(14).

活动所在县乡村教师解决的问题,精准确定培训主题、精心遴选名师、精准确定培训课程、精准选择培训方式,确保"送培下乡"活动取得预期成效。开展省级乡村教师培训工程、省市县合作乡村教师培训项目和省级"送培下乡"活动,除了可以促进参训乡村教师专业发展以外,还能在市、县、校三级层面对相关的教研和培训部门如何开展乡村教师培训,起到示范、引领和辐射的作用。在省级乡村教师培训的带动下,市、县、校三级也积极响应乡村教师培训工作。不少市、县都启动了针对本市、县的乡村教师本土化培训工程。校级层面,大部分乡村学校都要求参加国家、省、市、县各级培训的乡村教师回校后要开展二次培训,将参加培训的所思、所想、所学、所悟向全体乡村教师特别是同一个学科的乡村教师传达,并开设培训成果观摩课,展示乡村教师培训的成果。

四、分层分类分科五级联动构建乡村教师精准培训体系需要进一步探索和实践

实践证明,分层分类分科五级联动乡村教师精准培训体系的构建对于加强新时代乡村队伍建设,具有重要的理论意义和实践价值,值得广大乡村教师培训和研究工作者们进一步深入研究和探索。作为教育行政部门,应该尽可能做到"分层分类分科"设置乡村教师培训项目;作为教研机构或教师培训院校,应该基于"分层分类分科"的要求,在培训项目方案设计和项目实施过程中,全面把握乡村教师的共性需求、个性需求和学科特质需求,以提升培训的针对性、实效性和可持续性。在分层分类分科的基础上,五级联动有助于形成乡村教师精准培训的强大合力。国家、省、市、县、校五级乡村教师培训应该各司其职:国家和省级乡村教师培训主要起到示范和引领作用,市和县级乡村教师培训主要起到推广和应用作用,校级乡村教师培训主要起到校本教研培训作用。乡村教师精准培训体系的构建涉及乡村教师教学能力精准测评、需求精准分析、进阶目标精准定位、主题精准选择、课程精准设计、方式精准选用、效果精准评估、训后跟踪精准指导等环节,每一个环节如何落地和优化都需要教师培训院校的培训者们通过乡村教师培训实践总结经验、提升认识,并形成乡村教师精准培训的理论成果,以在更大范围内推广和应用,使更多的乡村教师从中受益,从而为新时代乡村教师队伍建设提供专业支撑。

第七节 "六位一体"赋能乡村教育振兴

乡村教师队伍建设是乡村教育振兴的关键和核心。在连续 11 年教育扶贫的基础上,福建教育学院将"聚力福建乡村教育振兴"——30 所乡村校"链接—赋能"行动计划列入学院"我为群众办实事"实践活动,作为学院助力新时代乡村教育振兴的重要举措。该行动计划通过组织学科专家深入全省最偏远的乡村学校,为乡村学校的教学、教研、科研提供个性化、专业化指导服务,致力于"链接"乡村教师发

展,"赋能"乡村教育振兴。每到一所乡村学校,学院项目团队都按照"把握乡村教师专业发展需求、诊断乡村教师教学能力现状与问题、构建乡村教师'学习—研究—发展'共同体、深入乡村学校课堂进行听评课、指导乡村教师教学行为改进、指导乡村教师课题研究和论文写作"等六个环节开展行动研究。

一、把握乡村教师专业发展需求

在县级教师进修学校的支持下,我们召开教研员、乡村校长、乡村教师等参加的乡村教师专业发展需求调研座谈会,并发放乡村教师专业发展需求调查问卷。我们通过座谈会、问卷调查了解乡村学校教师专业发展的共性需求,同时通过个别访谈的方式了解乡村学校教师专业发展的个性需求,从而较为全面地把握乡村学校教师专业发展的共性需求和个性需求。

二、诊断乡村教师教学能力现状与问题

我们参考教育部印发的《中小学幼儿园教师培训课程指导标准》中设计的教师教学能力诊断工具,借用、改编或自编相关学科的教师教学能力诊断测试问卷,初步诊断乡村教师教学能力的现有水平。在此基础上,通过阅读乡村教师提供的日常教学设计和课件,结合测试问卷结果,较为准确地诊断乡村教师教学能力现状与存在的问题,并与乡村教师沟通交流,一起合理确定个人近期教学能力发展的"最近发展区"。

三、构建乡村教师"学习—研究—发展"共同体

为促进乡村教师可持续发展,需要构建乡村教师"学习—研究—发展"共同体,共同体成员之间互相激励、互相研讨、互相学习、共同研究、共同进步。构建的共同体可以是学校内部的,也可以是跨学校的,甚至是跨区域的。共同体形式可以是线下的,也可以是线上的,还可以是线下线上相结合的。共同体内部有专家名师引领与示范,并能够长期激发、维持和强化共同体内乡村教师的学习和研究热情,不断推动共同体形成一系列看得见、摸得着的成果和进步。

四、深入乡村学校课堂进行听评课

乡村课堂是乡村教育振兴的主阵地。乡村教师的课堂是否落实立德树人的根本任务,是否实现学科育人的学科教学核心任务,是否体现乡村教育的乡土特色,是否与时俱进将信息技术与传统教学手段相融合,是否充分发挥学生在学习中的主体地位……是深入课堂进行听评课时需要认真观察与诊断的问题。为提升听评课的效果,我们邀请了既有理论水平又有实践经验的专家名师参与听评课活动。听课结束后,专家名师与授课乡村教师进行面对面交流,鼓励乡村教师基于学科整体理解的视角,更多表达自己对该节课的认识、设计、实施以及评价。专家名师在

听乡村教师说课的过程中,不时与其进行交流互动,并将自己对这节课的感想贯穿其中,营造一种互相激励、互相研讨、互相学习、共同研究、共同进步的氛围,弥补了传统的教师听、专家评两者缺乏有效沟通的不足。

五、指导乡村教师教学行为改进

通过与专家名师的评课交流研讨,乡村教师对所授课程有了进一步的认识和理解,而这种认识和理解只有通过教师教学行为的改进,才能使课堂发生变革,学生也才能从中受益。专家名师在评课交流的基础上与授课乡村教师进行集体备课,与授课乡村教师一起从学科整体理解的视角,基于学科课程标准和教科书,从教师为什么教、教什么、怎么教、教得怎么样、怎么教得更好以及学生为什么学、学什么、怎么学、学得怎么样、怎么学得更好等维度开展深度备课,指导授课乡村教师将深度备课的成果转化为课堂教学设计、实施与评价的具体方案,落实"教、学、评"一体化的教学要求,从而实现乡村教师自身教学行为的改进,促进乡村课堂教学的转型。

六、指导乡村教师课题研究和论文写作

为提升乡村教师专业阅读、专业写作、专业交往能力,项目团队向乡村教师推荐了相关专业报刊、经典书籍,并向他们介绍了免费使用网络数据库检索、筛选、下载和阅读文献的方法;开设专题讲座,向他们介绍了课题研究和论文写作的一般知识和方法。在此基础上,基于前述构建的乡村教师"学习—研究—发展"共同体开展专业交往,组织乡村教师扎根于乡村教育的实践性问题,将问题提炼为研究选题,并在实践中进行课题研究,鼓励乡村教师开展专业写作。专家名师对论文初稿进行点评和指导,促进乡村教师课题研究能力、专业写作能力的提升,让乡村教师在做中学、学中悟、悟中提升。

专业阅读、专业写作、专业交往是乡村教师专业发展的有效路径,"学习—研究—发展"共同体是乡村教师专业发展的重要载体和平台。当乡村教师积极参与到"学习—研究—发展"共同体中,教学理念与行为发生了实质性改变,乡村教育就迎来了振兴。

第八节　奋力构建新时代乡村教师队伍建设新局面

习近平总书记在党的二十大报告中明确提出办人民满意的教育,要求加快义务教育优质均衡发展和城乡一体化,促进教育公平。进入 21 世纪以来,我国深入推进城乡义务教育均衡发展,学校办学条件得到极大改善,但乡村教师队伍建设仍是薄弱环节,直接影响到乡村教育振兴和乡村振兴。提升乡村教师队伍素质能力成为乡村教育振兴的关键。我们建议从思想、政治、组织和专业等四个方面,破解乡村教师队

伍建设亟待解决的现实问题,奋力构建新时代乡村教师队伍建设新局面。

一、乡村教师队伍建设亟待破解的现实问题

一是整体来看乡村教师队伍结构不够合理。当前乡村学校普遍存在以下问题:由于学生人数少,教师编制数少;新教师和青年教师比例偏小,教师年龄结构老化,平均年龄要比城区教师大;高级教师人数偏少,大部分乡村教师工作近二十年,职称仍为二级教师或一级教师,在很大程度上影响了乡村教师队伍的积极性和战斗力;乡村教师结构配置失衡,小科目专任教师不同程度缺乏,音乐、体育、美术、综合实践活动、信息技术、劳动教育、思政、心理健康教师严重缺乏,面临难以开齐科目、开足课时的困难。

二是通过区域对比发现乡村教师队伍素质不够均衡。由于各地师资入口、经费投入、教育传统、教研支撑力量存在差异,我省各地乡村教师队伍素质存在不够均衡状况,乡村优秀教师较为缺乏。通常来讲,经济越是不发达的区域,乡村教师队伍素质的总体情况就越是让人担忧。

三是乡村教师队伍整体画像不够清晰。目前,我省绝大部分地区教育行政部门还没有利用大数据和人工智能手段对本地区的乡村教师队伍整体情况进行全面画像,对本地区乡村教师队伍建设的现状、共性和个性问题以及需要努力的方向把握得还不够科学和准确,缺少证据支持。

四是乡村教师队伍担当乡村振兴和乡村教育振兴重任的能力还需加强。除了教书育人的学校教师角色以外,乡村振兴和乡村教育振兴赋予了新时代乡村教师新乡贤的社会角色,要求乡村教师要熟悉乡村文化和乡村事务,积极参与到乡村建设和治理中。按照这些要求,目前的乡村教师队伍综合素质还有待进一步加强。

二、新时代乡村教师队伍建设的对策建议

（一）优化乡村教师队伍结构,在思想上消除对乡村教师的负面"刻板印象"

一是各级政府和教育行政部门要进一步提高政治站位。要深入学习贯彻党的二十大精神,深入学习贯彻习近平总书记关于教师队伍建设,特别是关于乡村教师队伍建设的重要论述,把乡村教师队伍建设工作放在重中之重的位置来抓,花大力气解决乡村教师队伍结构不够合理的问题,提高乡村教师的待遇,借助国家和省属公费师范生政策,吸引更多的优秀师范毕业生补充到乡村学校,提升乡村学校中新教师和青年教师的比例。二是各级政府和教育行政部门要深入推进"银发教师"工作。做好"银发教师"的宣传、报名和遴选工作,选拔热心乡村教育工作、师德高尚、身心健康、教育教学能力突出的优秀退休校长和学科教师加入乡村教师队伍中,补齐乡村教师数量和质量上的短板。充分发挥"银发教师"对原有乡村教师的"传帮带"作用。"银发教师"的选聘应该重点向乡村学校的薄弱学科和紧缺学科倾斜。同时,"银发教师"的使用不一定局限于固定的学校,可以采取"共享教师"的模式,

让其在片区内的学校发挥更大作用。三是各级政府和教育行政部门要更加积极主动,讲好乡村教师"为党育人,为国育才"的感人故事。通过主动发声、正面发声、有效发声,宣传整个乡村教师群体,帮助社会各界在思想上消除对乡村教师的负面"刻板印象",帮助乡村教师树立积极的"专业形象"、"专业身份"和"专业自信"。

(二)提升乡村教师职业吸引力,在政治上提升乡村教师的社会地位和职业荣誉

一是各级政府和教育行政部门应该给予乡村教师充分的尊重。要高度重视乡村教师在乡村振兴和乡村教育振兴中的重要作用,在政治上给予乡村教师应有的社会地位和职业荣誉,身体力行带领全社会尊师重教。二是常态化、广泛宣传表彰乡村教师的贡献。对于乡村教师贡献的宣传表彰应该日常化、常态化,不能仅停留在每年教师节对个别优秀教师的表彰和走访中,甚至让教师节异化成"少数教师被表彰,多数教师被教育"的"教师教育节"。三是在职称评聘、岗位晋级、补贴、住房、配偶工作、子女入学等方面给予乡村教师更多保障。用好人力资源和社会保障部、教育部印发的《关于进一步完善中小学岗位设置管理的指导意见》,给予乡村教师在职称评聘、岗位晋级方面更进一步的倾斜。同时,充分考虑补贴、住房、配偶工作、子女入学等影响乡村教师离职倾向的高相关因素,切实解决乡村教师的后顾之忧。四是完善城乡教师双向正常流动的机制。参照世界发达国家乡村教师管理机制,吸引城市优秀教师向乡村学校流动,畅通乡村教师向城市学校合理流动的渠道,为乡村教师进一步提升学历提供平台和机会。通过以上措施,进一步提升乡村教师的职业认同感和职业幸福感、获得感,厚植乡村教师长期从事乡村教育的情怀。

(三)强化基层党建赋能,在组织上强化乡村教师党支部建设和引领

一是各级政府和教育行政部门要指导乡村学校建立建强乡村教师党支部。通过建立建强乡村教师党支部,强化党对乡村教育事业的领导。二是强化党支部对乡村教师的思想引领、情怀培育和师德塑造。乡村教育的根本在于乡村教师。乡村教师党支部的工作重点在于对乡村教师进行思想引领、情怀培育和师德塑造,引领乡村教师将个人职业发展与乡村振兴、乡村教育振兴相结合,在国家乡村振兴大局中书写自己的人生答卷,奉献自己的青春汗水。三是加强乡村教师党支部与乡村教师的血肉联系。乡村教师党支部要自觉加强与乡村教师的联系,要自觉将乡村教师的事当作自己的事,要自觉践行"马上就办,真抓实干"的作风,切实将解决乡村教师"急难愁盼"的问题作为党支部工作的出发点和落脚点。

(四)聚焦乡村教师素养发展,在专业上为乡村教师队伍建设提供支撑

一是利用大数据和人工智能平台为乡村教师专业发展动态画像。各级政府和教育行政部门可以协同人工智能平台开发公司,针对本地区乡村教师队伍建设的实际情况,开发乡村教师专业发展动态数据库平台,动态为乡村教师专业发展进行个体画像、有选择性的部分群体画像和群体画像。二是加强县级教师进修学校教

学和教研支撑能力。教研员是一支富有我国特色的教学和教研指导力量,对于本地区教师的专业发展具有突出重要的意义。乡村教师的专业发展很大程度上依赖于县级教师进修学校的专业引领和专业指导。要高度重视县级教师进修学校师资建设,增加县级教师进修学校的高级职称职数,并大力引进乐于帮助乡村教师专业成长的优秀教师进入县级教师进修学校从事教研员工作。三是强化乡村教师职前定向培养和职后跟踪培训。大力推行乡村教师定向培养的做法。对于乡村教师定向培养课程设计与开发,应在教师教育通识课程开设的基础上,设计和开发乡土课程,使未来的乡村教师对乡村文化形成文化认同。同时,要大力推行"下沉式"职后跟踪培训模式,发挥高等师范院校、教师培训院校、市级和县级教研培训部门的作用,借鉴"科技特派员"制度,建立"教学教研特派员"制度,帮助乡村学校构建乡村教师专业成长的学习共同体、研究共同体和发展共同体。四是提升乡村教师专业学习意识和专业学习力。要引导乡村教师回归乡村教师专业发展的本质,即乡村教师学习。乡村教师专业发展在于乡村教师专业学习意识的觉醒和专业学习力的不断提升。努力搭建各种平台,树立卓越和优秀乡村教师榜样,引领乡村教师通过专业阅读、专业写作和专业交往实现乡村教师专业可持续发展。五是充分用好国家中小学智慧教育平台和省市中小学智慧教育平台。在数字化学习时代,引领乡村教师通过国家级和省市级智慧教育平台,加强乡村教师在师德修养和专业理念、专业知识、专业能力等方面的锤炼,引导乡村教师争做新时代乡村学校的"四有好老师"和乡村学生的"四个引路人"。

第六章
培训质量提升探索

第六章　培训质量提升探索

如何提升教师培训质量是每一个教师培训者都需要深入思考的问题。培训质量的提升涉及参训教师参与培训和学习的动力，授课教师的遴选，培训院校的培训质量保障制度、培训创新、培训转型等诸多方面因素。培训质量的提升，是教师培训工作永恒的实践课题，需要教师培训者们进行全方位的研究和探索。教师培训质量提升的关键在于教师培训者们要转变认识，把握住教师培训已经走向了教师学习和教师研究，为参训教师搭建学习共同体、研究共同体和发展共同体，提高参训教师终身学习和研究的意识和能力。

第一节　提升教师培训质量的两个关键问题

针对中小学教师培训存在的针对性不强、内容泛化、方式单一、质量监控薄弱等突出问题，教育部下发了《关于深化中小学教师培训模式改革全面提升培训质量的指导意见》(以下简称《指导意见》)，就深化中小学教师培训模式改革，全面提升培训质量提出了八条指导性意见[1]。事实上，中小学教师培训长久以来一直存在"一头热，一头冷"的问题。近年来，中央政府和各省市政府不断加大中小学教师培训力度，投入巨大的人力、物力和财力。然而，参训的中小学教师似乎对作为继续教育业务能力提升方式的中小学教师培训热情不高，参与培训的动力不足。参训教师是中小学教师培训的主体，主体性得不到发挥，必然制约中小学教师培训的质量。制约培训质量的另外一个重要因素是培训内容脱离一线教育教学实际，无法真正帮助中小学教师改进自身教学行为，提升教学质量。这一问题实际上涉及的是中小学教师培训的主导也即培训者的问题，需要有更多的中小学一线优秀教师、教研员作为培训者参与到培训中来，使培训内容更加贴近一线中小学教师培训的实际。在长期的中小学教师培训实践和研究中，我们认为中小学教师参与培训的动力与中小学一线优秀教师、教研员成为培训者这两个问题是全面提升中小学教师培训质量的关键所在。本节围绕这两个关键问题结合中小学教师培训的实践作一些探索和讨论。

---

[1]　教育部.关于深化中小学教师培训模式改革全面提升培训质量的指导意见[EB/OL].（2013-05-08）[2022-11-30].http://www.moe.gov.cn/srcsite/A10/s7034/201305/t20130508_151910.html.

一、激发教师参与培训动力：基于教师学习动机的视角

（一）从心理学角度看中小学教师参与培训的学习动机

心理学领域对中小学生的学习动机作了大量的实证研究，取得了丰硕的成果。虽然心理学关于学习动机的研究对象通常是中小学生，但我们认为可以借鉴心理学关于学习动机的研究成果来分析中小学教师参与培训时的学习动机。学习动机是指学习活动的动力，又称为"学习的动力"。根据不同的分类依据，可以将学习动机作不同的分类。根据学习动机的动力来源，可以将学习动机分为内部动机和外部动机。内部动机是指由个体内在的需要引起的动机。外部动机是指个体由外部诱因所引起的动机。区别内部动机与外部动机的方法主要是看个体从事学习活动的动机在学习任务本身还是在学习活动之外。内部动机和外部动机不是决然分开的。外部动机也可以转化为内部动机。在学习活动中要强调内部动机，但也不能忽视外部动机的作用。一方面，应该努力使外部动机转化为内部动机；另一方面又应该充分利用外部动机，使个体已经形成的内部动机处于持续的激发状态，以全面提升学习的效果。

中小学教师参与培训的学习动机，既有内部动机，也有外部动机。内部动机主要是指中小学教师的求知欲，学习兴趣，改善和提高自身师德修养与专业理论水平、拓展自身专业知识、提升自身专业能力的愿望等；外部动机主要指年终考核、评优评先、职称评聘等与继续教育学时相挂钩。对中小学教师进行调查和访谈，我们发现中小学教师参与培训的学习动机既有内部动机，也有外部动机，但是很大部分教师外部动机超过内部动机。这就需要我们加以重视，并努力将中小学教师参与培训的外部动机转化为内部动机。

（二）教育部《指导意见》对中小学教师参与培训的学习动机的关注

教育部《指导意见》明确提出"强化培训自主性，激发教师参与培训动力"的指导性意见。教育部《指导意见》从中小学教师参与培训的学习动机出发，从内部动机的角度要求增强培训针对性，确保按需施训；要求改进培训内容，贴近一线教师教育教学实际；要求转变培训方式，提升教师参训实效；要求建立中小学教师自主选学机制，建立"菜单式、自主性、开放式"的教学服务平台，为教师创造自主选择培训内容、时间、途径和机构的机会，满足教师个性化需求；从外部动机的角度要求建立培训学分认证制度，实现学时学分合理转化；建立教师培训学分银行，实现教师非学历培训与学历教育学分互认；将培训学分作为教师资格定期注册、教师考核和职务（职称）聘任的必备条件；要求县级教育行政部门要将教师培训列入中小学办学水平评估和校长考评的指标体系；各地要将落实培训经费作为教育督导的重要内容，确保培训经费列入同级财政预算，中小学按照年度公用经费预算总额5％安排培训经费，保障经费投入。教育部《指导意见》全面关注了中小学教师参与培训的内外部动机，并希望通过教育督导的方式来保障教师培训经费的有效投入和中

小学教师外出参与培训的可能性。这在行政上为中小学教师外出参与培训开了"绿灯",是一个长足的进步。

（三）中小学教师培训院校如何真正激发教师参与培训动力

从我们近几年从事中小学教师培训的实践来看,有很多中小学教师参与培训存在"被培训"而不是"我要培训"的现象。目前,国内各种级别的中小学教师培训在调训环节普遍采取"单位推荐"的方式。各种级别的培训通知下发以后,各省市县认真按照文件的要求和名额向各级教育行政部门或中小学教师培训院校推荐单位认为符合培训条件的人选。这种推荐方式可能导致以下问题:一是单位里的优秀教师由于条件较好,能够符合各类培训的要求,就出现了单位推荐的总是那么几个人的问题;二是单位在推荐人选的时候通常没有通知相关的教师而是直接绕过教师,这样一来就会出现被推荐教师到中小学教师培训院校参训时还"一头雾水""被培训"的现象;三是由于采取单位推荐的方式,有些真正有很强学习内部动机的中小学教师没有机会参与培训;等等。因此,我们认为要激发教师参与培训的动力,首先需要做的就是从中小学教师培训的"入口"也就是调训做起。应该改变单纯的以"单位推荐"为主的调训方式,可以允许有强烈内部学习动机的中小学教师"个人自荐",同时将"个人自荐"和"教育行政部门审核"相结合,以便将真正有强烈学习动机的中小学教师选拔出来参与培训。应该承认,不管采取什么样的调训方式都不能保证选拔或推荐出来参加培训的教师的内部动机都超过外部动机。适当的外部动机对于内部动机的激发和维持具有很好的作用。

关注了培训"入口"问题以后,就需要进一步关注培训"过程"。在培训过程中,中小学教师培训者要通过符合参训教师需求的内容和形式多样的课程形态来增加培训的吸引力,以不断维持参训教师的内部动机,并尽可能将参训教师原来的外部动机转化为内部动机。比如,有部分参与培训的教师是出于完成继续教育学时任务而参加培训,但在培训过程中渐渐被课程内容的针对性和实效性所吸引,灵活、多样、有趣的培训形式让他们感到原来教师培训内容是贴近教育教学实际的,并不是"满堂灌的""脱离实际的""没有用的"。在这个过程中,这部分教师参与培训的外部动机就会逐渐转化为内部动机,转化为对学习内容和任务本身的兴趣和关注。当然,有部分教师由于对教师培训本身带有"偏见",或者认为自己已经是老教师了,根本不需要培训了,也对培训学习失去兴趣了,这个时候在培训过程中就需要采取外部力量来激发其外部动机。比如,在培训过程中,采取过程性动态评价的方式来考核参训教师。例如,在化学实验教师培训过程中,我们就采取过程性动态评价的方式来促使内部动机不强的参训教师认真参与到培训学习活动和任务中。具体做法如下:将参训教师分成六个人一个课题组、两个人一个实验组。在培训过程中以课题组或实验组的方式对参训教师进行考核,考核成绩代表整个课题组或实验组多个人的成绩。考核的内容包括提交一份实验报告和一份课题研究报告,参加一次实验片段教学比赛和一次实验教学说课比赛,以及每天对每一位参训教师进行考勤。这几项内容按照一定的权重进行求和,得数作为每一位参训教师的最终成绩。由于考核是过程性动态评价,而且是以课题组或实验组为单位进行考核,参训教师之间就能起到相互督促、相互帮助、共同进步的作用。这样的评价方式可以激发和维持那部分内部学习动机不强的参训教师的外部动机,以保证培训取得较好的成效。

除了关注培训"入口"和培训"过程"以外,还需要进一步关注培训"结果"。培训"结果"主要指教师参与培训后可以收获什么。培训"结果"有外部的,也有内部的。外部的主要指在职称评聘、评优评先、教师资格定期注册方面与培训学时或学分相挂钩,内部的主要指参训教师的师德修养与专业理念通过培训得到了提高,专业知识得到了拓展,专业能力得到了发展,还指培训过程中参训教师获得的成果,等等。外部的结果有助于进一步强化教师参与培训的外部动机,内部的结果有助于进一步强化教师参与培训的内部动机。培训"结果"将在内外部动机上进一步强化教师参与培训的学习动机。

通过以上分析和讨论,我们认为教育行政部门和中小学教师培训院校应该充分关注中小学教师参与培训的学习动机,注意强化中小学教师的内部动机,将外部动机尽可能转化为内部动机,并通过适当的外部诱因来使外部动机维持在一定水平以激发和促使内部动机也维持在一定水平。具体来讲,就是要改变调训方式,允许内部学习动机强的中小学教师通过"个人自荐"的方式参与到培训中;在培训过程中,要改变培训内容和形式,增强培训的针对性、吸引力,使外部动机转化为内部动机;要注重培训成果的生成,形成一些参训中小学教师看得到、摸得着的学习成果,同时将教师培训与职称评聘、评优评先、教师资格定期注册等关系教师切身利益的问题相结合,切实强化教师参与培训的内外部动机。唯有如此,才有可能真正激发中小学教师参与培训的动力。

二、中小学一线优秀教师成为培训者:必要性、可能性及现实性

教育部《指导意见》的一个突出亮点就是要求培训者团队要从培训专家库中遴选,一线优秀教师所占比例不少于50%,同时要求实践性课程应不少于教师培训课程的50%。教育部《指导意见》中两个50%的提法实际上对教师培训专家团队中中小学一线优秀教师的比例和课程的形态作出了定量的要求,也就是希望有更多的中小学一线优秀教师参与到中小学教师培训工作中,成为中小学教师培训者,引领广大中小学教师提升自身的教育教学能力,实施好基础教育新课程。

(一)中小学一线优秀教师成为培训者的必要性

为了进一步提升中小学教师队伍素质,《国家中长期教育改革和发展规划纲要(2010—2020年)》提出要对中小学教师实行每五年一周期的全员培训。近几年,中央和各省市政府都高度重视中小学教师培训工作,投入了巨大的人力、物力和财力,中小学教师培训工作取得了一定的成效。然而,通过对中小学教师进行调研,

我们发现参训的中小学教师对当前的中小学教师培训工作满意度并不是太高,原因有很多。其中一个重要原因就在于中小学教师培训专家通常以高校专家为主。高校专家虽然理论水平很高,但是通常由于缺乏中小学一线教学的实践经验,对学科课程、教材和教法的理解和认识更多地停留在"文本研究""间接经验"的层面,专家们的研究成果往往停留于"观念"层面,可操作性、可借鉴性和可模仿性较差,提出的教学理论往往很难直接应用于具体的教学实践中。也就是说,高校专家的理论不够"接地气",难以解决中小学一线教师教育教学过程中遇到的最亟须解决的问题。中小学一线优秀教师长期从事中小学教育教学工作,对中小学教育教学过程中可能遇到的问题有切身的体会,在实践过程中也会尝试去寻找解决问题的措施,并将这些措施在实践中付诸使用,措施的有效性可以在实践中得到检验。鉴于高校专家的"先天不足"和中小学一线优秀教师扎根实践的优势,中小学一线优秀教师成为培训者就有其必要性。中小学一线优秀教师成为培训者可以很好地弥补高校专家在解决实践层面问题和提高参训中小学教师教育教学能力方面的"先天不足"。

（二）中小学一线优秀教师成为培训者的可能性

中小学一线优秀教师长期面对中小学生,中小学一线优秀教师的舞台是中小学课堂,他们擅长课堂教学。而作为培训者,面对的对象不再是中小学生,而是作为同行的中小学教师,对象由未成年人变成成年人,内容由学生未知的学科教学内容变成同行较为熟知的学科教育教学相关领域内容。这就对即将成为中小学教师培训者的中小学一线优秀教师提出了很高的要求,他们是否能够顺利完成角色转变很关键。中小学一线优秀教师成为培训者需要具备以下素质:在课程、教材和教法方面有较深的造诣;教育教学能力强;对中小学教师培训业务熟悉;对中小学教师需求有充分的把握;有较强的培训组织与管理能力;等等。为了使中小学一线优秀教师成为培训者,需要对中小学一线优秀教师进行专门的中小学教师培训技能提升培训。教育部、财政部近几年开展的"国培计划"中就有专门的中小学一线优秀教师培训技能提升研修示范性培训项目,培训对象以中小学一线教研员和一线优秀教师为主,主题为中小学一线优秀教师培训技能提升,内容既涉及师德修养与专业理念、专业知识、专业能力,又涉及中小学教师培训技能(包括中小学教师培训相关政策,培训的组织管理、实施等),并侧重于中小学教师培训技能。通过教育部、财政部"国培计划"示范性项目的示范引领,各省市也在逐步开展中小学一线优秀教师培训技能提升研修。通过该类型的研修项目,中小学一线优秀教师在原来中小学教育教学经验提升总结的基础上,提升自身从事中小学教师培训的技能,这就为中小学一线优秀教师成为培训者从事中小学教师培训工作提供了可能和保证。

（三）中小学一线优秀教师成为培训者的现实性

通过上面的分析,我们发现中小学一线优秀教师成为培训者有其必要性和可能性。那么,中小学一线优秀教师成为培训者以后如何充分发挥自身优势,参与到中小学教师培训工作中,提升中小学教师培训的质量?这就涉及中小学一线优秀教师成为培训者的现实性问题。中小学一线优秀教师成为培训者以后,在课程形态的选择上应该扬长避短,以自己擅长的课堂教学作为突破口,以实践性课程为主,以自己或自己收集到的典型案例作为载体,创设真实的课堂教学环境,紧密结合中小学教师教学实际,开展主题鲜明的教育教学技能培训。实践性课程的具体形式可以有课例评析、课堂观察、名师示范课、同课异构、现场诊断、案例教学、小组讨论、主题论坛、成果展示与分享、跟岗指导、实景教学、行动研究、课题研究、技能训练,等等。中小学一线优秀教师应该根据自己的个人特质,结合自己的专长,选择适合自己的实践性课程形式,并充分考虑通过有效的过程性动态评价方式来评价参与培训的中小学教师,使参训中小学教师能够真正深入参与到培训过程中,发挥参训中小学教师的重要作用,增强培训的吸引力和感染力,最终提升中小学教师培训质量。

总之,为了让尽可能多的中小学一线优秀教师有机会成为培训者,我们建议各省市应该及早建立省培、市培中小学教师培训专家库,并充分保证中小学一线教研员和一线优秀教师的比例。同时,还要通过开展省级或市级的中小学一线优秀教师培训技能研修专项培训,提升中小学一线优秀教师从事中小学教师培训的技能。再者,中小学教师培训院校在开展中小学教师培训过程中,要充分掌握每一位中小学一线优秀教师培训者的特质和专长,因需制宜地为每一位中小学一线优秀教师培训者提供参与中小学教师培训工作的机会,并与每一位中小学一线优秀教师培训者共同商讨具体的课程形式和实施计划,以确保培训内容和培训形式能够充分满足参训中小学教师的需求。最后,各省市的中小学教师培训专家库应该是动态的,对于经过专门培训和实践未能胜任中小学教师培训工作的中小学一线优秀教师应该有"淘汰和退出"机制,对于不在中小学教师培训专家库中的中小学一线优秀教师经推荐、考核可以胜任中小学教师培训工作的应该及时吸纳、补充到中小学教师培训专家库中,从而形成相对稳定的、高水平的中小学一线优秀教师培训者队伍,从而有效落实教育部《指导意见》提出的两个 50% 的要求。

三、结语

综上讨论,全面提升中小学教师培训质量,涉及方方面面的问题,但是从中小学教师培训的主体和主导的角度来分析,如何激发中小学教师参与培训的动力以及如何使更多的中小学一线优秀教师作为培训者参与到中小学教师培训中来并发挥作用是我们需要进一步在实践中去重视和研究的两个关键问题。这必将有助于全面提升中小学教师培训质量,改变中小学教师对教师培训的态度,从而更进一步激发教师参与培训的动力,实现良性循环。

第二节　以制度保障教师培训质量

教师培训工作为中小学教育教学质量的提升做出了重要贡献。然而,当前教师培训质量参差不齐,教师对培训的满意度并不高。福建教育学院作为专门从事中小学教师培训的省级教师培训院校,通过建立八项制度,保障教师培训质量。我们认为,制度保障是教师培训质量提升的重中之重。

一、教师培训能力认定制度

2008 年,转型专门从事教师省级培训工作之前,福建教育学院主要从事学历教育。从学历教育转型做教师培训,并不是所有教师都能很快适应。教师的培训能力直接影响到培训的质量。为此,学院教学委员会决定施行教师培训能力认定制度,按照培训能力认定的结果,确认教师等级为:首席教师、主讲教师、合格教师和不合格教师。教师必须通过能力认定并被评为合格教师及以上等级,才能够开课。同时,对于新开设的课程需要提前试讲,以确保课程具有吸引力和培训价值。不合格教师有多次机会向学院教学委员会申请重新认定,多次申请认定未通过的教师,可以申请转岗从事行政或教辅工作。

二、项目招投标制度

从 2014 年起,学院开始探索实施部分培训项目招投标制度。各学科教研室根据本学科的实际情况,开展训前需求调研,撰写培训需求调研报告,制订培训方案,并向学院组建的招投标专家组展示、汇报。其结果分为三种:一次性通过,修改后通过,不予通过。需要修改的方案,修改后需再次汇报,得到专家组同意后才能立项实施。这一制度的实施,极大激发了各学科教研室的竞争意识。效果测评中,学员非常满意率相比之前本学科举办的其他项目有了较为明显的提升。

三、需求调研分析制度

培训需求调研主要包括三个方面:国家层面、区域层面和参训学员个体需求。培训需求调研要体现尊重需求,更要体现引领需求。培训需求的调研应避免以往单纯的问卷调查,因为问卷式调查往往很难获得全面的结果,不能完全体现国家层面和区域层面的需求,更多的是关注培训学员的个体需求。调研结束后,培训项目团队要撰写培训需求调研分析报告。

四、项目方案论证制度

培训项目团队根据培训需求研制培训项目方案,并在学科教研室和研修部进行初步论证。在此基础上,学院组织院级层面的培训项目方案论证,培训项目负责人从培训的需求调研、主题、目标、内容、方式、创新、预期成果、组织管理、跟踪指导等方面向论证专家组作汇报。论证结果一般分为两种：一次性通过和修改后再论证。项目方案论证制度构建起学院、研修部、学科教研室共同为培训方案把关的制度保障，有效防止了培训项目调研不到位、主题不明确、目标不可操作、内容泛化、方式陈旧、组织管理松散、跟踪指导不到位、成果预期不明确等突出问题。

五、学员满意度测评制度

办学员满意的培训是教师培训的宗旨。培训学员满意度测评制度的实施有几个重要的方式：一是当堂问卷测评。当堂问卷测评有利于培训项目团队及时掌握学员对培训课程的满意度情况，可以及时调整课程和方式。二是研修部学员座谈。在培训过程中，研修部组织学员代表进行座谈，了解学员对培训的看法，并将意见和建议反馈给培训项目团队。三是培训结业前座谈。由培训管理处组织座谈，了解学员对整个培训项目的看法、收获和意见。四是培训结业后进行网络问卷调查。在所有培训课程结束后，利用网络平台进行学员满意度测评。五是根据需要进行训后电话访谈测评。在培训结束后几个月内，培训管理处将通过电话抽查访谈测评，了解学员对培训的真实看法。

六、训后跟踪指导制度

学员结业，但培训并没有结束。培训结业以后，培训项目团队须通过课题研究、论文写作、课堂观摩指导、教学设计指导、说课指导、实验指导、成果展示等多种方式，对学员进行训后跟踪指导。训后跟踪指导制度对于培训成果真正应用于一线课堂教学实践和学员的专业成长具有重要作用。该制度能够有效延伸和拓展培训，将培训进一步升华为培养。

七、项目质量分析制度

培训项目结束后，项目团队要对项目的实施和完成情况进行全方位自我评价，撰写项目质量分析报告，重点分析项目的创新点、取得的成果和存在的不足。研修部和培训管理处对质量分析报告进行审核和评价。在此基础上，培训管理处根据需要召开全院培训项目质量分析会议，对培训项目进行全面点评、指导改进。项目质量分析制度能够让培训项目团队成员更清晰地认识到项目实施中的不足，取长补短，实现共同提高。

八、学科年度培训总结报告制度

每个学科在每个年度都会举办多个培训项目，年终时，学院要求各个学科撰写一份学科年度培训总结报告。培训管理处审核各学科撰写的年度培训总结报告，并汇编成册，发给各学科教研室参考。通过撰写学科年度培训总结报告，各学科也能够更为全面地回顾、分析和规划本学科培训任务、成果和未来方向。

为了使这八项制度得到有效落实,学院在培训管理处专门成立了培训质量评估科,负责教师培训质量保障制度的实施和效果评估。每年进行优秀项目和优秀项目负责人评选,并在全院予以表彰、奖励和宣传。学院还拟推行培训质量"红名单和黑名单"做法,对"红名单"学科和项目负责人所申报的项目,实行研修部内部论证,并报学院培训管理处备案审批,而对"黑名单"学科和项目负责人所申报的项目,实施重点抽查、当面论证,如果没有一次性通过,给予一次修改机会再论证,如果二次论证没有通过,直接取消该项目的申报和承办资格。

作为培训项目的设计者、实施者和研究者,我们认为,教师培训质量保障制度的建立,对于培训质量的提升具有重中之重的作用。我们将从制度建设的高度保障培训项目质量,不因培训项目团队成员的改变而影响培训质量,从而全面提升教师培训质量。

第三节　将培训"下沉"到地方的福建经验

每到假期,各级教育行政部门和教师培训部门都会为一线教师准备类型繁多的培训项目,把培训作为教师专业成长的"加油站"、"助推器"和"催化剂"。教师对培训既期待又抱怨,可谓是"爱恨交加"。如果培训主办方不能精准施训,培训将成为教师的"负担"和"任务"。作为专业的省级教师培训院校,福建教育学院十余年来秉持"办学员满意的培训"的宗旨,形成许多行之有效的经验。其中,将省级优质教师培训"下沉"到地市的做法深受中小学教师欢迎,在省内产生了良好的社会影响。

一、把优质培训送到家门口

2008年,福建教育学院从一所从事学历教育的本科高校转型为专门从事中小学教师、校长培训的院校。在刚开始的几年里,我们的培训项目举办地都在福州市。每个培训项目将学员名额分配给各地市,各地市再进行上报。按照这样的方式,每个县区每个项目只有一个名额。如此一来,参加省级培训对许多教师来说,成为可望而不可即的事。近年来,福建教育学院创新培训模式,与各地市教育行政部门和教研部门合作,主动将省级优质培训"下沉"到各地市,为各地市举办专门针对该地市教师的省级培训班,把优质培训送到教师家门口,极大增加了教师参加省级培训的机会。

二、为市县教师培训做示范

福建教育学院在"国培计划"示范项目和中西部省份国培项目测评中取得很好的成绩,受到教育部和中西部省份国培办以及参训学员的高度好评,并入选全国首批中小学名师领航工程培养基地,形成了高端培训品牌。福建教育学院在各地市举办省级培训过程中,积极与各地市教育行政部门和教研部门深度合作,在培训过程中与各地市从事教师培训和教研的部门进行广泛深入交流,共同完成需求调研、主题选择、课程设计、方式选用、培训组织、培训管理、培训成果生成和训后跟踪指导等培训环节。在这样的深度合作中,既做好了培训项目,又为市县教育行政部门和教研部门提供了开展高端培训的思路和方法,把省级优质培训的经验向市县教师培训传递。在为市县教师培训做好示范的同时,还提供了丰富的师资。

三、立足区域需求从供给侧发力

当前教师培训存在的问题很多,最突出的是培训的针对性、实效性和可持续性不强。解决这些问题的关键在于精准施训,也就是要在国家需求的基础上,全面调研和把握地市需求和参训教师个体需求。在充分尊重培训需求的基础上,形成教师培训项目需求调研报告。许多时候,教师并不完全了解自己的需求是什么,需要培训组织者和策划者充分挖掘和深入引领。也就是说,教师培训要尊重需求,更要引领需求。只有这样,才可以从供给侧发力,研制出符合精准施训要求的实施方案。

四、引领教师形成研究的氛围

教师在职业生涯中可能会参加各级各类培训。可是,有多少培训能在结束后持续影响着教师的教学行为? 在长期的培训实践中,我们发现研究式、体验式、感悟式的培训能引导教师参与到具体情境中,进而激发学习兴趣。培训的本质不是把篮子填满,而是把灯点亮。教师培训并不是把专家的知识灌输给参训教师,而是通过专家引领、名师示范、同伴互助、交流研讨、课题研究、文献查阅、成果展示等方式,让教师找到适合自己学习特点的成长路径。在教师培训中,我们始终秉持"培训即研究"的主张,将研与训相结合,试图将整个培训过程设计成开展教学研究的过程,引领教师基于具体的教学问题,按照研究的一般思路和方法,对问题进行深入剖析和研究,提出解决问题的策略和路径。培训过程遵循从实践中来到实践中去,在培训过程中逐渐形成教学研究的良好风气。研究风气的形成对于教师专业成长和学科教学发展具有良好的、可持续的推动作用。

第四节 "五个转"推动新时代教师培训质量提升

2018 年,中共中央、国务院印发了《关于全面深化新时代教师队伍建设改革的意见》这一我国教师队伍建设的里程碑式文件。文件要求,全面提高中小学教师质量,建设一支高素质专业化的教师队伍;强调要开展中小学教师全员培训,促进教师终身学习和专业发展。国家、省、市、县、校五级都高度重视通过教师培训支撑新时代高素质专业化创新型教师队伍建设。我国承担教师培训任务的单位主要是高等师范院校、教育学院、各级教师教研机构以及部分综合性大学。如何推动新时代教师培训质量提升是教师培训相关部门和单位都在思考的重要实践议题。福建教育学院作为全国为数不多的从事中小学教师培训的省级教育学院，从2008年转型专门从事中小学教师培训以来，一直把提升教师培训质量作为学院的基础性工作。学院通过扎扎实实的工作不断提升培训质量和树立培训品牌，获得了各级教育行政部门、一线学校和参训学员们的认可和好评。在新时代背景下，如何进一步推动教师培训工作"提质增效"，我们认为需要把握住教师培训工作的"五个转"。

一、培训理念的转轨：从教师培训走向教师学习、教师研究

在工作实践中，我们常使用"教师培训"这个词语。这个词语给人的印象是，参加培训的学员是"被动的"，是来接受专家和名师们的"培训"和"教育"的。从教师终身学习和教师专业发展的视角来看，北京教育学院等兄弟单位在国内较早提出的"教师学习"更为妥帖。"教师学习"的主体是一线教师自身，同时教师学习的时间和空间场域更为宽大，不一定要局限在参加培训的有限时间和空间里。因此，我们认为教师培训要提升质量，首先应该实现培训理念的转轨，从教师培训转向教师学习。需要注意的是，教师作为成年人，和未成年学生的学习是不一样的。未成年学生的学习，在知识层面主要是学习和掌握人们在改造世界的实践中所获得的先进认识和优秀经验。而作为成年人的教师，学习应该更接近于研究生、博士生的学习，不能把目标仅定位于学习其他同行已有的认识和经验，而应该把自己定位于一个学科教学的研究者，既学习知识也通过研究创造新的知识、新的观点。也就是教师学习要进一步走向教师学习、教师研究，并将二者融为一体。2008年，我院一开始转型专门从事中小学教师培训工作时，参训学员"被培训""要我学"的现象比较普遍。随着培训理念和培训模式的转轨，参训学员的学习兴趣和学习动力得到了有效激发，参训学员"主动学""我要学""我要研究"的声音越来越多。这也让我们更加坚信培训理念的转轨是正确的和必要的。

二、培训角色的转型：从培训者走向专业培训师

2012年9月，北京教育学院余新教授在教育科学出版社出版了《教师培训师专业修炼》一书。2022年3月23日，西北师范大学李瑾瑜教授在《中国教师报·教师教育周刊》刊发《从"培训者"走向"培训师"——教师培训专业化的"关键一步"》。该文对教师培训专业化作了深刻的阐述和剖析。两位教师培训领域的国家级专家学者都认为教师培训中应该实现培训角色的转型，从"培训者"走向"培训师"。这种培训角色的转型，看似只是一字之差，其内涵和要求却有很大不同。考察当前国内的教师培训，我们可以发现不少从事教师培训工作的教师对自己的角色定位并不清晰，也没有多少自信。参加培训的学员对于负责教师培训工作的教师的专业

评价也并不高。在不少参加培训的学员心目中,很多负责教师培训工作的教师的角色更多的只是"班主任""管理员""工作人员""食宿服务员"等。从"培训者"走向"培训师",需要培训者不断增强自身作为培训师的培训素养,从而真正实现对参训学员的专业引领和价值引领。我院 2008 年转型专门从事中小学教师培训以后,就积极主动地向国内兄弟院校学习,提出了从专门走向专业,最后走向专家的发展目标。学院教师们在十余年的省培、国培和委培项目的实战操练中,通过实践+反思,有越来越多的教师专业素养和专业自信得到提升,他们不断地从专门走向专业,正努力向成熟型培训师的方向发展。

三、培训重心的转移:更多关注乡村教师和县中教师

教师培训工作的重心和突破口在哪里?如果没有找准重心和突破口,我们就只能做到"锦上添花",而不能做到"雪中送炭"。中央实施"国培计划"旨在发挥示范引领、"雪中送炭"和促进改革的作用。教育部"国培计划"中西部项目主要面向的对象是乡村教师和乡村校园长。乡村教师是教师队伍建设的短板和关键,乡村青年教师是乡村教师队伍中最活跃、最有培养潜质的关键群体。习近平总书记在 2021 年庄严地向全世界宣告我国的脱贫攻坚战取得了全面胜利,我国从脱贫攻坚走向全面乡村振兴。在全面乡村振兴大背景下,乡村教育振兴和教育振兴乡村成为摆在我们面前的两个重大时代命题。要回答好这两个命题,关键在于乡村教师特别是乡村青年教师队伍建设。此外,面对县中"塌陷"困境,如何帮助县中从"塌陷"走向"振兴"?县中困境如何破解?也是我们需要思考的问题。县中教师队伍建设是破解该困境的重要抓手。作为教师培训院校,我们应该将培训的重心转向乡村教师培训和县中教师培训,为乡村教育振兴和"县中"教育振兴贡献自己的力量。

我院从 2009 年开始承担福建省农村中小学教师教育教学能力提升工程,2016 年开始承担福建省乡村教师素质提升工程,2013 年开始承担教育部"国培计划"农村校长助力工程,2015 年开始承担"国培计划"中西部项目乡村教师培训工作,2021 年还发起了"聚力福建乡村教育振兴"——30 所乡村校"链接-赋能"行动计划,带领专家名师走到偏远的乡村学校,将"请上来"集中培训和"走下去"点对点指导相结合,为乡村教师专业发展提供专业支撑。2022 年,福建省也在省级层面加强县中教师的培训工作,为地市和县级层面做好县中教师培训工作提供示范和引领。

四、培训素养的转变:从问题解决者转向核心素养引领者

在资讯不发达的时代,作为一个教师培训者,只要掌握了比一线教师更多的知识和技能,能够帮助一线教师解决教学中的难题,就能够胜任培训者的角色,就能得到一线教师的肯定。随着资讯越来越发达,信息的获取越来越便利,教师培训者仅仅比一线教师掌握更多的知识和技能已经不能满足时代的要求。当前,我国基

础教育课程改革进入了"核心素养"时代。中小学教师要培养具有核心素养的中小学生,教师就需要具备相应的教师核心素养。从事教师培训工作的教师要引领和指导中小学教师专业发展必然也需要具备相应的培训师培训素养。我们认为,并不是所有的教师都能够承担教师培训工作,都能够胜任教师培训师的角色。新时代的教师培训师应该具有以下的培训素养:深厚的教育情怀和崇高的使命担当、深刻的学科整体理解和认识、广博的专业知识和扎实的专业能力、强大的学科研究能力和引领能力,以及深厚的培训师学科教学知识。深厚的教育情怀和崇高的使命担当是培训师第一重要的素养,学科理解、专业知识、专业能力、研究能力、引领能力是培训师的支撑性素养,深厚的培训师学科教学知识是一位培训师能够将自己和其他名师如何学习、如何研究和如何成长的成功经验复制、推广到其他教师身上的关键素养。这些素养对于一个专业的培训师来讲都是至关重要的。

培训师培训素养的培育和发展需要培训师所在单位在全面把握每一个培训师培训素养现状的基础上,有规划地、有针对性地指导培训师有意识地训练和提升自身的培训素养。为激发全体教师积极主动提升自身培训素养,学院建立了教师培训能力认定制度和校级岗位练兵制度,由学院教学委员会对每一位教师的培训能力和素养进行认定。根据每一位教师培训能力和素养的不同,分别认定为培训首席教师、培训主讲教师、培训合格教师和培训不合格教师。学院还通过举办"片段教学"比赛、"精彩一课"比赛、"优秀项目和优秀项目负责人"评选和常态化的校级岗位练兵活动,激发广大教师以身边的优秀同行为榜样,不断向优秀同行看齐,补齐自己的培训素养短板。

五、培训成果的转化:更加关注培训成果的预设、生成和凝练

近几年来,"国培计划"项目申报书越来越关注培训成果的预设,成果导向的培训项目设计逐渐受到教师培训相关部门和培训者们的关注。我国从事中小学教师培训的单位和教师群体数量很大,但是形成的有影响力的教师培训成果还不太多。培训成果主要来自三个方面:一是培训授课教师的成果;二是参训学员的成果;三是培训项目团队的成果。培训授课教师的成果主要有培训课件、教案、视频资源、作业任务、教学问题的解决方案等;参训学员的成果主要有片段教学展示、教学设计、优质课例、教学论文、优秀作业、教学行为改进、教研课题等;培训项目团队成果主要有培训需求调研分析报告、培训方案、培训班主任日记、培训绩效自评报告、培训改革报告、培训改革课题、培训改革论文、培训改革著作等。当前,有不少教师培训者把大量的精力用于办一个又一个的培训项目,却拿不出有质量的培训成果,主要原因在于对培训成果缺乏预设、生成和凝练的意识和能力,没有充分意识到培训成果的转化与生成的重要性。

长期以来,福建教育学院高度重视培训成果的转化与生成工作。学院培训管理处要求各项目团队在培训前的项目设计中要合理预设培训可能形成的培训成

果,在培训过程中注重授课教师、参训学员和项目团队培训成果的生成、收集和整理,在培训结束后注重培训成果的总结、提炼、宣传、推广和应用。学院还专门为培训类著作的出版提供经费资助,有一系列的培训类著作得以顺利出版。学院引领教师们基于培训类教学成果凝练的视角来反思、总结和改进我们的培训工作。学院目前已有多项培训类教学成果获得福建省教学成果奖特等奖、一等奖和二等奖。

第七章
名师培养的关键问题探析

第七章　名师培养的关键问题探析

中小学名师培养工程是中小学教师培训和培养的高端品牌工程。中小学名师培养由于关注度高,受到了政府、教育行政部门和培训承担院校的格外重视。中小学名师培养工程要取得预期的成效,非常重要的就是正确把住中小学名师培养人选的"入口关",也就是中小学名师培养人选的遴选。如何遴选中小学名师培养人选,国内各省市有不同的做法,如何借鉴好的做法值得我们去探讨。同时,关于中小学名师培养还有一系列的关键性问题,需要我们在培养工程设计之初就要加以思考和厘清。

第一节　中小学名师培养人选的遴选

近年来,国内兴起了一股中小学名师培养的热潮,不少省市都开展了省级的中小学名师培养工程。名师培养人选犹如名师的"种子"一样,将来可能成长为名师。"种子"选得好不好,在很大程度上决定了可以成就多少名师。因此,名师培养人选的遴选对于整个名师培养工程来说显得尤为重要,值得深入研究。

一、中小学名师培养人选应具备的基本条件

南通市教育局副局长王笑君在谈到南通市中小学名师培养人选的遴选条件时,认为可以用八句话来概括:高尚的师德师风;先进的教育理念;较强的教育科研能力;丰富扎实的专业基础和教学功底;较高的教育理念素养;强劲的专业发展内驱力;蕴含发展潜能的个性心理品质;善于反思、交流、学习、合作的团队精神和创新意识。另外,还有两个基本条件:年龄在 45 周岁以下,有较大的发展空间和较长的从教时间。一般要求取得特级教师、市学科带头人称号,有较高的、大致相当的专业水准。[①] 王笑君先生提出的十个遴选条件虽然针对的是地市级的中小学名师培养人选,但是很好地诠释了未来名师所应具备的基本条件。遴选省级中小学名师培养人选的时候可以按照这十个基本条件进行,但是在要求的高度上应该比地市级的要求高。换言之,省级、地市级、县级中小学名师培养人选的遴选均可以这十个基本条件进行,但是在要求的高度上应该有所区别,省级中小学名师培养人选

① 王笑君,杨孝如. 名师培养工程:锻造新一代教育领军人物[J]. 江苏教育研究,2011(24):9-13.

的遴选条件应该最为严格,地市级次之。本节所要讨论的中小学名师培养人选特指省级中小学名师培养人选。

二、典型省市中小学名师培养人选遴选的做法

目前,国内有不少省市都开展了省级的中小学名师培养工程,下面我们选择比较有代表性的几个省市[①],对其名师培养人选遴选的做法进行简单的介绍。

(一)上海市名师培养人选遴选的做法

《上海市普教系统名校长名师培养工程的实施意见》中对中小学名师培养人选遴选主要从以下几个方面作了规定:政治素质、能力素质、专业素质、身心素质、年龄、职称、发展潜质、外语基础较好的区县学科带头人或后备人选或市德育实训基地的优秀学员。实施意见对于选拔的程序作了如下规定:公布选拔条件,个人自荐、专家举荐和学校推荐相结合,初选审核,专家评议,确定后备人选,公示名单,确定正式人选。

(二)江苏人民教育家培养人选遴选的做法

《江苏人民教育家培养工程实施办法》规定人民教育家培养对象遴选条件包括以下几个方面:政治思想素质优秀;具有深厚的教育理论素养、文化素养和专业素养;在教育教学改革与实践中积极探索,勇于创新;积极进取,有成为人民教育家的基础条件和发展潜力。实施办法对于选拔程序规定如下:由各市根据条件标准,选拔推荐,并在主要媒体公布,省教育厅组织专家评审,在教育厅网站公示,入选人选颁发江苏省人民教育家工程培养对象证书。

(三)山东省名师培养人选遴选的做法

《山东省第二期齐鲁名师建设工程实施方案》中对名师培养人选遴选的条件从以下几个方面作了规定:思想政治素质优秀;坚持在教育教学第一线,学校正职领导不参评,副职领导与中层干部课时量有规定;具有先进的教育教学理念,教学业绩突出;承担过省(部)级以上课题研究,有较高价值论文成果,出版过较高学术价值的著作;承担过省级以上的公开课或教学观摩活动;自觉帮带青年教师;45周岁以下中学(小学)高级教师;在省内外有较大影响。实施方案对评审程序作了如下规定:采取自下而上的办法进行申报、推荐和评审。各市进行评选、申报;教育厅成立评审委员会负责具体评审工作,提出"工程"人选推荐名单,报教育厅同意后,向社会公示;公示期满后,确定"工程"人选。

(四)福建省中小学名师培养人选遴选的做法

《福建省中小学名师培养工程实施方案》对教学名师培养人选的选拔条件规定如下:思想政治素质优秀;坚持教学第一线,完成相应岗位工作量;特级教师或省学

---

① 上海、江苏、山东、福建等省市中小学名师培养相关文件。

科带头人;中学教师有本科学历并任中学高级职称,小学教师有专科学历并任"小中高"教师职务;女47周岁以下,男52周岁以下;教学业务精湛,在全省教育教学领域具有较高知名度;教育教学研究能力强,近5年主持过1项省级以上课题,发表过3篇较高水平研究成果,或编译著正式出版的教育教学类著作;指导和培养过3名设区市及以上学科带头人或骨干教师;近5年开设过区以上公开课和专题讲座至少2次。实施方案对于选拔的程序作了如下规定:教学名师培养人选采取教育行政部门推荐和学术团体推荐相结合的方式进行选拔。省教育厅组织成立专家评审委员会,对各地推荐的人选进行严格评审:候选人需要参加现场教学或说课,而后评审委员会提出建议人选。建议人选经省教育厅审定并公示无异议后予以公布。

三、典型省市中小学名师培养人选遴选的评析与建议

在以上列举的上海、江苏、山东和福建中小学名师培养人选遴选的条件和选拔的程序中,通过分析,我们发现这几个比较有代表性的省市中小学名师培养人选的遴选过程中有不少经验值得借鉴和推广,也有不少问题值得我们进一步讨论和思考。

（一）名师培养人选遴选条件的抽象与具体

通过对比,我们可以很明显地看出上海市中小学名师培养人选和江苏人民教育家遴选条件的列举较为抽象,而山东、福建遴选条件的列举较为具体。遴选条件的列举应该具体还是抽象呢?我们认为,具体和抽象都有利弊。具体的好处就是方便操作,通过量化的数据,很容易推荐出符合文件精神的人选,但是也存在很大的不足。名师培养人选遴选的条件列得过于具体,将在一定程度上助长名师培养的功利化倾向。很多地方教育行政部门、学校为了本地区、本校多出名师,就会按照名师培养人选的遴选条件,为比较有发展前途的教师量身打造,在职称评聘、论文发表、课题研究、青年教师培养等各个方面给予照顾,使其符合名师培养的各种条件。这样选拔出来的名师培养人选可能在很多方面并不能真正符合要求。另一方面,由于名师培养人选遴选条件过于量化,会导致一部分真正有潜质的教师由于未能达到其中的一些量化要求而失去获得培养的机会。这不利于将真正有成为名师潜质的教师选拔出来。当然,遴选的条件列得过于抽象也不利于名师培养人选的选拔,选拔过程中需要地市教育行政部门、专家评审委员会高度的责任感、敏锐的眼光以及社会各界的监督,可操作性也受到很大的影响。

（二）名师培养人选是否需要主持过省(部)级以上课题

山东省和福建省的名师培养人选遴选条件中都明确提出承担或主持过省(部)级以上教育教学科研课题的研究,取得较高水平的研究成果的要求。江苏省对人民教育家培养人选的要求中提出承担过重大教改实验项目,在研究解决实际问题方面成效显著。而上海市对名师培养人选并无这方面的要求。我们认为,主持过

省(部)级以上教育教学科研课题的研究这一要求对于普通教师来说要求有点偏高,很多没有承担行政领导职务的教师并没有承担省(部)级以上教育教学科研课题的条件。这对于那部分没有担任行政领导职务的教师来说并不公平。建议可以改成作为主要成员参与省(部)级以上教育教学科研课题的研究。

(三)名师培养人选应该来自教学第一线

山东省规定名师培养人选应坚持在教育教学第一线工作。学校正职领导不参评,副职领导与中层干部必须兼课,课时量应分别不少于同学科周课时标准时数的三分之一、二分之一。福建省规定坚持教学第一线工作,完成相应岗位教学工作量。山东省和福建省做法的出发点就是防止名师培养"行政化"的倾向。在当前的中小学里,校长作为学校的一把手,在名师培养人选推荐上有行政上的优势。名师的名在于名师的课堂,因此名师培养人选应该来自教学第一线。山东省的做法充满勇气,值得其他省市学习。

(四)名师培养人选申报途径的多元化

上海、江苏、山东、福建四个省市的名师培养人选的选拔都很好地坚持了自下而上选拔的方式,都是通过基层评审、上报、教育厅组织专家评审、公示、确认的方式进行的。上海市名师培养人选的申报采取个人自荐、专家推荐和学校推荐相结合的方式进行,福建省培养人选的申报采取教育行政部门推荐和学术团体推荐相结合的方式,而江苏和山东都采取各地市直接初评再申报的方式进行。拓宽申报途径,可以使更多优秀的人才不因某些客观或主观的因素而失去参加地市级初评的机会,可以将更多有潜质的优秀教师选拔出来。我们认为,结合上海和福建的申报方式,可以采取个人自荐、专家推荐、学术团体推荐、学校推荐的方式进行名师培养人选的申报工作,促使名师培养人选申报途径更加多元化。

(五)名师培养人选的选拔更要注意面试评审

目前,社会各界对人才的考核基本包括两个方面,一是书面考核,二是面试。名师培养人选的遴选工作相当重要,要选拔出真正符合条件的名师培养人选只通过书面材料的审核,恐怕难度较大。比如,有些教师虽然很有内才,但是表达能力却很差,这样的教师恐难成长为名师在全省起引领示范作用。因此,名师培养人选的选拔除了书面材料的评审以外,还应更注意面试评审。上海市名师培养人选遴选工作在这个方面做得很好。上海市在进行名师培养人选的选拔之前就成立了各学科导师团,邀请导师团对申报名师培养人选的教师进行面试,通过面试探查教师各方面的素质以及教师的专业发展意愿,从而最后确定符合条件的有潜质的名师培养人选。我们认为,这样的遴选程序具有科学性。

(六)名师培养人选的选拔注重教师课堂教学素养

名师,最基本的就是要拥有精湛的教学业务能力,具有先进的教育教学理念与教学方法、深厚的教育理论素养、突出的教育教学专长与鲜明的教学风格,在课程改革中能发挥专业引领作用,在全省教育教学领域具有较高知名度。同时,为了防止少部分长期脱离教学一线的行政领导通过各种方式进入名师培养人选的队伍,有必要注重教师课堂教学素养的考查。福建省在名师培养人选的选拔过程中,要求对所有教学名师培养人选申报人员通过封闭式的现场教学设计书写、片段教学和回答评审委员会成员问题等方式来考查申报人员的课堂教学水平、教学设计水平、教育教学理论水平、对教材理解的水平等信息。这样做有利于评审委员会成员更真实地了解申报人员的课堂教学素养和综合素养,以及本学科申报人员的整体水平。这对于选拔有潜质的教师和后期的名师培养都有所助益。

四、结语

通过对几个典型省市中小学名师培养人选遴选条件和程序的分析与评论,我们认为省级中小学名师培养人选的遴选条件在设置时可以参照王笑君提出的十个基本要求进行,总体上来讲,遴选条件的设置应该实现抽象和具体的辩证统一,从实际情况出发,以能够选拔出具有名师潜质的名师培养人选为目标,要求申报人员作为主要成员参与省(部)级以上教育教学科研课题的研究;坚持名师培养人选应该来自教学第一线;实现名师培养人选申报途径的多元化;强调名师培养人选的选拔更要注意面试评审;坚持名师培养人选的选拔注重教师课堂教学素养。

第二节　中小学名师培养的关键性问题

近年来,随着国内一些发达省市"名师培养工程"的实施,教育界兴起了"名师培养"的研究热潮。以"名师"作为篇名在中国知网中进行检索,可以检索到约14000条结果。通过对国外有关名师培养的考察,我们发现国外并没有"名师"的说法,而是以"专家型教师"代之。国内有部分省市借用了"专家型教师"的说法。以"专家型教师"作为篇名在中国知网进行检索,可以检索到600余条结果。通过分析发现,这些结果涉及中小学、职校、高校等各类学校名师或专家型教师的培养,且以中小学名师或专家型教师培养为主。可见,当前"名师培养"或"专家型教师培养"的研究已经形成一定的规模。本节不再区分"名师"和"专家型教师",下文统称"名师"。本节结合国内学者的研究成果对中小学名师培养的若干关键性问题进行了思考与评析,以期进一步明确中小学名师培养的方向和目标,为中小学名师培养工程的实施提供借鉴。

一、什么是名师

这是一个急需名师的时代,优质的教育需要一大批高水平的名师来引领。那么,什么是名师呢?顾明远主编的《教育大辞典》对名师的定义是:"名望高的教师、师傅。目前大多指教育领域公认的有重大贡献和影响的学者、教师。"《辞海》对名师的定义是："有名的老师或师傅。"不同的学者在论及名师时，也有自己不同的看法。对学者们的观点进行归纳，比较有代表性的主要有以下几种：

《基础教育课程》杂志主编成尚荣从名师的基质是什么、什么是名师进行了探讨。他在《名师的基质》一文中提出，名师应该具有四个方面的基质，即对事业、生活意义、职业价值充满激情，内心不满足，文化底蕴和才情，独特的思维[①]。他在另一篇论文《名师应当是思想者：谈教学主张与名师成长》中提出，教学主张、以教学主张为内核的教学风格是名师成长的必备条件[②]。全国著名语文特级教师于漪在《名师培养之我见》中提出，"名师"首要的是"师"，"名师"应该是师德、师魂、师能的榜样，不能以"名"作为追求目标，"师"的榜样挺立，"名"就会不期而至[③]。郭华在《名师是怎样成长起来的：从对五位名师质的研究中谈起》中提出，"名师"关键在于"课"，在于是否有自己独特的授课风格，是否有可彰显的教育话语体系[④]。陈震在《名师成长的核心要素摭谈》中提出，名师至少需要从三个维度来衡量：人格、贡献和影响[⑤]。王颖在《试析名师走向成功的特质素养》中提出，"名师走向成功除了必备的专业素养外，还需要有特质素养如甘于乐业、坚定的教育信念或信仰、拾级而上的职业目标、自强不息的精神、切实有效的教育研究、特有的知能结构、惜时如金、独特的教学风格和伟大的人格魅力等"[⑥]。童富勇和程其云在《中小学名师专业成长的影响因素分析：基于浙江省 221 位名师的调查》一文中提出[⑦]，"'名师'就是在一定地域范围内具有一定的知名度、认可度、影响力，且专业素养较高的优秀教师"。

以上列举了几位学者对于"什么是名师"的看法，学者们认为名师应该具有四个方面的基质和多方面的特质素养；认为名师不在于"名"，更在于"课"，在于师德、师魂、师能；认为名师应该作出较大贡献，具有较大影响和被大众所认可；认为名师除了扎实的专业素养以外，还需要具有自己的教学主张、教学风格、教育话语体系、个人魅力。通过分析我们认为可以给"名师"下这样一个定义：名师，就是热爱教育事业，掌握教育教学的规律，在教学中不断反思、总结形成自己的教学风格和教学特色，具有人格魅力、见解独到，在一定范围内做出突出贡献，形成一定影响的优秀教师。

---

① 成尚荣．名师的基质[J]．人民教育，2008(8)：37-41．
② 成尚荣．名师应当是思想者：谈教学主张与名师成长[J]．人民教育，2009(1)：43-46．
③ 于漪．名师培养之我见[J]．江苏教育研究(实践版)，2008(2)：4-5．
④ 郭华．名师是怎样成长起来的：从对五位名师质的研究中谈起[J]．中国教育学刊，2008(8)：31-34．
⑤ 陈震．名师成长的核心要素摭谈[J]．江苏教育(教育管理版)，2012(2)：30-32．
⑥ 王颖．试析名师走向成功的特质素养[J]．当代教育科学，2007(1)：40-43．
⑦ 童富勇，程其云．中小学名师专业成长的影响因素分析：基于浙江省 221 位名师的调查[J]．教育发展研究，2010(2)：64-68．

二、名师不是打造出来的

关于名师培养,见诸会议、报刊和文件,使用频率最高的词便是"打造"。在百度中以"打造名师"为关键词进行搜索,可以检索到约 6600 万条结果。可见,"打造名师"这样的说法似乎颇合主流。这本身并不是一个纯粹的教育学问题,而是一个复杂的社会学和经济学问题。在一切以经济建设为中心的社会发展过程中,很多人误以为只要投入人力、物力和财力,想要打造名师,随时就可以打造出来。当然,人力、物力和财力等外在力量是名师培养的基本保障。脱离了这些外在力量的支持,空谈名师的培养也是不现实的。然而,唯物辩证法告诉我们,外因必须通过内因起作用。成尚荣认为,"打造"是通过外部的力量来改变,属于外因。在名师培养中,忽视教师自身内在力量的作用,"名师"是打造不出来的。因此,在名师培养过程中,除了关注外部力量对于名师培养的保障作用以外,我们应该更关注教师的内在力量。孙迎光在《主体教育理论的哲学思考》中认为,教师的内在力量主要指的是"人在自觉活动中不可缺少的自立性、自为性、自主性、自动性等"①。这种力量自主发挥,才是名师培养的关键。名师培养的对象或人选作为已经有相当年纪和教龄的教师,已经不是未成年人,他们有自己成熟的思想和价值观,如果不能充分调动他们自身成长的内在驱动力和需求,名师培养将"一头热,一头冷",变成一场很"被动"的独角戏,名师培养的成效也将是极易预见的。

三、名师也不是捧出来的

在这个充满包装的时代,很多人误以为名师都是包装出来的,都是捧出来的。诚然,在这个社会,采用商业化的包装手法,教育行政部门或者教研管理部门如果想要把一名普通教师包装成一名"知名度"很高的教师——"名师",那也不是太难的事情。但是,通常来讲,这样包装出来的"名师"是包装者一厢情愿甚至自己内心也不认可的"名师",更不会是同行教师心目中真正认可的"名师"。名师应该是自下而上地,来源于教学一线同行内心的认可和推崇,而不是由某个单位或个人包装出来的。同时,从普通教师成长为名师的道路是坎坷的,不可能一帆风顺。要成长为名师,就要经得起各种批评。毛荣富在《名师不是捧出来的》中介绍了一位年轻教师因为受到"连基本功都还没过关"的批评而不想上课,与于漪老师自揭短处的故事,他认为"名师不是捧出来的,而是磨炼出来的"②。反观我们的现实,可以发现现在有少数准名师在省市县一旦小有名气,就开始故步自封、不再思考、不再研究,喜欢听别人奉承的好话,听不得批评的话。很多时候,准名师成长过程中都会取得很多骄人的成绩,然而这些成绩往往又会严重阻碍这些准名师成长为真正的

---

① 孙迎光. 主体教育理论的哲学思考[M]. 南京:南京师范大学出版社,2003.
② 毛荣富. 名师不是捧出来的[J]. 现代教学,2010(12):51.

名师。这是一个值得注意和需要警惕的问题。

四、名师更不是评出来的

名师的培养是一个很漫长的过程。不过由于很多地区缺乏名师,急需名师,希望三到五年内涌现出一大批名师。很多时候,人们没有足够的耐心去等待名师的出现,就只好根据学校与学生的需要,去挑选、认定或者评选名师。周彬在《"名师评选"不是"名师之道"》一文中提出,当人们用一个量化的标准来评选名师的时候,对普通教师就是一种误导,对评上名师的教师则是一种纵容[①]。对于普通教师来说,他们可能就会认为名师是可以量化的,只要达到教育行政部门文件上要求的条件,自己将来也可以顺理成章地成为名师,而忽略了名师应该具有的很多特质素养、教学主张、教学风格和个人魅力等量化指标所无法衡量的要素;而对于评上名师的教师,他们是否真正达到了名师标准,是否是真的名师,他们也不会深入去思考,很多人因此失去了成为真正的名师的机会。

在过去很长一段时间里,我们国家的特级教师、学科带头人、骨干教师、优秀教师等的评选都带着很强的"行政"色彩。国内某些省市县通过层层选拔,直接认定省市县各级中小学名师,并颁发名师证的做法,一直以来受到社会各界的广泛讨论和批评。胡艺在《名师评选应少一些"行政"色彩》一文中提到某省高校教学名师评选参评对象中 73% 以上身兼大学行政领导职务[②]。其实,这种现象不只在大学存在,在中小学的各类名师评选和奖励申报过程中都存在。王培峰在《名师成长的功利化现象及思考》中认为,当前名师认定存在功利倾向[③]。名师影响力的认可度是在长期的实践中一步一步建立起来的,名师如果实在需要外部的认定或命名,应该建立在广大同行认可的基础之上,应该是自下而上的,而不应该是自上而下的。然而,在现实中很多省市县名师认定或评选还是以教育行政部门为主导,按照量化或半量化的条件层层选拔,并将名师的认定或评选与教师的职称、待遇等相挂钩。事实上,名师不应该是外在选拔的,更不应该是官方认定的,名师的成长需要足够的时间积淀和社会公众、同行的广泛认同。

五、名师培养应该把握住节奏

当今社会,是一个快节奏的社会。经济发展追求高速度,名师培养也不例外。很多地方的名师培养都表现得过于急迫,总是想在几年时间内培养出一大批名师。在当今这个浮躁的社会环境之中,名师的成长,受到了各种各样的干扰、制约和诱惑。过分追求名师数量和速度将直接导致名师质量下降。陆安在《名师培养欲速则不达》中提醒我们应该注意名师培养表现出来的急功近利的、非理性的心态,关

---

① 周彬."名师评选"不是"名师之道"[J].上海教育,2008(1):32-33.
② 胡艺.名师评选应少一些"行政"色彩[J].教育与职业,2011(8):90.
③ 王培峰.名师成长的功利化现象及思考[J].教育发展研究,2008(20):27-29.

注名师培养的质量[①]。任保定认为,在当前的名师培养中存在这样一个现象值得关注,地方教育行政部门为了本地区多出名师,事先按照上级公布的名师规格和指标选定有培养前途的苗子,再单独猛施"化肥":没有先进称号的,优先评给他;没有论文的,想法给他补……他认为,这样培养出来的名师显然质量和水平是存在问题的[②]。因此,名师的选拔和培养应该尊重教育规律和名师成长规律,尊重社会公平原则,不应该过于急功近利,应该把握住节奏。张文质老师说,教育是一门慢的艺术。名师培养何尝不是一门慢的艺术,需要人们有足够的耐心去等待,需要人们有足够的智慧去培养。

六、名师专业成长的影响因素

一名普通教师要成长为名师,需要通过教师自身的各种实践活动来实现,在发展过程中各种影响名师成长的因素循环互动、交替影响。童富勇和程其云通过对浙江省的221位名师进行问卷调查和访谈,发现影响名师专业成长的内部因素有教师的专业发展愿景、自我效能感、实践磨砺、研究反思;外部因素有专业引领、关键事件、同伴互助;同时,中小学名师的专业成长还受到文化因素的影响[③]。方健华认为,名师专业成长是一个开放的系统,各种因素相互联系,它们之间是复杂的交互作用、双向甚至多向的建构方式[④]。主要表现在以下几个方面:教育文化的土壤、自主发展的空间、反思性实践的学习与研究路径。可见,影响名师成长的因素是相当复杂的,在这些因素之间很难区分谁主谁次、谁轻谁重,体现出很强的开放性和复杂性。

七、当上名师之后做什么

我们虽然不认同名师是评出来的,但是我们认为欧阳锡龙在《评上名师之后做什么》中对于教师成为名师以后应该做什么的论述颇有见地。他认为,教师当上名师之后更需保持清醒的头脑,不为名利所累;更需要不断学习和研究;更需要牢记自己的使命[⑤]。名师应该积极通过各种形式发挥自己的辐射效应、示范效应和激励效应,引领更多教师奋发有为。这也正是为什么教育行政部门要花费大量的人力、物力和财力培养名师的意义所在。谌涛在《校名师制度:"教而优则仕"之惑》中提出,应该警惕这样一种不良倾向——"教而优则仕",他认为不应该让教育教学优秀的教师转向教育管理工作,这对于学生的培养和教师个人的专业发展来说,都是

---

① 陆安. 名师培养欲速则不达[J]. 当代教育科学,2011(14):25-29.

② 任定保. 培养名师不宜猛施"化肥"[J]. 山东教育,2009(Z2):127.

③ 童富勇,程其云. 中小学名师专业成长的影响因素分析:基于浙江省221位名师的调查[J]. 教育发展研究,2010(2):64-68.

④ 方健华. 名师专业成长的规律、影响因素与机制:基于名师成功人生的解读[J]. 教育发展研究,2011(Z2):70-78.

⑤ 欧阳锡龙. 评上名师之后做什么[N]. 中国教育报,2008-03-11.

极为不利的。我们应该创造各种条件,让名师充分发挥其辐射、示范和引领作用,带动教师队伍整体跃升①。名师标志着一个地区、一所学校的教育教学水平和声誉,名师可以带动一所学校、一个学科、一支队伍,产生"一花引来百花开"的作用。这才是名师应有的责任和担当。

八、结语

通过以上论述和评析,我们认为当今是一个急需大量高水平名师又不能过于急功近利的时代;名师就是热爱教育事业,掌握教育教学的规律,在教学中不断反思、总结形成自己的教学风格和教学特色,具有人格魅力、见解独到,在一定范围内做出突出贡献,形成一定影响的优秀教师;在名师培养过程中除了关注外部的力量,更应关注教师的内在力量;名师不是捧出来的,应该是磨炼出来的,已有的成绩有时候会成为阻碍教师成为名师的重要力量,值得警惕;名师不是评出来的,需要时间的积淀和广大同行内心的高度认同;名师培养应该把握住节奏,应该尊重教育规律、尊重名师成长规律和社会公平原则;影响名师成长的因素有内部因素,还有外部因素,体现出很强的开放性和复杂性;名师应该在教学岗位上发挥辐射效应、示范作用和激励效应,而不应该取得一定成绩以后就转向教育管理工作,否则就是对名师资源的极大浪费。

---

① 谌涛.校名师制度:"教而优则仕"之惑[J].教书育人:校长参考,2008(4):24.

第八章
新时代教研工作改进方向

第八章 新时代教研工作改进方向

研训一体,从某种意义上来讲,教研工作其实也属于教师培训的范畴。精准开展教研活动,也能够达到精准培训的目的。从事教研工作的主体主要是省、市、县三级教研机构的教研员。听评课活动是教研活动的最常见形态。然而,有的听评课活动对于一线教师来说形同"鸡肋"。如何发挥听评课的功能和作用呢?这就需要教研员组织听评课活动的时候要注意方式方法。中小学和高校的一个很大区别就是中小学学术教研平台缺失问题很严重,如何搭建学科研究所学术平台助力教师教研发展值得我们思考和关注。教研工作为我国基础教育发展做出了重大的历史性贡献,在新时代背景下,教研工作还存在哪些问题,教研工作改进的方向在哪里?要适应这样的改进,教研员应该具备怎么样的核心素养?这些都是摆在我们面前的现实问题。

第一节 高中化学教师听评课态度的调查

听评课是当前中小学教研活动最常见的形式,小到学校集备组、教研组,大到县(区)、市教研主管部门都经常开展各类型的听评课活动。因此,中小学教师对于听评课无疑都是再熟悉不过的。听评课作为常规教研活动形式,深受各教研管理部门的厚爱。听评课可以营造良好的研讨氛围,有助于相互学习,共同提高;有助于学校领导诊断、检查教师的教学工作;有助于专家鉴定或评判教师的教育教学水平;等等。然而,近些年来,听评课逐渐成为"鸡肋",教研主管部门坚持开展,一线中小学教师却兴趣不大。那么,听评课为什么成了"鸡肋"?在2012 年福建省高中化学教师远程研修过程中,我们对参加研修的学员进行了听评课态度的调查。

一、调查对象

本次调查的形式是网络问卷调查,调查对象为 2012 年福建省高中化学教师远程研修班的学员。学员来自全省各地,参加调查的总人数为 690 人,调查对象设区市分布情况见图 8-1。

调查对象学校类型分布情况见图 8-2。

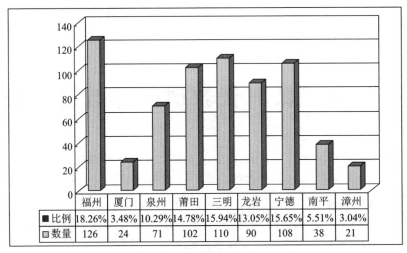

图 8-1 调查对象设区市分布情况

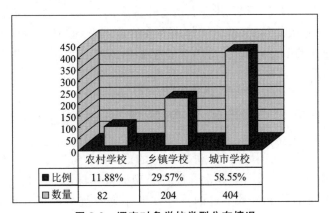

图 8-2 调查对象学校类型分布情况

二、调查问卷的编制

我们自行编制了《福建省高中化学教师听评课调查问卷》,本问卷主要由 5 道选择题和 1 道开放题组成,具体细目表如表 8-1 所示。

表 8-1 调查问卷细目

题型	题号	内容
选择题	1	您在听评课活动中,是否感到无话可说?
	2	您是否曾参加过听评课方面的专门培训?
	3	您是否阅读过有关听评课方面的著作?
	4	听评课以后,您是否撰写听课日记或听课反思?
	5	您是否将听评课的一些收获应用到自己的教学中?
开放题	6	您认为,当前本地区的听评课活动存在什么样的问题?

三、调查结果统计与分析

（一）教师在听评课活动中"无话可说"或"有话不说"现象明显

对于"您在听评课活动中,是否感到无话可说?"这个问题,调查结果如图8-3所示。调查结果显示,在听评课活动中,有15.51%的教师感到无话可说,42.17%的教师偶尔会感到无话可说,42.32%的教师不会感到无话可说。可见,有一半以上的教师在听评课过程中会或偶尔会感到无话可说。针对这种现象,我们对参加问卷调查的教师进行了随机访谈,发现这种现象的出现原因可能有以下几个方面:一是教师对听评课本身不感兴趣,"被迫"参加听评课活动;二是教师不具备听评课的专业能力,不知道如何进行听评课;三是教师碍于情面不敢说真话;四是教师听课前准备不足,无从入手;五是教师自身专业素养不足,无法进行有效反思;六是教研风气不正、氛围不好,缺乏听评课的环境;七是由名师、骨干教师主评,其他教师难以参与;八是教研组织人员组织不当、引导不利,难以引导教师参加听评课;九是教研组织人员自身缺乏听评课的专业能力,难以指导教师进行有效听评课;等等。以上这些原因都直接或间接地导致很多教师在听评课过程中"无话可说"或"有话不说"。

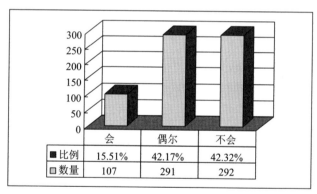

图8-3　问题1调查结果

（二）大部分教师未参加过听评课方面的专门培训

对于"您是否曾参加过听评课方面的专门培训?"这个问题,调查结果如图8-4所示。调查结果显示,有参加过听评课方面的专门培训的教师占27.10%,没有参加过听评课方面的专门培训的教师占72.90%。可见有3/4左右的教师没有参加过有关听评课方面的专门培训。

通过对参与问卷调查的教师进行随机访谈,我们发现参加过听评课方面培训的教师主要集中在厦门、龙岩、泉州等设区市。近年来,厦门、龙岩、泉州等设区市在组织地市级教师培训过程中有专门开设听评课方面的课程,通过专家引领的形式将听评课作为一门专业技术来抓。同时,作为省级教师培训院校,福建教育学院

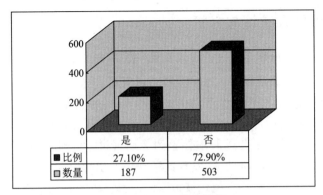

图 8-4　问题 2 调查结果

近年来也充分意识到听评课作为一种重要的教研形式,其功能未得到充分发挥的一个重要原因就是教研组织人员和教师未能全面掌握听评课的方法,在各类培训过程中我们都加入听评课方面的课程,以提升教师的听评课能力。有一部分参加问卷调查的教师参加的有关听评课方面的专门培训就是由福建教育学院举办的。

(三)有一半的教师未阅读过有关听评课方面的著作

对于"您是否阅读过有关听评课方面的著作?"这个问题,调查结果如图 8-5 所示。调查结果显示,56.52％的教师阅读过有关听评课方面的著作或书籍,43.48％的教师未阅读过有关听评课方面的著作或书籍。可见,有一半左右的教师未阅读过有关听评课方面的著作。考虑到问题 2 的调查结果——有 3/4 左右的教师未参加过听评课方面的专门培训,我们认为教师对听评课的认识和了解是比较欠缺的。

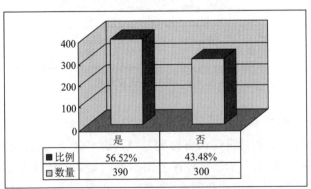

图 8-5　问题 3 调查结果

通过对参加问卷调查的教师进行随机访谈,我们发现很多教师确实既没有参加过有关听评课方面的专门培训,又没有阅读过有关听评课方面的著作。很多教师对听评课的认识和了解完全来自实践过程产生的认识。由于各个学校、县(区)、地市听评课活动组织水平存在差异,直接导致了教师对听评课的不同认识和了解。有教师认为听评课就是为了继续教育学时,为了签到,为了打卡,如果不需要签到或打卡,自己不会参加;有教师认为听评课就是为了完成学校、县(区)、地市教研主管部门交给的任务;有教师认为听评课对于青年教师的成长非常有帮助;等等。这些不同的认识和了解很大程度上来源于实践过程中教师对听评课活动过程的感悟。

（四）有六成的教师撰写听课日记或听课反思

对于"听评课以后,您是否撰写听课日记或听课反思?"这个问题,调查结果如图 8-6 所示。调查结果显示,有 60.72％的教师在听评课以后,撰写听课日记或听课反思;有 39.28％的教师听评课以后,不撰写听课日记或听课反思。可见,有六成的教师已经意识到了撰写听课日记或听课反思的重要性。叶澜教授指出:"一个教师写一辈子教案不一定能成为名师,写三年教学反思则可能成为名师。"我们认为,对于发挥听评课的有效性、促进教师成长,撰写听课日记或听课反思与教学反思一样重要,对于青年教师的成长来说可能比教学反思还要重要。

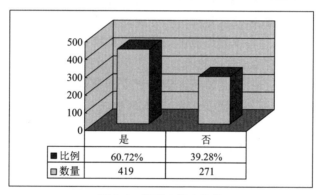

图 8-6　问题 4 调查结果

对参加问卷调查的教师进行随机访谈,我们发现教师不写听课日记或听课反思的原因主要有以下几种:一是没有形成撰写教学反思、教学日记的习惯,更遑论听课日记或听课反思;二是听评课活动过程中思考不够,收获不大,无从下笔;三是备课、批改作业、批改试卷花费太多时间,没有时间撰写听课日记或听课反思;四是没有意识到听课日记或听课反思的重要性,认为那是浪费时间的事情;五是职业倦怠,认为自己职称已到高级,失去奋斗目标;六是教研主管部门只检查听课记录,从不检查听课日记或听课反思,引领不够;等等。以上原因,就导致了四成的教师很少或从不撰写听课日记或听课反思,这直接影响到了听评课的效果。

（五）绝大部分教师能将听评课的收获应用于自己的教学

对于"您是否将听评课的一些收获应用到自己的教学中?"这个问题,调查结果如图 8-7 所示。调查结果显示,98.12％的教师能够主动将听评课的收获应用于自己的教学中,只有1.88％的教师表示自己无法将听评课的收获应用于自己的教学中或者听评课没有收获可以应用于自己的教学中。可见,绝大部分的教师认为自己可以将听评课的收获应用于自己的课堂教学中。

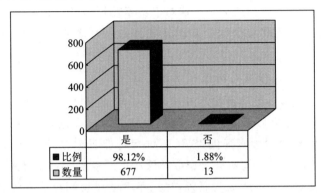

图 8-7　问题 5 调查结果

关于教师是如何将听评课的收获应用于自己的教学中的,我们对参加问卷调查的教师进行了随机访谈,发现教师将听评课的收获应用于教学中主要体现在以下方面:一是将听评课过程中授课教师的优质课件拷贝,用在自己的课上;二是将授课教师的教学思路应用于自己的课上;三是发现授课教师的不足,避免自己的课堂教学中存在同样的问题;四是将听评课过程中其他教师提出的意见或建议用于改进自己的课堂教学;等等。我们认为,前面两种属于较低层次的应用水平,后面两种属于较高层次的带有教师自觉反思的应用水平,属于应该大力提倡的应用方式。

(六)各校各地听评课活动各种问题突显

对于"您认为,当前本地区的听评课活动存在什么样的问题?"这个开放性问题,参加问卷调查的教师各抒己见,充分表达自己的看法。通过对教师的回答进行归纳、整理,我们发现全省各校、县(区)、市听评课活动各种问题突显,教师普遍对当前的听评课活动不感兴趣,认为当前的听评课活动缺乏实效。主要的有代表性的问题有以下几个方面:

1. 听评课流于形式走过场,效果欠佳

很多教师认为当前的听评课存在流于形式走过场的问题,教研活动的组织者热情不高,不能够很好地引领参加听评课活动的教师充分地参加到听评课活动中,参加听评课的教师也抱着完成任务的心态参加听评课,参加听评课的目的主要在于获得教研主管部门颁发的继续教育学时,为了签到,为了打卡,而不关注听的是谁的课,是什么课,该课的目标是什么,如果自己来上会怎么样。听评课过程中,经常有教师在做自己的事情,比如批改作业、试卷或备课等。听评课的氛围较差,效果欠佳。

2. 缺乏专业的听评课技术引领

调查结果显示,很多教师都希望能通过培训得到专业的听评课技术的引领,很多教师都对如何进行听评课感到很困惑和迷茫。在平时的听评课活动中,一般先由授课教师开课,紧接着在教研员或其他人员的主持下开展评课活动。很多时候,教研员或其他主持人员只是起一个组织的作用,不能在专业上很好地引领广大教师掌握听评课的技术,听评课缺乏有效的手段和方法,广大教师抓不住听评课的关键和要点。因此,对教师进行听评课的专门培训,指导教师阅读有关听评课的著作,培养教师的听评课技能显得尤为重要。

3. 不能根据学情进行有依据的评课

很多教师反映,在平时的听评课过程中,很多教师不能根据授课班级的学情、生情等方面进行有依据的评课。很多教师在评课过程中总是想到哪说到哪,评课缺乏依据,不够规范,有时候还存在信口开河的现象,这对授课教师是不够尊重和不够负责的。他们认为,应该在听评课过程中充分考虑到各个学校的实际情况,从实际出发进行听评课才能切实改善当前听评课的现状。

4. 听评课研讨的目标不够明确,太过分散

听评课过程中,由于研讨的目标不够明确,导致教师们你一言我一语的现象比较常见。教师们的发言比较分散,观点很难聚焦,很难形成观点之间的碰撞,自说自话。因此,我们认为在听评课过程中,作为教研活动的组织者应该适当缩小研讨的目标,将听评课的范围集中在某一个或某几个方面,才不致于发言过于分散。每一次听评课可以有不同的观察目标,这样也有助于教师们更好地掌握听评课的技能。

5. 评课时间太短,未充分研讨

听评课过程中,听是一方面,评是更为重要的一个方面。然而,目前评课时间太短,很多教师都还没有来得及思考、整理就匆匆发言,在未充分研讨的情况下,评课活动就结束了,这很难保证评课的效果。

6. 只评"教",少评"学"

当前的教育理论和实践非常关注"以学定教"的理念,说明教育界人士越来越关注学生的"学",教师的"教"是为学生的"学"服务的,没有学生的"学",教师教得再好都没有用。在听评课过程中,多评"教",少评"学"的现象与"以学定教"的理念是相冲突的。因此,我们认为在听评课过程中不应只关注"教",应更多地关注学生的"学",充分体现"以学定教"的教育理念。

7. 以名师或骨干教师主评,其他人"复议"

当前各校、县(区)、市的听评课活动都存在以少数名师或骨干教师主评,其他人"复议"的情况。有不少教师反映,每一次听评课发言的总是那几个名师或骨干教师,普通教师发言的机会或次数不多。这种情况不利于良好的研讨氛围的形成,在很大程度上打击了普通教师参与听评课的积极性。当然,我们不否定名师或骨

干教师主评对于青年教师成长的指导作用。

8. 只提意见,不提建议

参加调查的教师反映,当前的听评课存在一种不良的倾向:"多说好话,一团和气,只提意见,不提建议。"很多教师对这种倾向表达了自己的不满,认为这对授课教师和听课教师都没有好处。授课教师只听到好话,无法了解听课者对自己课堂教学的真实评价,听课者只提意见不提建议的做法很多时候是由于听评课教师没有实事求是地评价授课教师的课,脱离了学生的学情,提出了更高的要求,这种做法使授课教师即使发现了问题也不知道如何改进。因此,我们认为在听评课过程中应该改变这种不良的倾向。

9. 听评课的成果没有得到关注

很多教师认为,听评课结束后,听评课的成果应该以适当的形式得到推广,比如以案例加点评的形式下发给各个学校或教师,让教师可以进一步学习和应用听评课的成果。对于授课教师,评课结束后,应该按照听评课过程中同行和专家提出的意见,对课堂教学进行反思,并再次通过课堂教学来实践听评课的成果,以提升自己的教育教学水平。

10. 听评课过分集中于公开周,未能常态化实施

我们在调查中发现,听评课活动主要集中于各个学校的公开周,暂时还没有常态化实施。各个学校的公开周教学事实上也就是我们常说的公开课,这些公开课很多时候都是全校化学教师共同备课的结果,是反复演练、反复改进的结果,带有很强的表演性质。对这样的课型开展听评课,很难发现并解决平时教学中的真实问题。因此,我们认为开展听评课活动最好的载体应该是一些常态课,通过对一些常态课进行共同研讨,可以促进教师发现教学中存在的问题,共同研讨解决问题的办法。这对于教师自身专业素养的提升是大有裨益的。

四、结语

通过对问卷调查结果的统计与分析,我们可以发现教师对听评课不感兴趣,听评课效果差的原因是多方面的。相关的教研管理部门应该对教师进行听评课方面的专门培训,指导教师阅读有关听评课方面的著作,提升教师的听评课技能,并不断改进听评课活动的组织和管理,使教师充分意识到听评课活动的价值,最终达到提升教师专业素养的目的。

第二节 如何评课方能让人"心服口服"

听评课是中小学开展学科教研活动的常见形式。各级教研管理部门和各类学校教务部门都热衷于开展听评课活动,可是中小学一线教师却不喜欢开课,也不乐于参加听评课活动,可以说是"一头热,一头冷"。学者们对这种现象有过不少的论

述,认为原因是多方面的[①]。其中一个重要原因在于专家或参加听评课活动的教师的评课不能让开课教师和参加听评课活动的其他教师"心服口服"。开课教师和参加听评课活动的教师表面上接受评课意见或建议,实际上内心并不认同,也就是"口服心不服"。这就导致听评课活动流于形式,起不到应有的作用和效果。那么,怎样评课,才能让开课教师和参加听评课活动的教师"心服口服"呢?结合中小学教师培训和教研活动组织经验,我们认为可以基于以下五个维度进行评课,相信会有不错的效果。

一、基于校情生情学情进行评课

参加听评课教研活动前,要对开课教师所在学校的学校情况、生源情况、学生学习情况等方面进行一定的了解,这是听评课的基础。开课教师的教学设计和教学实施是在分析了学校情况、学生情况基础上进行的。参加听评课活动前可以通过网络、知情者大致了解一下即将听课学校的情况和学生情况,在听课过程中应该注意收集课堂中学生的学习表现(包括眼神、姿态、与教师的互动、练习完成情况等)以了解学生的学习收获和效果。在听课结束后评课开始前,开课教师通常还会对校情生情学情进行简单的分析。参加听评课活动的教师要抓住一切机会,尽可能全面地掌握开课教师所在学校的校情生情学情。只有基于校情生情学情进行评课才能言之有据、言之成理,而不至于提出脱离校情生情学情的评课意见或建议。

二、基于教师教学设计和教学实施进行评课

评课的类型有很多种,有同事之间相互学习、共同研讨的评课,有学校领导诊断、检查的评课,有上级专家鉴定或评判的评课,等等。但是,更多的是作为教育教学能力提升的同一个区域或同一个学校同行之间相互切磋、共同提高的研讨评课。评课的对象是开课教师所开的课,而不是开课教师的教学水平。基于这样的目的,在评课过程中需要注意的就是要基于开课教师的教学设计和教学实施进行评课。不管是常态课还是精心打磨的课,都是开课教师基于一定的教学设计思路而设计和实施的课,必然既有优点也有缺点。评课教师应该基于开课教师的教学设计和教学实施进行评课,而不能脱离开课教师的教学设计和教学实施另起炉灶,大谈如果这节课自己来上,自己将怎么上。开课教师更希望的是评课教师基于自己的教学设计和教学实施真诚地指出其长处和不足,以便能够更好地改进自己的教学设计和教学实施。只有这样,开课教师才能够通过听评课活动获得长足的进步,而其他参加听评课活动的教师也才能基于亲身经历和体验的教学设计和教学实施对如何改进课堂教学进行深入反思。

---

①　张贤金,吴新建. 听评课缘何成为"鸡肋":基于福建省高中化学教师听评课态度的调查与思考[J]. 福建基础教育研究,2012(11):83-86.

三、基于不同教师角色定位进行评课

按照职称,教师可以分为正高级教师、高级教师、中级教师和初级教师;按照教师成长阶段,教师可以分为专家教师、名师、优秀教师、合格教师、刚入职教师;按照教师教龄,教师可以分为老教师、中年教师和青年教师;等等。应该说,依据不同,教师可以有不同的分类和不同的角色定位。比如,按照教师成长阶段的不同,开课教师可能是专家教师、名师、优秀教师、合格教师或刚入职教师。在听评课过程中,要根据开课教师角色定位的不同进行有针对性的评课,只有这样才能最大程度地发挥评课的效果。比如,对于专家教师或名师,在评课过程中应该重点就专家教师或名师的课堂教学呈现出来的开课教师的教学特色或教学风格进行分析和研讨,而不宜过多去评论开课教师的语言表达是否流利、板书是否工整、教态是否自然等教师教学基本功;而对于优秀教师,应该重点分析和讨论开课教师课堂教育教学水平、对教材的处理、教学策略的应用等方面的能力;对于合格教师或刚入职教师,应该更多地从对课程标准的理解、教材的处理、教学目标的把握、教学重难点的把握和分解、教学策略的选择、教学过程的设计、板书的设计、课堂语言的表达、课堂秩序的管理、师生活动的组织等方面来评课。如果不考虑教师角色定位的不同,而采用统一的模式进行评课,评课的针对性和实效性将大打折扣。

四、基于具体的教研活动主题进行评课

应该说,每位教师在听完同一节课后,都会有不同的思考,而且考虑的内容是有较大差别的。为了使问题更为聚焦,使听评课的效果得到放大,相关的教研管理部门和学校教务部门通常会采取主题式的教研活动,为每一次的听评课活动设置一定的主题。实践证明,主题式教研活动对于激发教师参加教研活动的积极性和动机有较大的作用,因而深受教研活动组织者喜爱。每一次听评课教研活动通常只有半天的单位时间,听完一到两节课后,还要进行评课,时间相对比较紧张。这种情况下,如果参加听评课活动的教师不按照设置好的主题进行评课,而是"你一言我一语",那么评课的观点将很难得到聚焦,评课的深度将受到很大的限制。比如,为了解决中学化学实验教学问题,专门设置了实验教学问题诊断专题听评课教研活动,在听完一到两节实验教学常态课后,参加听评课活动的教师就应该重点围绕开课教师对具体实验的认识和理解、实验操作和演示水平、分组实验组织能力、实验教学功能的发挥等方面对具体的课进行评析和研讨,而不宜过多地去讨论和评析与主题无关的内容。

五、基于具体的证据进行评课

教师在参加听评课活动过程中要根据一定的目的详细记录具体的教学过程或教学细节,并在评课环节作为支撑自己观点的证据。要努力做到每说一句话都有

一定的依据或证据,不能信口开河、张冠李戴、自说自话。比如,要对一位专家教师或名师的教学特色或教学风格进行评析,就需要在听课过程中记录和掌握一系列的证据,并形成"证据链",才足以支撑评课教师提出的观点。如果评课过程中没有基于具体的证据进行评课,那必然言之无物,开课教师和其他参与听评课活动的教师必然会认为评课教师的评课过于随意、敷衍,缺乏对开课教师劳动成果的最起码的尊重,有"外行看热闹"的嫌疑,必然无法让开课教师和参加听评课活动的教师"心服口服"。

以上,针对如何进行评课才能让开课教师和参加听评课活动的教师"心服口服",取得良好的教研活动效果,我们谈了一些经验和做法。当然,要使听评课活动取得应有的效果,尤为重要的就是首先要转变教研活动组织者、开课教师和参加听评课活动教师对听评课活动的目的和意义的认识,不要把听评课活动看成是对某一位教师教育教学能力和水平的评判,而要把听评课活动看成以某节课为载体,同行共同研讨、共同促进的日常教研行为。其次,要求每一位参加听评课活动的教师,不论是专家还是普通教师,都要充分尊重开课教师的劳动成果,带着一颗真诚的心,帮助开课教师共同诊断教学问题,引领开课教师和参加听评课活动的教师教育教学能力的提升,促进开课教师和参加听评课活动的教师专业水平的提升。这些都是听评课活动的应有之义。唯有如此,评课才能让开课教师和参加听评课活动的教师"心服口服"。

第三节　听课教师在听评课前也需充分"备课"

长期以来,听评课活动一直是全国各地中小学教研活动最常见的形式之一。参加听评课活动已经成为中小学教师"走出去"向同行学习,进行专业交往的重要途径。听评课活动为授课教师展示自己的教育教学能力提供了舞台,也为参加听评课活动的全体教师共同学习、共同研究和共同发展提供了研究的内容和载体。然而,当前的听评课活动,重"听"不重"评"的现象依旧不同程度地存在,严重影响了听评课活动的效果。那么,如何扭转这种不良局面呢?结合长期的中小学教师培训和教研活动实践与反思,我们认为,听课教师在听评课活动前准备不充分,没有进行充分"备课"是影响听评课活动效果的重要原因,需要加以纠正。

一、授课教师和听课教师是听评课活动的两大主体

授课教师和听课教师,是听评课活动的两大主体。两大主体都是从事中小学教育教学实践的同行,对教育教学都有着自己的认识和理解,是听评课活动中具有充分对话可能的两大主体。在听评课活动中,我们经常可以了解到授课教师为了呈现一节精彩的公开课进行了大量的"备课",却很少听说有听课教师在参加听评课活动前为活动进行"备课"。也就是说,对于即将开展的听评课活动,

授课教师花费了大量的时间和精力进行"备课",而听课教师更多的是以旁观者的心态参加活动,没有把自己放在参与者的位置上。为了提升听评课活动的效果,听课教师也需要认真对即将要听和评的课进行充分的"备课",以积极的心态,参与到听评课活动中,才能在听评课活动中围绕授课教师所授主题和内容进行充分的研讨,在研讨中实现观点的碰撞,闪现思维的火花,达到互相启发的目的。

二、听课教师如何进行听评课活动前的"备课"

为了最大程度地发挥听评课活动的效果,听课教师在参加听评课活动前可以围绕以下几个方面进行充分"备课"。首先,需要了解听评课活动的基本信息。比如,活动的主办单位、活动时间、参与对象、活动的主题、活动的内容、活动的形式、活动的预期目标,等等。其次,需要了解授课教师,授课内容,授课学校校情、生情等。再次,回归学科教学,围绕授课教师即将授课的主题和内容,从为什么教(为什么学)、教什么(学什么)、怎么教(怎么学)、怎么评价教和学的效果、怎么教得更好(怎么学得更好)等基本维度思考这节课涉及的方方面面的学科教学问题。最后,可以利用中国知网等数据库资源,在数据库中检索授课教师即将授课的主题和内容的相关教学设计或教学案例,向核心期刊或主流期刊上发表的优秀教学设计或教学案例学习,了解国内其他同行在该主题和内容的教学中有什么值得学习和借鉴的做法,并和自己的教育教学实践进行比较、反思,形成自己对这节课的看法和认识。

三、带着"备课"成果积极参与到听评课活动中来

听课教师,活动前充分"备课",再参与到听评课活动中来,对于授课教师所授主题和内容都有了自己的认识、理解,甚至产生了一些教学的疑问和困惑。带着这些认识、理解、疑问和困惑来听课,就能更好地理解和认识授课教师所授课程,也能更好地学习授课教师的优点,发现自己的不足,同时也能够发现授课教师教学中还需要进一步改进或提升的地方。在评课环节,由于授课教师和听课教师都有了充分的"备课",两者之间的对话研讨就有了坚实的基础,就有可能产生共鸣,碰撞出思维的火花,评课环节自然会更加深入、专业、聚焦。在活动组织者的专业主持下,听评课活动将往"深度评课与深度反思"方向发展,将生成有别于传统意义上的"走过场""走形式"的听评课活动。传统的听评课活动,重心在于"听","听"授课教师授课,听课教师忙于记录授课教师精彩的授课过程,而有了充分"备课"的听评课活动,"听"只是"评"的前奏和基础,"听"是为了更深入地"评"。在传统的听评课活动中,在听课环节中,授课教师是主体,在评课的环节中,参加听评课活动的教师是主体,两个主体在时空上是分离的、割裂的,他们之间缺乏有效的沟通和对话。而新型的听评课活动中,在听课和评课环节中,授课教师和听课教师都应该充分发挥自

己的主体作用,将自己置身于参与者的位置,从割裂旁观转向深度参与,最终实现共同学习、共同研究和共同发展。

第四节　搭建学术平台助推教师教研发展

中小学教师的工作主要包括两个方面,一是教学(包括教学管理),二是教研。教学与教研的关系很多学者都有过论述。教而不研则浅,研而不教则空。然而,在长期的教师培训和教研实践中,我们发现中小学教师"重教轻研"的现象依旧突显。从全国层面来看,北京、上海、广东、江苏、浙江等省市的教研活动开展得比较热烈,教研的成果也比较多,教师的教研意识和教研能力也比较强;从福建省层面来看,厦门市中小学教师在教研方面做得比较好,与发达省市教师教研的差距相对较小。作为省级教师培训院校的培训者和研究者,我们一直在思考如何立足岗位促进福建省中小学教师教研发展。通过近年的实践探索,我们认为通过学科教育研究所这一平台,可以有效助推中小学教师教研发展。本节,我们将以福建教育学院化学教育研究所在助力福建省中学化学教师教研发展方面所做的努力为例,和同行一起探讨如何搭建学科教育研究所平台,助推教师教研发展。

一、福建省中学化学教师教研凸显的三大问题

在长期的教师培训和教研实践中,通过对福建省中学化学教师进行调查和访谈,并对调查数据和访谈结果进行分析,我们认为当前福建省中学化学教师教研存在的问题不少,较为凸显的问题主要有三个:

(一)中学化学教师教研意识和主动性不强

很多中学化学教师对教学和教研的关系没有深刻的认识,认为教研对教学没有什么帮助,认为教研耽误了教学的时间。在调研中,有中学化学教师坦诚自己教学,如备课、上课、设计练习、批改作业或试卷、监考、参加各种比赛等,加上当前社会经济压力较大,自己无心主动参加教研。这反映出许多中学化学教师教研意识和主动性不强,需要加以引导。

(二)中学化学教师教研能力薄弱

有很多中学化学教师表示自己也想进行教研,但是不知道如何进行教研,更不知道可以教研什么,教研能力薄弱。小到一个学校,没有教研能力强的教师引领,教师们教研能力都差不多,谁也指导不了谁,谁也引领不了谁。大到一个县区或地市,教育局下属的教研机构教研人员数量较少,分身乏术,也无法对所有学校的教师进行全方位的、长期的指导。因此,在很长一段时间内,福建省中学化学教师教研能力得不到整体提升。

(三)中学化学教师教研成果生成,转化意识和能力欠缺

针对福建省中学化学教师在国内化学教育类核心期刊或主流期刊发表的教研

论文数量和质量与发达省市差距较大的问题,我们与中学化学教师进行了交流,不少中学化学教师认为我省中学化学教师的教研成果生成和转化意识和能力欠缺。我省中学化学教师中能够积极主动地参与教研,撰写教研论文并在核心期刊或主流期刊上发表的教师较少,能够出版个人学术专著的更是少之又少。有不少的中学化学教师把课余的时间用于编写教辅材料而没有用于总结、整理自己的研究心得,遑论将自己的研究心得转化成论文或著作。

二、中学化学教师教研发展需要氛围更需要专业引领

基于调研和访谈的结果,作为省级教师培训院校的培训者和研究者,我们一直在思考如何促进我省中学化学教师教研的发展。我们认为需要在以下几个方面做出努力:

(一)让中学化学教师愿意参与研究

教师参与教研的积极性和主动性是教师教研发展的关键所在。应该通过扎根于实践的教学研究案例,让中学化学教师相信教研对于教学具有极大的促进作用,让中学化学教师们看到教研在教师成长中的巨大作用,让他们明白"磨刀不误砍柴工"的道理,让他们愿意参与研究,并积极主动地参与研究。

(二)为中学化学教师提供平台和专业引领

很多中学化学教师教研能力薄弱的原因在于没有研究的平台和缺乏专业的引领。我们有责任建立教研平台并凝聚专家名师为中学化学教师提供专业上的引领。平台和团队的力量可以帮助中学化学教师走得更远、走得更好。

(三)让中学化学教师研有所获

中学化学教师参与教研活动以后,要让他们感到研有所获。这种收获可以是内在的也可以是外在的。内在的主要指通过教研活动,中学化学教师对课程标准和教材的认识、理解和处理能力得到提升,他们的课堂教学技能得到提升,他们的教学行为得到改进,他们的教学效果得到升华。外在的主要指通过教研活动,他们的研究成果转化成论文并在核心期刊或主流期刊上发表,他们的著作得到出版,他们的知名度得到扩大,他们的努力得到教育行政部门和同行的认可,他们中的一部分人最终成长为一方名师。

三、搭建化学教育研究所平台助推教师教研发展

国内高校或教研机构成立化学教育研究所的并不少见,但是国内目前的化学教育研究所成立的目的更多的是立足于高校或教研机构自身的人员开展化学学科的课程教材教法研究,并形成一批成果,以扩大高校或教研机构的影响。作为专门专业从事中小学教师培训工作的省级教师培训院校,我们将服务基础教育改革和服务中小学教师队伍建设作为办学宗旨。我们认为,除了自己开展教研并在核心

期刊或主流期刊上发表教研论文以外,更为重要的是要引领中小学教师开展教研并在核心期刊或主流期刊上发表论文,其至引领他们将自己的研究成果整理、结集出版。近年来,我们成立了福建教育学院化学教育研究所,期望通过化学教育研究所这一平台助推福建省中学化学教师教研的发展,主要做法有以下五个方面:

（一）团结化学研究人才,形成研究队伍

福建教育学院化学教育研究所成立之初就团结了福建师范大学,福州大学,福建省普通教育教学研究室,福建省各地市教研员,福建省中学化学正高级教师、特级教师以及有深入研究的高级教师,聘请专家名师作为研究所的特邀研究员。同时,广纳人才,通过中学化学教师自主报名、研究所审核的方式,吸收了一大批青年骨干教师作为兼职成员。特邀研究员、兼职成员以及福建教育学院化学教研室教师构成了研究所的研究团队。同时,这个研究团队是常年开放申请的,随时接纳有志于化学教育研究的同行加入。

（二）研究所名师指导青年教师

化学教育研究所成立以后,我们要求研究所特邀研究员对以青年教师为主的兼职成员进行课题研究、论文写作、教学技能、教学管理、专业成长等方面的指导。研究所骨干教师积极主动向研究所名师学习。通过化学教育研究所年会的形式加强研究所特邀研究员和兼职成员之间的互动、研讨和交流。

（三）研究所名师参与教师培训

除了研究所兼职成员需要指导和帮助以外,研究所特邀研究员们也要积极参与教师培训,在培训中指导全省中学化学教师开展教研,通过示范、辐射和反思,特邀研究员自身也得到进一步成长。

（四）研究所与市县教研部门联动

由于各地市教研员均为本研究所特邀研究员,因此各市县在开展各种教研活动的时候,都会积极主动地与研究所联系,由研究所与市县教研部门共同策划、组织和完成一些教研活动。每一次教研活动,研究所都会邀请一部分研究所特邀研究员或兼职成员参与,既是交流和示范,更是学习和反思。

（五）指导中学化学教师形成研究成果并发表

以上介绍了四种常规的做法,在这些培训或教研活动过程中,研究所着力提升中学化学教师的成果生成和成果转化意识,指导中学化学教师申报省市县各种级别的教研课题,通过课题研究,形成课题研究论文,并向核心期刊或主流期刊投稿,以争取发表。对于研究所特邀研究员,研究所鼓励、支持他们将自己长期以来的研究形成专著公开出版。

四、结语

总之,通过福建教育学院化学教育研究所成员们的共同努力,每年都有不少研究所指导的课题获得省市县各级别的教研课题立项,研究所成员撰写或指导的教研论文越来越多地发表于核心期刊或主流期刊;研究所成员开设的讲座或公开课得到了广大同行的一致好评;研究所内中学化学教师教研氛围越来越浓厚,中学化学骨干研究力量逐渐形成。这些改变也反映了福建教育学院化学教育研究所这一平台对于中学化学教师教研发展的推动作用。

第五节　新时代教研员应具备五个核心素养

2019年,教育部印发《关于加强和改进新时代基础教育教研工作的意见》,首次在教育部文件中提出"教研员专业标准",要求建立"教研员准入制度"。教研员是新时代基础教育教研工作的重要支撑力量。那么,新时代教研员应该具备怎样的核心素养?为保障教研员核心素养发展,教育行政部门和相关机构可以采取哪些创新举措?2017年,福建省教育厅、省委编办、省财政厅、省人社厅联合印发《关于加强教师进修院校建设的意见》,明确在进修院校编制、岗位设置和经费等方面给予充分保障,同年启动"县级教师进修学校标准化建设工程"。福建省在促进教研员核心素养发展方面做了很大的努力。现就新时代教研员应该具备怎样的核心素养以及福建省的经验做法做一些探讨。

一、丰富的教学经验和优秀的教学业绩

教研员作为中小学教师中的一员,应该来自一线中小学教师,坚持优中选优。教研员在中小学教师中是"排头兵""关键少数""标杆""示范"。近年来,省市县区各级教研员选调都依据《关于加强教师进修院校建设的意见》精神,从各级名师、学科带头人、骨干教师中遴选,并要求具有5年以上教学经验和优秀的教学业绩,具有本科以上学历和中级以上职称(重点关注特级教师和正高级教师)。对于教学经验不够丰富的教研员,不少教研机构会安排其到中小学顶岗任教数年,并配备资深的实践导师,丰富其教学经验。为保证教研员不脱离教学实际,进一步丰富其间接教学经验,教研机构对教研员每学期到中小学听课、调研、参加教研活动和指导教学研究都有定量指标和考核要求。《关于加强教师进修院校建设的意见》还规定,教研员每3年内必须有一个学期时间到中小学挂职锻炼或兼任教学工作。

二、深厚的教育情怀和崇高的使命担当

深厚的教育情怀和崇高的使命担当是教研员数十年如一日,坚持不懈创新教研工作的内生动力。教研员直接面对和服务的群体是一定区域的中小学教师,双方关系相当微妙,既有合作又有竞争,既是同行又是业务指导与被指导。作为新时代教研员,应该有更高的视野和全局的胸怀,有为中小学教师服务的教育情怀和使命担当,和中小学教师一起成长,并努力成长得比中小学教师更快。2013年,中共

福建省委教育工委、福建省教育厅印发《关于进一步加强中小学师德师风建设的意见》,将每年9月份定为全省"师德师风教育月",多年来大力开展"师德师风"主题教育活动,坚持把"师德师风"作为评价教师和教研员的第一标准。

三、深刻的学科整体理解和认识

教育部印发的《中小学幼儿园教师培训课程指导标准》提出,学科整体理解能力提升是教师教育教学能力提升的基础和关键。学科整体理解是指教师要能够从整体上理解所教授学科的内容体系、学科特征和学科价值。作为教研员,要能够从学科整体理解的高度来理解和认识自己所要研究的学科和课程,跳出考试看教学,跳出教学看教育,引领中小学教师从学科整体理解的角度落实立德树人的教育根本任务,从"学科教学"转向"学科育人",培养学生的核心素养。福建省教育厅近几年委托福建教育学院开展教师进修学校培训者省级培训,福建教育学院还积极主动组织市县区教研员到教育先进省市进行实践性考察,省内大部分地市和部分县区组织所在市县教研员通过"请进来走出去"的方式进行高端研修,全面提升教研员的学科整体理解和认识能力。

四、广博的专业知识和扎实的专业能力

专业知识和专业能力是教研员学科性和专业性的"底色"。习近平总书记提出"四有"好老师标准,其中有扎实学识要求。教研员要有广博的专业知识和扎实的专业能力。教研员要拥有把自己的专业知识和专业能力以及优秀教师专业成长的丰富经验"传递"给中小学教师的知识和能力。新时代教研员应该既要开得了具有前瞻性的讲座,又要上得了具有借鉴价值的公开课,还要能够进行有指导意义的深度评课。如前所述,省市县区各级都积极组织教研员进行专业培训,除了学科整体理解能力的培训外,专业知识和专业能力也是培训的核心内容。省教研室每年定期组织教研员参加省内外学科教学研讨会和杂志社举办的学术研讨会,通过聚焦特定主题,教研员们的专业知识得到了丰富,专业能力也得到了提升。

五、强大的学科研究能力和引领能力

教研员是中小学教师专业成长道路上的"引路人",也是中小学教师教学研究上的学术带头人。问题即课题,教学即研究,研训合一体。教研员要能够持久地引领本区域中小学教师成长,离不开强大的学科研究精神、研究能力和深入的研究实践。只有研究可以丈量一个教研员可以在专业道路上走多远。省市县区各级教研员培训中,都高度关注教研员学科研究能力和引领能力的提升问题。福建教育学院的一个典型做法是采用"课题研究"的培训模式,帮助市县区教研员通过具体教学问题和主题的研究,体验、感受、学习和掌握研究的一般过程和方法,促进教研员树立问题意识、研究意识和成果意识,并尽可能将研究成果在国内核心期刊或主流

期刊上发表,提升教研员开展教学研究的成就感、获得感和幸福感。

第六节　新时代我国基础教育教研工作再出发

2019 年 12 月 3 日,经济合作与发展组织(OECD)在法国巴黎总部宣布了 2018 年最新 PISA 成绩。由北京、上海、江苏、浙江组成的中国部分地区联合体在阅读 (555)、数学(591)和科学(590)三项测试中成绩均遥遥领先,中国重返排行榜第一。 2009 年和 2012 年,上海 PISA 成绩曾连续两次排名第一。后来,西方国家在对上海基础教育质量为什么如此之高进行分析与评价的时候指出,中国先进、完善的教研体系和优秀的教研员队伍是上海基础教育高质量发展的重要保障和专业支撑。 2019 年 11 月,教育部印发了《关于加强和改进新时代基础教育教研工作的意见》这一指导新时代我国基础教育教研工作的纲领性文件(下文简称《意见》)[1]。《意见》是对中共中央、国务院 2019 年 6 月颁布的《关于深化教育教学改革全面提高义务教育质量的意见》中有关"发挥教研支撑作用"要求的具体落实和部署[2]。在我国四省市联合体再次获得 PISA 测试第一名的时候,来学习、领会和研究教育部印发的《意见》具有重要的现实意义和实践价值。《意见》对于推动我国基础教育教研工作在新时代再出发、再发力具有很强的前瞻性、指导性和可操作性。

一、《意见》指出了我国基础教育教研工作的贡献与问题

(一)教研工作对基础教育质量起到了保障作用

《意见》从推进课改、指导教学、助力教师、服务决策等方面高度评价了教研工作对于我国基础教育质量发展的保障作用。回顾和梳理我国基础教育教研制度和教研体系的曲折发展历程,我们可以发现我国基础教育教研制度和教研体系经历了初创期(1949—1956 年)的从无到有,发展期(1957—1965 年)的逐步完善,挫折期(1966—1976 年)的陷入低谷,恢复期(1977—1984 年)的重整旗鼓,规范期(1985—1999 年)的壮大繁荣,完善期(2000—2016 年)的转型创新[3],新时代(2017年至今)的整装再出发、再发力。总体来讲,随着我国第八次基础教育课程改革的深入实施和不断推进,我国基础教育教研制度和教研工作进入了完善期,教研工作也走在了转型创新的道路上。党的十九大报告做出了中国特色社会主义进入新时代的重大判断,中国基础教育也随之进入了新时代。在不同的历史时期,我国基础教育教研工作都对我国基础教育发展作出了应有的贡献,持续推动我国基础教育高质量发展。

① 教育部. 关于加强和改进新时代基础教育教研工作的意见[EB/OL]. (2019-11-25)[2022-11-30]. http://www.moe.gov.cn/srcsite/A06/s3321/201911/t20191128_409950.html.

② 中共中央 国务院关于深化教育教学改革全面提高义务教育质量的意见[EB/OL]. (2019-06-23)[2022-11-30]. https://www.gov.cn/zhengce/2019-07/08/content_5407361.htm.

③ 梁威,卢立涛,黄东芳. 撬动中国基础教育的支点:中国特色教研制度发展研究[M].北京:教育科学出版社,2011.

（二）新时代新形势新任务新要求下教研工作问题亟待解决

我国基础教育进入新时代以后,教研工作对于保障素质教育全面发展和基础教育质量全面提高,面临着新的形势、新的任务和新的要求。《意见》非常明确地提出,我国教研工作存在四个亟待破解的现实难题,主要包括机构体系、教研队伍、教研方式和条件保障等方面。对《意见》指出的这四个突出问题进行认真检视,我们发现这些问题反映出的是当前我国教研工作还不能够完全适应新时代对基础教育发展的新要求的现实困境。教研工作机构体系不完善主要体现在我国教研工作体系急需有国家级教研机构的全局性、前瞻性、科学性、规范性、专业性引领和指导,不少省、市、县级教研机构建设和发展不能完全满足引领和指导基础教育改革发展的需求,不少校级教研组、备课组、年级组建设形同虚设,教研功能和作用不够凸显。教研队伍不健全这个问题在省、市、县三级教研机构中表现得特别突出,不少教研机构没有办法做到分学科分学段配备专职教研员,一些薄弱学科甚至没有专职教研员或者没有教研员。教研员没有严格的、明确的专业标准,教研员的遴选、培养和退出等机制都不够健全。教研方式的科学化、专业化和规范化是教研工作取得实效的内在要求,然而当前的许多教研方式没有充分考虑到教师作为成年人的学习特点,对一线教师缺乏必要的吸引力,教研活动的针对性、实效性和可持续性不强。条件保障是教研工作顺利开展的基石。各级教育行政部门对教研机构的重视程度不一,对教研工作经费的投入差异较大,对教研工作的督导评估目前大部分还处于空白状态,不少教研机构存在"干多干少、干好干坏一个样"的问题。这些问题的及时有效解决也是当前教研工作能够适应新时代基础教育发展新要求的重要前提。

二、《意见》明确了我国基础教育教研工作的定位与任务

《意见》进一步明确了我国基础教育教研工作的指导思想和主要任务,将教研工作定位于"为构建德智体美劳全面培养的教育体系,发展素质教育,培养担当民族复兴大任的时代新人提供强有力的专业支撑"[①]。这一定位赋予教研工作光荣而重大的历史使命,将教研工作确定为基础教育发展的专业支撑,并从服务学校教育教学、服务学生全面发展、服务教育管理决策等三个方面对教研工作的任务作了明确要求。这"三个服务"的任务要求中,服务学校教育教学的要求亮点在于要求帮助中小学教师提升学科育人的意识和能力;服务学生全面发展要求对学生进行全面研究,帮助学生提升个人综合素养。这就要求教研机构要从学生学习心理学,特别是认知心理学的视角,更加深入地研究学生是如何学习的、学生学习的思维障碍在哪里、如何促进学生全面发展。长期以来,教研机构对这一方面的关注和研究还是略显不够,是有很大提升空间的。服务教育管理决策这一任务要求是《意见》

---

① 教育部.关于加强和改进新时代基础教育教研工作的意见[EB/OL].(2019-11-25)[2022-11-30].http://www.moe.gov.cn/srcsite/A06/s3321/201911/t20191128_409950.html.

对教研工作任务提出的新要求。近年来,如何科学、正确地做出教育决策是教育行政部门面临的一个重大难题。教研工作应该加强基础教育理论、政策和实践研究,为教育行政部门科学、正确地作出教育决策提供参谋,以发挥教研工作更大的作用和价值。

三、《意见》提出了国家、省、市、县、校五级教研工作体系

《意见》提出并要求完善国家、省、市、县、校五级教研工作体系,要求各地要尽可能独立设置相应的教研机构。国家、省、市、县、校五级教研工作体系对于新时代教研工作的创新开展和有效开展将起到至关重要的作用。目前我国教研工作机构比较完善的应该是省和市两级,县级教研机构建设和发展情况各地存在较大差异。《意见》明确提出"教育部基础教育课程教材发展中心在部内有关司局指导下,指导各地教研工作"。从此,省、市、县、校四级教研机构终于有了明确的国家级业务指导部门,我国基础教育教研工作也有了国家级的总牵头专业机构。这对于五级教研工作体系的构建和形成具有突出重要的意义。《意见》还要求各地教育行政部门要组织领导好相关的教研机构,各级教研机构还要与从事中小学教育教学相关工作的各单位加强协同合作,努力形成教研工作新格局。同时,《意见》还对学校如何强化校本教研提出了明确的要求,帮助一线中小学进一步明确校本教研工作的重点和任务。国家、省、市、县四级教研机构都应该扎根于一线中小学教育教学实践,针对具体问题进行深入研究,指导和引领中小学教师开展教学工作和教学研究,帮助中小学落实"备、教、学、评"一体化的教学和教研新要求。

四、《意见》要求深化重点问题、关键环节和教研方式创新研究

《意见》从突出全面育人研究、加强关键环节研究、创新教研工作方式等三个方面对深化教研工作改革提出了明确的要求。教研工作要坚决贯彻党的教育方针,落实立德树人的根本任务。从学科整体育人的角度,聚焦德智体美劳全面发展培养过程中出现的重点问题和典型问题,各个击破,深化研究。学科教育研究要将"学科育人"落地于课程、教学、作业、考试和评价等具体的关键环节,进行微观细致的研究。同时,教研工作要注意教研方式的创新,要分学科、分学段、分对象、分层次,采取灵活多样的教研方式,提升教研工作的针对性、实效性、吸引力和创造力,激发教师参与教研活动的积极性和主动性[①]。《意见》还特别关注乡村学校和薄弱学校的建设和发展,要求建立教研员乡村学校、薄弱学校联系制度,加强对乡村学校和薄弱学校的指导和帮扶。乡村学校和薄弱学校数量较大,对于解决乡村学生义务教育需求具有突出重要的作用。乡村学校和薄弱学校教师队伍建设直接影响到我国教师队伍建设的质量,通过建立教研员乡村学校、薄弱学校联系制度,将有

---

① 张贤金,郭春芳,吴新建,等.提升教师培训质量的两个关键问题[J].教学与管理,2015(15):55-57.

助于实现对乡村学校、薄弱学校的精准帮扶和精准指导。这也是新时代教研工作方式创新的一个重要尝试。

五、《意见》对教研员队伍建设设置专业标准提出了新要求

早在 2012 年，教育部就出台了针对幼儿园、中小学教师的专业标准。然而，教研员作为"老师的老师"，一直没有出台相应的专业标准。什么样的人可以成为教研员、教研员应该拥有什么样的专业素质一直没有一个严格、明确的专业标准。《意见》从政治素质过硬、事业心责任感强、教育观念正确、教研能力较强、职业道德良好等五个方面对教研员的专业标准进行了规范：……教研能力较强，要有 6 年以上的一线中小学教学经历，教学经验丰富，教学业绩优异，有中级以上职称……这就要求教研员应该从一线优秀教师中遴选。教研员队伍不健全严重阻碍了教研工作的质量提升，让专业的人做专业的事，各地应该尽可能地分学科分学段配备专职教研员。对于不适合继续从事教研工作的教研员，应及时调整出教研员队伍。《意见》同时要求，教研员工作满 5 年，要深入中小学一线直接从事 1 年以上教育教学工作，从而建立教研员定期到中小学任教制度。这一要求有助于帮助教研员时刻保持对一线教育教学实际的掌握和理解，而不至于因为长期脱离教育教学工作而"坐而论道""纸上谈兵"。2010 年以来，国家各级教育行政部门都加强了国家级、省级、市级和县级中小学教师培训工作。然而，在这些培训中，针对教研员的培训项目并不多，有很多教研员，特别是市级和县级教研员并没有太多参加专业培训的机会，自身专业发展受到了极大的影响。《意见》要求建立教研员全员培训制度，并通过组织教研员开展教育教学相关课题研究，提升教研员的核心素养。限于教研机构编制数量的现实困难，《意见》指出教研机构可根据实际和需要，在中小学或其他机构中，遴选聘请能够胜任工作的兼职教研员。在长期的实践中，我们发现兼职教研员通常因为没有明确的工作考核要求和工作激励机制，工作成效因人而异。这需要教研机构在遴选和聘请兼职教研员时进行统筹考虑，明确权责，以激励兼职教研员充分发挥作用。

六、《意见》要求将教研工作列入地方政府履行教育职责的重要内容

《意见》要求将教研工作列入地方政府履行教育职责的重要内容。教研工作要想有效开展，需要各地教育行政部门加强组织领导和加大经费投入。同时，为引导地方人民政府对教研工作的重视，还需要强化督导评估，通过督导评估推动地方人民政府对教研工作的重视和投入。《意见》要求强化督导评估结果的有效运用，将其运用于地方人民政府履行教育职责的评价，并作为教研机构工作绩效考核和教研员评优评先等工作的重要参考。长期以来，我国并未对教研机构的教研工作进行有效的督导评估，对地方人民政府和教育行政部门对教研机构建设的重视程度

缺乏有效的监督和评估,也没有作为地方人民政府工作绩效考核的重要内容。教研机构是否把握住了正确的工作方向和目标,是否拥有完善合理的机构组织设置,是否建设有专业完整的教研员队伍,是否拥有良好的教研工作条件保障? 教研工作对于基础教育质量提升发挥了什么样的作用? 教研工作应该如何改进才能发挥更大的作用? 教研工作中每个学科、每个教研员作用发挥得怎么样? 等等。这些问题都需要通过督导评估,才能使其更加清晰。通过教育督导评估和督导评估结果的有效运用,保障教研机构教研工作的有效开展。

总之,《意见》对于促进新时代我国基础教育教研工作的转型、升级、创新和突破具有良好的导向作用。国家、省、市、县、校五级教研工作体系的形成将对教研工作新格局的形成起到重要的推动作用。教研员专业标准设置,教研员遴选、培养和退出机制的建立将极大提升教研员的专业素质。完善的保障机制的建立,将确保教研工作取得更好的实效。

参考文献

[1] SHULMAN L S. Those who understand：knowledge growth in teaching[J]. Educational Research，1986,15(2):4-14.

[2] 陈恩伦,郭璨．以教师精准培训推动教育精准扶贫[J].中国教育学刊,2018(4):42-46.

[3] 陈震.名师成长的核心要素摭谈[J].江苏教育(教育管理版),2012(2):30-32.

[4] 谌涛.校名师制度:破解"教而优则仕"之惑[J].教书育人:校长参考,2008(4):24.

[5] 成尚荣.核心素养的中国表达[N].中国教育报,2016-09-19(004).

[6] 成尚荣.名师的基质[J].人民教育,2008(8):37-41.

[7] 成尚荣.名师应当是思想者:谈教学主张与名师成长[J].人民教育,2009(1):43-46.

[8] 杜志强,陈怡帆．中国乡村教师研究的可视化分析:基于2000—2018年CSSCI刊载文献计量研究[J].教育学术月刊,2019(8):35-41.

[9] 方健华．名师专业成长的规律、影响因素与机制:基于名师成功人生的解读[J].教育发展研究,2011(Z2):70-78.

[10] 高翔,于青．教研重心前移,另类视角下的同课异构:基于互助性教学研究的实践策略[J].中小学教师培训,2014(4):33-36.

[11] 顾明远,程红兵,张晓明,等．教师培训:从规模发展向质量提升转型[N].中国教育报,2013-05-15(010).

[12] 郭春芳,张贤金,陈秀鸿,等．中小学名优教师教学主张:内涵、价值与形成[J].中小学教师培训,2017(10):9-12.

[13] 郭华.名师是怎样成长起来的:从对五位名师质的研究中谈起[J].中国教育学刊,2008(8):31-34.

[14] 国务院办公厅.关于印发乡村教师支持计划(2015—2020年)的通知[EB/OL].(2015-06-01)[2022-11-30].http://www.gov.cn/gongbao/content/2015/content_2878209.htm.

[15] 胡璐,黄垚,高敬,等．弘扬脱贫攻坚精神全面推进乡村振兴[N].新华每日电讯,2021-02-27(01).

[16] 胡艺.名师评选应少一些"行政"色彩[J].教育与职业,2011(8):90.

[17] 黄澄辉.福建长汀:院地培训共建[N].中国教师报,2020-08-19(014).

[18] 黄清辉,张贤金,吴新建.新时代乡村教师精准培训的实现路径与保障措施[J].中国教师,2021(1):79-82.

[19] 教育部."国培计划"课程标准·化学学科(试行)[EB/OL].(2012-05-17)[2022-11-30]. http://www. moe. gov. cn/srcsite/A10/s7034/201205/t20120517_146087. html.

[20] 教育部.关于全面深化课程改革落实立德树人根本任务的意见[EB/OL].(2014-04-08)[2022-11-30]. http://www. moe. gov. cn/srcsite/A26/jcj_kcjcgh/201404/t20140408_167226. html.

[21] 教育部.关于深化中小学教师培训模式改革全面提升培训质量的指导意见[EB/OL].(2013-05-08)[2022-11-30]. http://www. moe. gov. cn/srcsite/A10/s7034/201305/t20130508_151910. html.

[22] 教育部.教育部办公厅关于印发《中小学幼儿园教师培训课程指导标准(义务教育语文学科教学)》等3个文件的通知[EB/OL].(2017-11-16)[2022-11-30]. http://www. moe. gov. cn/srcsite/A10/s7034/201712/t20171228_323255. html.

[23] 教育部.教育部关于大力加强中小学教师培训工作的意见[J].中小学教师培训,2011(1):3-5.

[24] 教育部.义务教育化学课程标准:2011年版[M].北京:北京师范大学出版社,2012.

[25] 教育部.中学教师专业标准(试行)[EB/OL].(2012-09-13)[2022-11-30]. http://www. moe. gov. cn/srcsite/A10/s6991/201209/t20120913_145603. html.

[26] 教育部办公厅,财政部办公厅.关于做好2020年中小学幼儿园教师国家级培训计划组织实施工作的通知[EB/OL].(2020-03-10)[2022-11-30]. http://www.moe.gov.cn/srcsite/A10/s7034/202003/t20200317_432152. html.

[27] 教育部等六部门.关于加强新时代乡村教师队伍建设的意见[EB/OL].(2020-08-28)[2022-11-30]. http://www. moe. gov. cn/srcsite/A10/s3735/202009/t20200903_484941. html.

[28] 教育部.关于加强和改进新时代基础教育教研工作的意见[EB/OL].(2019-11-25)[2022-11-30]. http://www. moe. gov. cn/srcsite/A06/s3321/201911/t20191128_409950. html.

[29] 李瑾瑜,杨帆.教师培训:40年的实践历程及其发展趋势[J].教师发展研究,2018(4):17-26.

[30] 李瑾瑜."国培"十年:教师培训专业化探索的中国实践与未来发展[J].教师发展研究,2020(3):15-26.

[31] 李庆社. 对"同课异构"教研模式的实践和思考[J]. 中小学教师培训,2009
    (8):45-46.

[32] 梁威,卢立涛,黄东芳. 撬动中国基础教育的支点:中国特色教研制度发展研
    究[M]. 北京:教育科学出版社,2011.

[33] 刘义兵,郑志辉. 学科教学知识再探三题[J]. 课程·教材·教法,2010(4):
    96-100.

[34] 陆安. 名师培养欲速则不达[J]. 当代教育科学,2011(14):25-29.

[35] 马敏. PCK 论——中美科学教师学科教学知识比较研究[D]. 上海:华东师范
    大学,2011.

[36] 毛荣富. 名师不是捧出来的[J]. 现代教学,2010(12):51.

[37] 欧阳锡龙. 评上名师之后做什么[N]. 中国教育报,2008-03-11.

[38] 彭小奇. 加快补齐乡村教师队伍建设短板[N]. 湖南日报,2018-09-11(008).

[39] 任定保. 培养名师不宜猛施"化肥"[J]. 山东教育,2009(Z2):127.

[40] 宋心琦. 化学实验教学改革建议之一[J]. 化学教学,2012(4):3-5,8.

[41] 孙迎光. 主体教育理论的哲学思考[M]. 南京:南京师范大学出版社,2003.

[42] 童富勇,程其云. 中小学名师专业成长的影响因素分析:基于浙江省 221 位
    名师的调查[J]. 教育发展研究,2010(2):64-68.

[43] 王磊,魏艳玲,胡久华,等. 教师教学能力系统构成及水平层级模型研究[J].
    教师教育研究,2018(6):16-24.

[44] 王培峰. 名师成长的功利化现象及思考[J]. 教育发展研究,2008(20):27-29.

[45] 王笑君,杨孝如. 名师培养工程:锻造新一代教育领军人物[J]. 江苏教育研
    究,2011(24):9-13.

[46] 王颖. 试析名师走向成功的特质素养[J]. 当代教育科学,2007(1):40-43.

[47] 王云生. 对科学探究学习的再认识[J]. 化学教学,2019(11):8-12.

[48] 王云生. 基础教育阶段学科核心素养及其确定:以化学学科核心素养为例
    [J]. 福建基础教育研究,2016(2):7-9.

[49] 王云生. 教师的"学科理解"能力及其提升[J]. 基础教育课程,2019(24):
    72-77.

[50] 王云生. 学科核心素养的培养是学科教育的灵魂[J]. 基础教育课程,2016
    (19):15-19.

[51] 我省农村教师(校长)教育教学能力提升工程全面启动[EB/OL]. (2009-05-15)
    [2022-11-30]. http://jyt.fujian.gov.cn/jyyw/jyt/200905/t20090515_2774728.htm.

[52] 我省启动乡村校长助力工程和乡村教师素质提升工程[EB/OL]. (2016-10-10)
    [2022-11-30]. http://jyt.fujian.gov.cn/jyyw/jyt/201610/t20161010_2999865.htm.

[53] 吴新建,郭春芳,张贤金. 对高师院校开展中小学教师培训的若干思考[J]. 中
    小学教师培训,2015(1):27-29.

[54] 吴新建,郭春芳,张贤金. 高中高级职称教师培训实践的认识与反思[J]. 中小学教师培训,2015(2):17-19.

[55] 习近平.《在全国脱贫攻坚总结表彰大会上的讲话》单行本[M]. 北京:人民出版社,2021.

[56] 杨向东. 核心素养与我国基础教育课程改革的关系[J]. 人民教育,2016(19):19-22.

[57] 易洪湖. 农村小规模学校教师队伍建设探新[J]. 教学与管理,2019(33):53-56.

[58] 于漪. 名师培养之我见[J]. 江苏教育研究(实践版),2008(2):4-5.

[59] 张贤金,郭春芳,吴新建,等. 提升教师培训质量的两个关键问题[J]. 教学与管理,2015(15):55-57.

[60] 张贤金,吴新建,叶燕珠,等. 基于"课题研究"模式的化学教师培训改革[J]. 中小学教师培训,2015(10):15-18.

[61] 张贤金,吴新建,叶燕珠,等. 基于课题研究发展高中化学骨干教师学科教学知识的探索[J]. 中小学教师培训,2016(5):13-16.

[62] 张贤金,吴新建,叶燕珠,等. 教师培训实践性课程形态探索:同课二次异构[J]. 中小学教师培训,2015(12):24-27.

[63] 张贤金,吴新建,叶燕珠,等. 精准化教师培训的实践探索[J]. 教学与管理,2020(33):55-58.

[64] 张贤金,吴新建,叶燕珠. "国培计划"乡村教师访名校培训项目的实施与反思[J]. 教学与管理,2016(31):11-13.

[65] 张贤金,吴新建. 2008—2012 年《化学教育》《化学教学》《中学化学教学参考》福建作者载文情况统计及分析[J]. 福建基础教育研究,2013(11):113-115.

[66] 张贤金,吴新建. 促进教师深度学习:教师培训课程设计转轨[J]. 福建教育学院学报,2016(8):69-71,128.

[67] 张贤金,吴新建. 基础科学教育研究趋势及学术影响:基于 2010—2016 年中国知网教师教育研究机构的文献分析[J]. 教师发展研究,2017(2):115-124.

[68] 张贤金,吴新建. 教师培训需求调研应"多维立体"[N]. 中国教育报,2013-10-16(009).

[69] 张贤金,吴新建. 听评课缘何成为"鸡肋":基于福建省高中化学教师听评课态度的调查与思考[J]. 福建基础教育研究,2012(11):83-86.

[70] 张贤金,吴新建. 我国乡村教师十年培训的问题审视与破解路径[J]. 继续教育研究,2021(2):76-79.

[71] 张贤金. 福建教育学院:以制度保障教师培训质量[N]. 中国教师报,2016-03-16(015).

［72］张晓娟,吕立杰.整体性缺失与个体性阻抗:农村小规模学校师资建设困境研究[J].教育理论与实践,2019(28):41-45.

［73］赵婀娜,赵婷玉.《中国学生发展核心素养》发布[N].人民日报,2016-09-14.

［74］赵蓉英,许丽敏.文献计量学发展演进与研究前沿的知识图谱探析[J].中国图书馆学报,2010(5):60-68.

［75］郑长龙.化学学科理解与"素养为本"的化学课堂教学[J].课程·教材·教法,2019(9):120-125.

［76］中共中央 国务院关于深化教育教学改革全面提高义务教育质量的意见[EB/OL].（2019-06-23）[2022-11-30].https://www.gov.cn/zhengce/2019-07/08/content_5407361.htm.

［77］本刊记者.教育部教师工作司负责人就《教育部财政部关于改革实施中小学幼儿园教师国家级培训计划的通知》答记者问[J].中小学教师培训,2016(1):1-3.

［78］周彬."名师评选"不是"名师之道"[J].上海教育,2008(1):32-33.

［79］周晔.精准化、专业化教师培训及其运作模式:培训机构的视角[J].西北师大学报(社会科学版),2016(5):75-82.

［80］朱永新,杨帆."新教育实验"的教师成长理论与实践[J].中国教师,2020(3):5-9.

［81］朱永新.论新教育实验的教师专业发展[J].大连教育学院学报,2010(2):1-6.

后　　记

　　2010 年夏天，我完成了硕士研究生的学业，离开上海回到了久违的福州。2010 年 7 月 13 日上午，我来到福建教育学院人事处报到，报到后就被人事处处长径直领到了吴新建老师的办公室。我一点思想准备都没有，就在吴新建老师的指导下投入 2010 年暑期福建省高中化学高级职称教师远程研修的视频拍摄和网站资源平台的建设中。

　　吴新建老师作为我的直属领导，十余年如一日，在工作、研究和生活上指导、引领和关心我，成为这十余年来我成长道路上的良师益友。除了吴新建老师以外，学院的领导、各部门的领导和同事们也都非常关心我的成长，给予我很多的帮助和鼓励，让我受到很大的激励。

　　这十余年来，化学教研室的培训能够一直走在学院各学科的前列，有一个非常重要的原因是我们拥有国家化学课程标准研制组核心成员、苏教版高中化学教科书副主编、沪教版初中化学教科书主要编写者王云生特级教师这一位泰斗级的学科顾问。这十余年来，王云生特级教师虽然早已退休，却一直耕耘在我国初高中化学课程改革的最前沿。他参与了国家化学课程标准的研制与修订、化学教科书的编写与修订、教师培训等工作，并长期撰写发表化学教学论文、出版化学教学研究著作和化学科普著作，引领、带动和激励我们化学教研室全体同人时刻和国家化学课程改革方向保持一致，并努力走在行业前头。

　　这十余年来，带领我开展培训和研究的还有林少琴教授，虽然她已经退休好几年了，但她严谨治学的态度和待人处事的作风都深深地影响着我、激励着我。这十余年来，化学教研室的叶燕珠教授和汪阿恋副教授一直是我工作和研究上的好伙伴、好搭档，我们一起完成了化学教研室承担的所有化学教师培训项目。她们的科研业绩都相当突出，是我学习的榜样。

　　这十余年来，对我从事中小学教师培训工作产生影响的领导和老师有很多。比如，福建教育学院邹开煌教授。他是一名化学教授，又是一名优秀的期刊主编，还是综合实践活动教育部"国培计划"专家库首批专家。曾经有几年，在他的带领下，我有幸参与教育部示范性项目综合实践活动培训班的办班工作，也曾在《福建基础教育研究》担任化学学科编辑。他的很多独特思想、独到做法和优秀品质都深深地影响着我。福建教育学院林藩教授曾任学院院长助理、培训管理处处长，在他的指导下，我们化学团队做了大量的培训模式改革创新工作。福建教育学院培训管理处处长黄丽萍教授谦虚谨慎的为人、丰硕的科研成果、高超的教学水平、艺术化的管理风格等都感染、激励着我。还有福建省教育科学研究所所长吴明洪编审和福建省教育科学研究所基础教育研究室主任郭少榕研究员，这两位专家引领我申报全国教育科学规划课题，并全程给予指导，推动我形成一系列的乡村教师精准培训研究成果。此外，福建省普通教育教学研究室陈启新特级教师和黄丹青正高级教师、特级教师，福建师范大学黄紫洋教授、胡志刚教授、郑柳萍教授、杨发福教授、郑瑛教授、李秀华教授、陈燕教授、许利闽副教授，华东师范大学王祖浩教授、王程杰副教授、吴敏编审、占小红教授、丁伟副教授，上海市教师教育学院（上海市教育委员会教学研究室）张新宇博士，北京师范大学王晶莹教授、朱玉军博士等老师也一直给予我很多的关心和指导，鼓励我不断前行。带给我影响的领导和老师还有很多，限于篇幅，请原谅我不能一一列举，在此一并致谢。

工作至今，已经有十余年的时间，回想起办过的每一个班，常常会有一些温暖的画面浮现在我的眼前；回望走过的每一步，常常会想起给过我帮助和指导的每一位领导、同事、专家和一线教师；回顾获得的每一次肯定，常常会想起培训班的老师们对我们团队的宽容和鼓励；细数现在所拥有的一切幸福，常常会想起自己的家人在这十余年时间里默默的付出。

工作十余年后，把自己对化学学科教师精准培训的实践与反思整理成这本书，也算是对自己过去十余年工作和研究的一个小结。感谢学院领导、同事、专家、一线教师和我的家人，是你们给了我平台和机会去做教师培训这件很有意义的事！最后，还要特别感谢我本科阶段的导师胡志刚教授和研究生阶段的导师王祖浩教授，是两位教授引我进入化学教育研究的大门，并一直给予我源源不断的鼓励和帮助，让我在化学教师培训研究道路上不断前行。

张贤金

2023 年 8 月于福州